対論 憲法を／憲法から ラディカルに考える

コーディネーター 愛敬浩二

樋口陽一×杉田 敦
西原博史×北田暁大
井上達夫×齋藤純一

法律文化社

目次

第Ⅰ部 憲法は何のためにあるのか

第Ⅱ部 愛国心と教育

第III部 自由と福祉

プロローグ

愛敬浩二

1 改憲論議の退屈さ

衆議院憲法調査会会長（当時）の中山太郎氏は、同調査会の最終報告書（二〇〇五年四月）の「まえがき」において、「憲法は国民のもの」だから、「憲法論議を、憲法学者だけのものにしてはならない」と述べている。このモットーは参議院憲法調査会にも共有されていたのか、国家・民族・民衆にもDNAがあるから、国家の基本法である憲法はその国のDNAに合ったものでなければならないという、憲法学者にはおよそ思いつかない発言もあった（二〇〇〇年二月一六日・第二回会議における小山孝雄委員の発言）。

改憲派の一議員による八年も昔の「妄言」を、ここであげつらいたいわけではない。私の関心は、改憲論議において憲法を論ずる場合、このレベルの議論が許されてしまうのはなぜか、という点にある。実際、「六〇年も前の憲法だからそろそろ変えよう」とか、「憲法改正を一度も体験していないから、主権者意識が育たない」とか、憲法について真面目に考えたことのない人でも、直ちに思いつきそうな

「改憲必要論」が、いささかも恥じることなく論じられている。どうも私には、現在の改憲論議との関係で憲法を論ずることは、ひどく退屈なことのように思われる。知的対話を好む人々にとっては、苦痛とさえいえるのではないか。衆参両院の憲法調査会は、委員の居眠り、私語、席替え、週刊誌読みなどの「内職」、発言原稿の棒読み、途中退席など「学級崩壊」の状況にあったといわれるが、[1] 改憲論議の退屈さを思えば、私は委員諸氏を強く非難する気にはなれない。

なぜ改憲論議における憲法論は退屈なのか。私はこう考える。**3**で後述するとおり、改憲派の目的は憲法九条の改正にある。他方、各種の世論調査をみると、国民は憲法改正一般には好意的だが、肝心要の憲法九条の改正については決して好意的とはいえない。[2] そのため、改憲派は改憲目的の核心をぼかしたままで、憲法改正の必要性を論じなければならない。その結果、憲法のどの規定にどんな問題があり、その規定をどのような内容に改正すれば、どのような効果が期待できるのかという、本来であれば、改憲派が最も精力を傾けて語るべきテーマについて、正直に議論することを避けることになる。だから、政治論議としてさえ、現在の改憲論議は退屈なのだと思う。

2　改憲論議の作法

今や「隔世の感」さえあるが、二〇〇七年五月一四日の自民党役員会において「憲法改正を私の在任中に政治スケジュールに乗せたい」と語った安倍晋三首相（当時）の下、自民党は参院選の公約（「美しい日本」に向けた一五五の約束）の冒頭で、「次期国会から衆参両院に設置される『憲法審査会』の議論を主導しつつ、平成二一年の国会において憲法改正案の発議をめざし国民投票による承認を得るべく、新憲法制定推進の国民運動を展開する」と宣言していた。その安倍自民党が七月の参議院選挙で歴史的大敗を喫し、安倍首相自身も唐突（かつ無責任）に首相を辞任したため、現在のところ、改憲の動きはやや「停滞」気味のように思われる。

参院選後の改憲動向の「停滞」に業を煮やしたのだろうか、日本経済新聞は最近、「宙に浮く改憲論議」と題する解説記事を載せた（二〇〇七年一二月一三日夕刊）[3]。確かに、この記事も述べるとおり、八月の臨時国会で「憲法審査会」が衆参両院に設置されたが、規程もメンバーも決まらず、今なお「開店休業」状態にある。福田康夫首相も就任時の所信表明演説で改憲問題に言及しないなど、「安倍改憲政権」退陣の後、「憲法改正を巡る議論がかすんでいる」といえそうである。

ところで、この解説記事には、中山太郎氏の「政局絡めず事態打開を」を題するインタビューが載っている。同氏は、「今の憲法が矛盾だらけ」であることの例として、憲法が裁判官の報酬を減額できないと定めているのに（七九条六項、八〇条二項）、実際は人事院勧告に従って減額されたことを挙げて、これでは「法の番人自身が憲法に抵触していることになる」から、「きちんと憲法に

KOJI AIKYO

あいきょう・こうじ　1966年生，早稲田大学大学院法学研究科博士課程修了。現職：名古屋大学大学院法学研究科教授。専攻：憲法学。主要著書『近代立憲主義思想の原像』（法律文化社，2003年），『改憲問題』（ちくま新書，2006年），『ポジティブ・アクションの可能性』（共著，ナカニシヤ出版，2007年）。

書き込むべきだ」と主張する。ここで注目したいのは、中山氏は、裁判官の報酬の減額禁止の規定が、裁判官の身分保障を通じて、「司法権の独立」という重要な憲法的価値を実現しようとするものであることには一切触れず、「憲法の条文と違った事態が生じたのだから、憲法のほうを改正してスッキリしよう」とだけ論じている点である。

中山氏はもしかしたら、「字数制限のせいで、十分に論じられなかった」と弁明するかもしれない（とはいえ、字数の約四分の一をこの論点に費やしているのだが）。しかし、憲法の規定と現実が齟齬すると、直ちにその話題に飛びついて、「現実に合わせるために、憲法を改正すべきだ」と論ずる人は、立憲主義の精神をまったく理解していないというべきである。[4] なぜなら、立憲主義とは、多数決によっても覆せないルール（＝憲法）をあらかじめ用意しておいて、多数決によって運用される通常の政治の「逸脱・暴走」を抑止しようとするプロジェクトだからである。よって、裁判官の報酬の減額禁止をなぜ憲法に定めたのかという実質的な議論をすることなしに、「現実と異なるから変えましょう」などと論ずるのは、改憲論議の作法からみて、無責任というほかない。

中山氏はこう続ける。「全面改正なんて当面できない。理解を得やすいのは環境権。自民、公明、民主各党も協調できる。一挙に変えなくても、毎年変えたっていい。逐条で変えていけばいい」。それにしても、何とお手軽なことか。しかし、これでは、「何のための憲法改正なのか」という、改憲論議において、最も重視すべき論点がみえなくなってしまう。改憲論議のあり方としては、これもかなり無責任な態度といえそうである。ともあれ、このような論法こそ、改憲論議を退屈にさせた元凶であると私は考える。中山氏が本気で「憲法は国民のもの」だと思うのならば、憲法改正の目的と効果を明示して、その是非を国民がきっちりと議論できる環境を整える努力をすべきであろう。

3　現代改憲の目的

改憲派のねらいはどこにあるのか。その問題を考える前に確認しておきたいのは、憲法改正はかなりの政治エネルギーを要する作業であるということだ。現行憲法の改正規定（九六条）は、衆参両院における三分の二以上の賛成があって初めて、改憲案を発議できる。しかし、改憲案を発議しても、国民投票で過半数の賛成を獲得できなければ、それは廃案になる。このように憲法改正には手間暇がかかるし、リスクもある。よって、改憲派が憲法改正を望むのは、憲法の条文を変えなければ「できないこと」を、「できるようにする」ためである。そうでなければ、単なるお金と時間の無駄遣いではないか。

では、現行憲法の下で「できないこと」とはなんだろうか。少なくとも、中山太郎氏が挙げた「環境権の保障」でないことは明らかである。「できないこと」とは、自衛隊を「正真正銘の軍隊」として海外に派遣し、軍事活動を行わせることであろう。[5] 実際、近年に公表された改憲構想のほとんどが、何らかの形で海外派兵を可能にするものであった。[6] ここでは一例として、自民党が結党五〇年を記念して公表した「新憲法草案」（二〇〇五年一一月二二日）の内容をみてみよう。

「新憲法草案」は現行の第九条二項（前項の目的を達するため、陸海空軍その他の戦力は、これを保持しない。国の交戦権は、これを認めない）を削除し、その代わりに、次の内容の「第九条の二」という規定を新設する。同条は第一項で、「我が国の平和と独立並びに国及び国民の安全を確保するため、内閣総理大臣を最高指揮権者とする自衛軍を保持する」と定め、第三項において、「自衛軍は、第一項の規定による任務を遂行するための活動のほか、法律の定めるところにより、国際社会の平和と安全を確保するために国際的に協調して行われる活動及び緊急事態における公の秩序を維持し、又は国民の生命若しくは自由を守るための活動を行うことができる」と規定している。要するに、「正真正銘の軍隊」としての「自衛軍」の海外派遣を可能とするのが、「新憲法草案」第九条の二である。

「新憲法草案」の前文には、「日本国民は、正義と秩序を基調とする国際平和を誠実に願い、他国とともにその実現のため、協力し合う。国際社会において、価値観の多様性を認めつつ、圧政や人権侵害を根絶させるための、不断の努力を行う」との一節がある。「他国とともに」だから、「自衛軍」が海外で軍事行動をする上で、国連決議など不要である。「他国＝アメリカ」と一緒ならば、いつでも海外派兵ができる定め方になっている。また、「イラクの民主化」を理由にして行われたイラク戦争のことを思うと、「圧政や人権侵害を根絶させるため」という文言も、かえって不気味である。

4　現代改憲への向き合い方

樋口陽一氏は、「サロン談義のなかでそれぞれが理想の憲法像を出し合うのが、いまの問題ではないはずです。改憲論をめぐる争いは、その社会のその時点での、最高の政治的選択なのです。どんな人たちが何をしたくてそれぞれの主張をしているのかを見きわめたうえで、賛否を決めるべき課題なのです」と述べている(7)。私も同感である。よって、現実の政治問題としての改憲問題を考えるのであれば、私たちは、グローバルに展開する米軍への支援をさらに強化するために、自衛隊（自衛軍）の海外派遣体制を構築していくべきか否かという問題を、国際情勢・国内情勢の両方に配慮しつつ、冷静に考える必要があろう。たとえば、「軍隊がないから、日本は国際社会で自己主張ができない」という議論をよく耳にするが、今日の九条改憲が本当に「自己決定の単位としての国家」を強化するものなのか。第Ⅰ部の樋口氏と杉田敦氏の「対論」でも話題になっているが、話はそう簡単ではないはずである。この問題との関係で紹介しておきたいのが、マイケル・シーゲル氏の議論である。

シーゲル氏は、同盟国間の力の差が大きければ大きいほど、力の弱い国（＝日本）は、力の強い国（＝米国）の紛争に「引きずり込まれる危険性 entrapment」と、「見捨てられる危険性 abandonment」が高まると警告している。同氏の母国であるオーストラリアは、自国の防衛を大英帝国の海軍力に期待していたため、ボーア戦争以来、全ての英国の戦争に参加し、太平洋戦争勃発の直前にも、オーストラリア兵は北アフリカでドイツ軍と戦っていた（これが entrapment）。それにもかかわらず、イギリスは日本が英米との戦争に踏み切った場合、オーストラリアを守らないことを決定したという（これが abandonment）[8]。日米関係においても、entrapment と abandonment の危険は深刻である。元防衛庁教育訓練局長の小池清彦氏（現在は加茂市長）や元防衛庁官房長の竹岡勝美氏は、憲法九条がなかったら、朝鮮戦争、ベトナム戦争、湾岸戦争、イラク戦争とすべての戦争に日本は参戦させられていただろうと述べている[9]。私も同感である。

水島朝穂氏によれば、冷戦終結後、「防衛」概念には劇的な変化が生まれており、距離軸では、「国土」防衛から「国益」防衛へのシフトが行われる一方、時間軸では、武力攻撃の着手時点ではなく、

「脅威」の内容と程度に応じて、事前・先制・予防的な対応を行う傾向が（特にアメリカやイスラエルにおいて）強まっているとされる。[10]「大量破壊兵器」の存在（実際には存在しなかったわけだが）を理由にして開始されたイラク戦争も、その一例といえよう。このような状況下で、米軍と共同する自衛隊（自衛軍）の海外派兵体制を構築することは、entrapment の危険性を著しく高める危険性はないだろうか。それを実現するための憲法改正が、本当に賢明な政策選択なのか。ぜひ冷静に考えてみて欲しい。

5 「憲法」における「個人と国家」

二〇〇六年九月一一日の自民党総裁選候補者討論会の席上、「ひとにぎりの日本の軍国主義者が行った罪科は、中国人民だけではなく日本人民もまた犠牲者であった」という周恩来の言葉を、谷垣禎一氏が援用したところ、安倍晋三氏は、「日本国民を二つの層に分けると言うことは中国側の理解かもしれないが、日本側はみんながそれで理解していない。やや階級史観的ではないか」と応じたという。[11] 安倍氏はその著書の中でも、国家賠償訴訟で原告が勝訴すると、マスコミは「国に勝った」というが、その賠償費用は国民の税金から支払われる以上、「国家と国民は対立関係にあるのではなく、相関関係にある」というべきだと主張している。[12] 法律論として、こんな議論をすることにどんな意味があるのか、よくわからないが、安部氏が国家と個人を対立関係で捉える国家観を嫌悪していることだけは、よく伝わってくる。

しかし、立ち止まって考えてみて欲しい。もし本当に、国家と個人が対立関係にないとすれば、そして、国民の間にも深刻な対立が存在しないとすれば、私たちはなぜ「憲法」なるものを必要とするのか。私たちが「憲法」という言葉を使うとき、その念頭にあるのは、単なる「国家の基本ルール」ではない。少なくとも憲法学者のほとんどは、特定の政治理念に基づいた基本法のみを、「憲法」と呼んでいる。この論点を明快に示してみせた古典的文書が、「権利の保障が確保されず、権力の分立が定められていないすべての社会は、憲法をもたない」と定めるフランス人権宣言一六条である（一七八九年）[13]。

人権宣言は同時に、「あらゆる政治的結合の目的は、人の、時効によって消滅することのない自然的な諸権利の保全にある。これらの諸権利とは、自由、所有、安全および圧制への抵抗である」と定めている（二条）。「圧制への抵抗」は治者と被治者の対立を前提にしている。安倍氏が夢想するような、国家と個人の間にも、国民相互の間にも対立がない政治共同体を便宜上、「アベトピア」と呼ぶならば、人権宣言の考え方に従う限り、そこに「憲法」は存在しないことになろう。また、冒頭で言及した小山議員の発言が憲法論的にみて、なぜ「妄言」とされるべきなのかも、この文脈で理解できよう。

6 立憲主義は「自明の真理」か？

フランス人権宣言と並んで、近代憲法原理を先駆的に表明した文書として名高いアメリカ独立宣言（一七七六年）には、「われらは、次の事柄を自明の真理であると信ずる。すべての人は平等に造られ、造物主によって一定の奪うことのできない権利を与えられ、その中には生命、自由、および幸福の追求が含まれる」との一節がある。しかし、私たちは「人間の自由と平等」が事実の問題として、「自明の真理」ではないことを知っている。実際、独立宣言の一二年後に成立したアメリカ連邦憲法には、奴隷制を容認する規定が存在していた。奴隷制廃止のための憲法改正が行われたのは南北戦争後の一八六五年、公立学校における人種別学が連邦最高裁で違憲無効とされたのは一九五四年のことである。アメリカ合衆国においてさえ、「人間の自由と平等」は決して、「自明の真理」ではない。

ならば、「人間の自由と平等なんて、嘘っぱちだよ」と赤裸々に「現実」を容認すれば、それで独立宣言を批判したことになるのだろうか。そんなはずはない。そんな批判が通用すると思う人は、「思想」というものを余りに単純に考えている。独立宣言は「人間の自由と平等」が実現していないからこそ、あえて「自明の真理」と宣言してみせたのである。別な言い方をすれば、「人間の自由と平等」が「自明の真理」となるような国家と社会のあり方を構想しようとしたのである。もちろん、もし私たちが「アベトピア」を望ましいと思うのならば、「人間の自由と平等」を「自明の真理」と考える必要はない。そのような宣言はかえって、「アベトピア」の存立を困難にするだろう。他方、「人間の自由と平等」を「自明の真理」と言い切るのは、そのように考える政治共同体の中で生きることに、私たちが積極的な意味を見出しているからである。

長谷部恭男氏によれば、「立憲主義は、多様な価値観を抱く人々が、それでも協同して、社会生活の便益とコストを公正に分かち合って生きるために必要な、基本的枠組みを定める理念である」と述べている。(14) 立憲主義に関するこの定義は示唆的である。多様な価値観を持つ諸個人がそれにもかかわらず、共通の法的枠組みの下で生きることを選択するとき、「人間の自由と平等」を「自明の真理」とすることは、あるべき国家・社会を構想する上で最適の出発点となる。

7 憲法を／憲法からラディカルに考える

だからこそ、立憲主義を奉ずる人々にとって、「憲法」を論ずることは意外に厄介な事柄なのである。たとえば、「自由」と「平等」は究極的には調和するとしても、現実の政策選択の場面では対立する場合も少なくない。「自由」を重視する人は、市場に対する政府規制を最小限にすべきと主張するかもしれない。他方、「平等」を重視する人は、市場が貧富の差を生む以上、政府が積極的に市場を管理すべきと主張するかもしれない。この問題に関心があるのならば、第Ⅲ部の法哲学者・井上達夫氏と政治学者・齋藤純一氏の「対論」を読んで頂きたい。「リベラリズム」を「自由主義」と考えて、規制緩和を進めれば、自由が増えるかのように論ずる、巷間よく耳にする議論の浅薄さが理解できるだろう。そして、「各人の平等」を保障することの望ましさと、それにもかかわらず、それを実現することの難しさについて、より深い考察をするための手がかりを見つけることができるだろう。

もう少し具体的な問題で考えてみよう。ある国は七歳から一五歳までの九年間を義務教育期間としており、子どもを学校に行かせる義務を親に課しているとしよう。その国の小さな宗教セクトAは、信仰の問題として一切の科学文明を拒否しているとしよう。そのため、Aに属する親たちは、子どもを小中学校に通わせていないとしよう。この場合、政府は子どもの就学を強制することが許されるのだろうか。[15]

あなたが「アベトピア」の住人であれば、話は簡単である。マジョリティの価値観を逆撫でするマイノリティの言い分など聞く必要はない。びしびし就学を強制して、がんがん子どもたちに科学知識を植えつけてやればいい。では、「立憲主義」を奉ずる社会の住人であればどうか。信仰の自由を理由として、セクトAに属する子どもたちの就学義務を免除すべきだろうか。しかし、それでは、子どもたちは、社会に存在する多様な価値観と出会うことのないまま、大人になってしまう恐れがある。

「人間の自由と平等」を「自明の真理」と考える社会で生きるためには、多様な価値観が存在し、それぞれの価値観が尊重に値するものであることを、私たちは理解しなければならない。自分の価値観を堅持しつつ、他者の価値観に寛容であるという感性は決して、放っておいて身につくものではないからである。ならば、セクトAの子どもについても、一定の教育を施して、このような感性をもった「市民」へと陶冶することは、「立憲主義」に基づく社会においても、許されるのではないか。いや、「要請される」とさえいえまいか。けれども、就学の強制は、子どもの（そして親の）信仰の自由と対立するようにも思われる。この論点は、第I部の憲法学者・樋口陽一氏と政治学者・杉田敦氏の「対論」においても、フランスの経験を素材にしつつ、論じられている。

しかし「憲法と教育」をめぐる問題は、現代日本の社会状況・思想状況との関係では、もっと厄介なものかもしれない。「立憲主義を奉ずる社会」であれ何であれ、一定の価値観によって構成される公共社会を構築し、それを維持するために、強制的に教育を施すならば、それはやはり、子どもたちを「道具」扱いすることにならないのか。このような疑問を感じないだろうか。だったら、その権力行使の構造において、「愛国心」教育と「民主主義」教育の間に、どれほどの違いがあるというのか。たぶん違いはあるのだろう。少なくとも、私はそう考えたい。けれども、「戦後民主教育」がこの問題について、どれだけ自覚的であったのかという点に関しては疑念がないわけではない。そして、もしかしたら、

「戦後民主教育」の現在の苦境は、この「無自覚さ」の間隙を「愛国心」によって突かれているからなのかもしれない。この問題について原理的な考察を深めたいならば、第Ⅱ部の憲法学者・西原博史氏と社会学者・北田暁大氏の「対論」から、多くの「考えるヒント」を得ることができるだろう。

突き詰めて考えれば、そもそも私たちはなぜ、「人間の自由と平等」を「自明の真理」と考える「憲法」の下で生きなければならないのか、ということも問題とできるだろう。これは、なぜ今、「立憲主義」という政治的価値に拘るべきなのか、という問題と同じである。私たちには、「民主主義」という政治的価値もある。価値観が多様であり、何が正しいのか分からないのであれば、「民主主義」の名の下に、「えいやっ」と多数決で決めてしまえばいいではないか。これも一つの意見である。しかし、多数決で何でも決めてよいのか、という問題は残る。少なくとも、多数決で何でも決めてよいのであれば、「立憲主義」など「無用の長物」であろう。第Ⅰ部の樋口氏と杉田氏の「対論」では、「国家」、「社会」、「市民」、そして「立憲主義と民主主義」といった憲法学の基本概念について、広く深い考察が加えられる。

本書の題名を「憲法を／憲法からラディカルに考える」としたのは、改憲論議の中で退屈な話題として消費されている感のある「憲法」というものが、実は真剣な知的対話に値する話題であることを改めて確認したいと考えたからである。そして、本書の三つの「対論」は、「憲法を考える」ことが、どれほど知的にラディカルな営みであり、「憲法から考える」ことで、現代日本の国家・社会の問題性をどれだけラディカルに問い直すことができるのか、その可能性を示してくれるだろう。

憲法を／憲法からラディカルに考える。今回、その現場に立ち会えた私は、本当に幸運だった。そして、私が現場で味わった知的興奮を、読者の皆さんにも追体験してもらえたなら、本書の企画に携わった者の一人として、これ以上の喜びはない。

(1) 高田健「いったい何を『調査』したのか」『世界』二〇〇五年六月号一二〇頁。
(2) 朝日新聞二〇〇七年五月二日朝刊掲載の世論調査によれば、改憲必要が五八%、不要が二七%と改憲支持のほうが圧倒的に多いが、九条改憲を支持するのは三三%、「自衛軍」に変えるのを支持するのは一八%に止まる。読売新聞二〇〇七年四月六日朝刊掲載の世論調査では、改憲支持が四六%、不支持が三九%である。九条改憲支持は三五%だが、集団的自衛権の行使（海外での軍事行動）を可能にするための改憲を支持するのは二〇%に止まる。
(3) 同紙は、憲法改正国民投票法が成立した翌朝の社説で、「六十年間も放置されてきた主権者国民の憲法を改正する権利がようやく具体化されたことは画期的であり、その意義はきわめて大きい」とその成立を寿いだ（日本経済新聞二〇〇七年五月一五日朝刊）。
(4)「公の支配」に属さない教育事業への公金支出を禁止する憲法八九条を厳格に解釈すると、現に行われている私学助成が違憲となって困るので、憲法八九条を改正すべきと論ずるのも、同然である。西修『日本国憲法を考える』（文春新書、一九九九年）一八六〜一九〇頁。
(5) 現代改憲の「思惑」については、愛敬浩二『改憲問題』（ちくま新書、二〇〇六年）第3章を参照。また、水島朝穂編著『改憲論を診る』（法律文化社、二〇〇五年）、渡辺治『憲法「改正」』（旬報社、二〇〇五年）も参照。
(6) とりあえず、愛敬・前掲注(5)六九〜七四、八三〜八四、九五〜九六頁で概観した各種の改憲案を参照。詳しくは、全国憲法研究会編『憲法改正問題』（日本評論社、二〇〇五年）、同編『続・憲法改正問題』（日本評論社、二〇〇六年）の資料編を参照。
(7) 憲法再生フォーラム編『改憲は必要か』（岩波新書、二〇〇四年）三頁。
(8) マイケル・シーゲル『憲法第九条に関する一考察』（南山大学社会倫理研究所、二〇〇六年）一二〜一三頁。
(9) 小池清彦・竹岡勝美・箕輪登『我、自衛隊を愛す　故に、憲法9条を守る』（かもがわ出版、二〇〇七年）一一、七四頁。
（10）水島朝穂「防衛省誕生の意味」『法律時報』七九巻二号（二〇〇七年）三頁。
（11）保阪正康「安倍晋三『忘却史観』の無知と傲慢」『現代』二〇〇六年一一月号三四〜三五頁。
（12）安倍晋三『美しい国へ』（文春新書、二〇〇六年）六四〜六五頁。
（13）初宿正典・辻村みよ子『新解説世界憲法集』（三省堂、二〇〇六年）の訳文を参照した。以下で引用する外国憲法の訳文も同書によっている。
（14）長谷部恭男『憲法と平和を問いなおす』（ちくま新書、二〇〇四年）一七八頁。
（15）この例は、アメリカ憲法判例の Wisconsin v. Yoder, 406 U.S. 205（1972）の事案に示唆を受けたものである。

【第Ⅰ部】憲法は何のためにあるのか

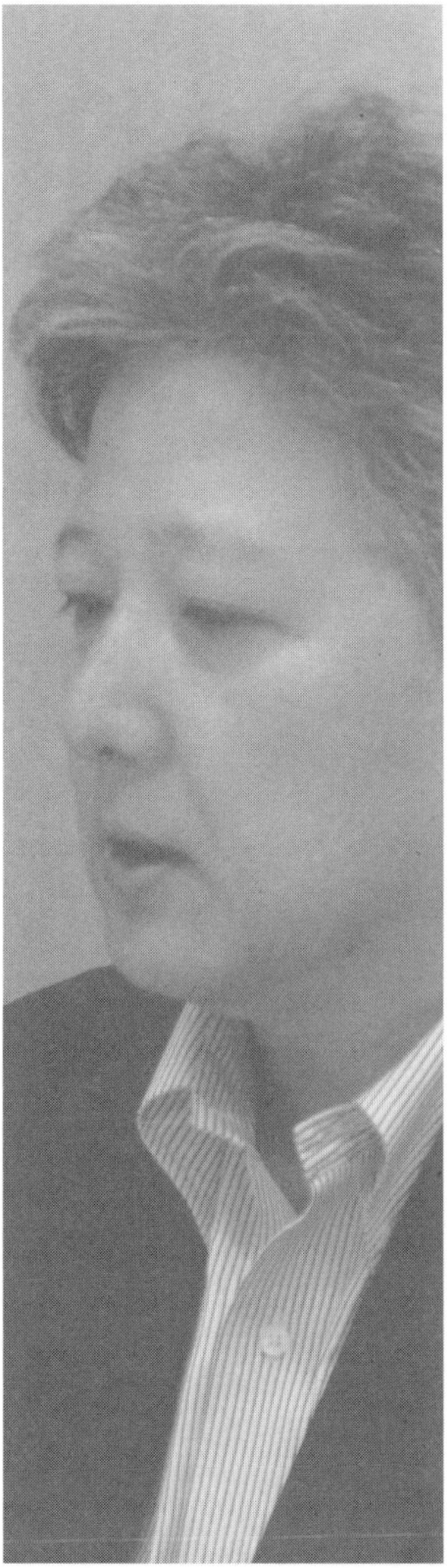

基調論考

それでも「公共」としての国家を

樋口陽一

近代立憲主義の「国家からの自由」は、人民の意思による国家権力の掌握があったうえで、国家権力＝自分たちの意思をもあえて他者として見る緊張関係のうえに成立してきたはずである。「国家からの自由」への私の執着は、そのような立憲主義の王道の文脈での選択ではなく、国家権力が他者でありつづけているからそう余儀なくされているのである。

（「自由をめぐる知的状況」ジュリスト九七八号）

1 全体としての「国民」と、個としての「人」「市民」

――これは、一九九一年に公にした私の文章の一節である。私の考えるかぎりでの近代憲法学が前提として想定している「はず」のことを述べたものとして、その後の日本と世界の状況が大きく動いてきた――そして後述のように憲法論上の言説にも変化があらわれてきている――にもかかわらず、今もそのように考えている。

二つの「はず」が想定されている。ひとつは、「人民の意思による国家権力の掌握」がいったんあるということ、もうひとつは、「国家権力＝自分たちの意思をあえて他者として見る緊張関係」である。前者に対応する歴史事実としては一七八九年のフランスや一七七六～一七八八年のアメリカ、後者についてはドレフュス事件後の第三共和制を担った「急進」共和派や、アメリカ憲法判例の「優越的自由」の法理を考えればよい。論理的フォーミュラで言うなら、一七八九年宣言が「市民」citoyen と「人」homme というコトバを使い分けて、権力をわがものとしようとするcitoyen の権利と、その権力からの自由に執着する homme の権利（「人」権）の間の相互依存と緊張の関係を、示唆している。[1]

citoyen の集合としての peuple＝人民と権力との一体化という、一時点の幸福な――あるいは悲劇的な――メモワールを背景として、人民の名において行使される権力が近代憲法の運用者となり、しかしそのような権力をもあえて他者と見る緊張関係が維持される。この関係が何より鮮明にあらわれるのは、公教育の設立と運用の場面であろう。citoyens の意思（選挙の結果）によって支えられた正統性を援用する権力が「自由への強制」をつらぬき、そのことによって、権力から自由な homme であると同時に権力形成の主体的な担い手となる次代の citoyen を創出する、という図式である。

ひぐち・よういち　1934年生，東北大学法学部卒。職歴：東北大学・東京大学教授等を経て，日本学士院会員。専攻：憲法学。主要著書：『憲法・第３版』（創文社，2007年），『国法学――人権原論・補訂版』（有斐閣，2007年），『憲法　近代知の復権へ』（東京大学出版会，2002年）など。

戦後日本の教育をめぐる状況をそのような図式と対照してみよう。示唆的なのが、「国民の教育権」という定式である。教育「権」という言葉の使い方は、およそ教育というものが持たざるを得ない権力性を、期せずして表現している。近代憲法の理念という、それ自身たしかに一つの価値にほかならぬものを、次世代の社会構成員の間に定着させようとすることの権力性である。しかしその権力を人民自身が掌握してはいない――普通選挙の実現と一定の表現の自由の保障にもかかわらず、なのだが――という認識が、「国民」の教育「権」を「国家の教育権」と対抗的に主張せざるをえなくさせていたのである。

ところで、一九九〇年代を境にして、一連の「改革」――行政・政治・大学・司法といった一連のカンムリをかぶせて言われる「改革」であり、ことさらに名前をつけられなくとも、労働・医療・福祉・税制など、およそあらゆる領域にわたる「改革」――が謳われ、かつ進められる中で、「国民」の位置づけの転換を説く主張がある。国民が政治の「客体」にすぎぬという意識からぬけ出して、政治の「主体」にまで自己を高めることが肝要だ、という主張である。

国民主権の憲法が施行六〇年目を迎え、選挙の管理それ自体の「公正」さでは「先進民主主義国」の中でも模範生といってもよい戦後日本で、「人民の意思による国家権力の掌握」という前提はすでに充たされている、という見方を頭から否定するのは不誠実であろう。たしかに私にとっては、その権力は、そこから距離をとることが緊張を要するほどに自分のものとはなっていない。しかし私自身のそのような立場はカッコに入れて、もはや権力は民意と離反しているからではなく、民意にもとづいているという前提(2)をみとめた上で、考えてみよう。

citoyens の意思にもとづくものとして国家権力が編成されるその瞬間、国家としての国民すなわち統治の「主体」と、それを生み出した個人としての citoyen は、分離する。こうして citoyen は、ふたたび、統治のあえてそう呼べば「客体」としての homme との間での、相互依存と緊張関係に立ちもどる。そこでは citoyen は、統治の「客体」としてあくまで「他者」にとどまろうとする homme としての国民とはちがうにしても、だからといって、統治の「主体」になりおおせたわけではない。そうではなくて、国家としての国民との一体化を拒否する立場に立ちつつ、公事（chose publique）への関わりを求めつづけようとする、公共社会（res publica）の能動的構成員なのである(3)。

2 「国民」の虚偽性と対抗言説

以上は、憲法学がその土俵としてきた枠組みの内側のことがらである。

国家と諸個人という当事者の存在を前提とし、全体としての国民すなわち国家＝主権の主体と、個人としての国民＝「人」権および citoyen の権利の主体、という論理上の道具建てを使っての議論である。そういう枠組みの外側にある思想界や論壇などの言説空間とのかかわり方についても、憲法学が無関心――あるいは「無邪気」――だったわけではない。

一九七〇年代までは、右のような枠組みが「国民という単位を特権化」——全体としての国民と個人としての国民の区別についての明示的な仕分けは必ずしもしないでのことだが——していたことに対する最も有力な対抗言説は、「国民」の虚偽性を暴露する「階級」史観であった(4)。「階級」史観は、直接に国家独占資本主義論（いわゆるStamo-kap-theorie）への対応というかたちをとらなくとも、憲法学に、とりわけ現代型社会的諸条項の理解について直接間接の反応を促したし、さらに、さかのぼって近代憲法学がその体系の中心に置いてきた自由権と議会制民主主義の位置づけにも、議論の水脈を提供してきた(5)。後進資本主義の従属性という観点を重く見る見解は、「民族」を現実の「国家」に対抗させる(6)、という戦略をとり、憲法第九条をめぐる議論がそれにかかわっていた。

　一九八〇年代以降、「国民」の特権化への対抗言説は、近代国民国家批判というあらわれ方をする。憲法学はいま、それにどう対応しているだろうか(7)。

　「階級」史観は、ブルジョワジーの支配の道具となっている国家の階級性を暴露する。国民国家批判は、「国民の特権化」が、女性、外国人、エスニシティや言語・宗教上のマイノリティ、障害者などを排除し、外に向っては植民地支配の正当化の役割をひき受けてきたことを弾劾する。「階級」についての指摘がそうであったのと同様に、これらの批判は、それとしてひとまず当たっている。

　それでは、批判への応答はどんな仕方で可能だろうか。「階級」は、少なくとも理念としては、階級闘争の末の「偉大な夜《グラン・スワール》」による無階級社会の実現によって、「止揚」されるはずのものであった。そして、革命による最終解決を目標に掲げるそのような立場に対しては、改良のつみ重ねと調停による対応が対置されてきた。

　いま国民国家批判によって問題とされているさまざまのマイノリティ単位は、それらを「止揚」することによって事態の解決を展望することはできない性質のものであり、そうである以上、調停型の対応しかありえない。まさしくその調停を自然の流れにゆだねるのでないとしたら、公共社会の意思の介入によってそれをするほかない。

　なんらかの人為の意思が問題とされるとき、空間的または／および属人的に、一定の境界設定が必要となる。

現時点で「国家」という名前で呼ばれているすがたが必然的でないことは当然として、しかし、一定の境界で区切られた公共社会（res publica）の存在そのものを否定することはできないはずである。

そう考えてくると、国民国家批判は、実は「国民の特権化」だけでなく、人為の意思による制御という思考そのものを相手どっているのではなかろうか。そのような意味で私は、「自然」と「人間」の対置、人間の「知」の「暴力」、あるいは「啓蒙の専制」——そういったものへの抗議を、肝腎の論点と受けとめる。そして、そのような抗議が脱西欧＝désoccidentalisation を通して、知の世界の無調化、無概念化＝désorientation へと導いてゆくであろうことを読みとって、それへの同調を拒否するのである。

3 「回収」と抵抗

ひろがりすぎた議論を、日本国憲法の置かれた現場と憲法学の場にもどそう。

公権力をコントロールする道具としての憲法、この国の「かたち」としての憲法——あくまでも「かたち」＝形式であり、その枠組みによって確保される自由な空間の中で求める実質を一人ひとりの生き方にゆだねるものとしての憲法——という考え方は、まだ日本社会に共有されていない。そのような状況の中で、憲法学は何より「抵抗の学」でありつづけることが求められている。

他方ではしかし、もう一つの方向での憲法現実の兆候があらわれている。それを、「憲法シンボルの回収（récuperation）」と呼んでおこう。それは、権力制限という課題を託されたはずの「憲法」というシンボルが、実は憲法の想定していたはずの公共社会のあり方を浸食してゆく方向に使われてゆく、という状況を指す。「回収」しようとするのは「統治の主体」に擬された国民すなわち権力であり、「回収」されようとしているのは citoyen としての個々の国民一人ひとりである。その場面であらためて、憲法学と権力の関係が問われる。

憲法にかかわる二大シンボル、「国民主権」と「人権」について、項目だけ指摘して議論の一素材を提供しよう。

国民主権についていえば、「支持率デモクラシー」による「公論」の回収であり、「しろうと参加」と「専門家叩き」のポピュリズムによる権力分立の空洞化。

人権についていえば、「自律と自己責任」「官から民へ」による「公」の回収であり、「迷惑からの自由」の名による自由の制限。

(1) ここではhommeを文字どおり「人」の意味で使い、homme - femmeの問題には立入らないでおく。

(2) 「学力テスト」なるものに対する世間一般の反応の、一九六〇年代と二〇〇七年の間の落差は、そのことなしには考えられない。

(3) 蟻川恒正が「統治の主体」と「客体」に加えて「批評者」という言葉で指そうとしているのは、おそらく同様な問題意識にもとづくものではないか。参照、ジュリスト一三三四号（二〇〇七年五月一―一五日号）。

(4) もうひとつ、ケルゼンの純粋法学をここで挙げておきたい。

(5) 東大社研の『基本的人権の研究』（全五巻）がその典型例。

(6) 石母田正の名著『歴史と民族の発見』の高みから「民族独立行動隊」の逸脱まで。

(7) もとより、ここでの主題はもはや「民族国家」（"Blut und Boden"）ではなく、契約国家観にもとづく「国民国家」である。

基調論考

立憲主義・共和主義と政治

杉田　敦

憲法学では一般に、政治権力を縛るものとして憲法を位置づけ、そうした憲法のあり方を重視する考え方を立憲主義（constitutionalism）と呼んでいるようだ。ただし、私が以前に対談の機会をもった長谷部恭男氏などは少し違い、そもそも人々が憲法などをつくって国家を樹立するのは、多様な価値観をもつ人々が共存するためであり、そうした目的に照らして物事を考えるのが立憲主義だとしている。すなわち、憲法そのものでなく、もう一段奥のところに判断の基準をおいているように見える。

しかし、私が知るかぎり、憲法学者の多くは、政治権力やそれを担う国家に対抗するための手だてとして憲法を位置づけている。こうした考え方は、私の目には自由主義（liberalism）的な政治思想と深く関連しているように見える。自由主義とは、権力と自由とが対立関係ないし緊張関係にあると見なし、権力を極小化して自由を極大化することを目指す考え方である。そして、実は政治学者のほとんども、この自由主義に近い立場で政治について考えている。国家の肥大化、およびその具体的な現れとしての官僚制の強大化こそが諸悪の根元であり、国家を弱体化させ、人々の自発的な行動領域を大きくして行くことが必要である、という考え方は広く共有されている。国家と市民社会との区分を出発点とする、いわゆる市民社会論はその典型である。日本では、松下圭一氏に代表されるように、国家に抵抗するための拠点として、自治体の役割に期待する議論も多かった。

大きく見れば自由主義的な前提を共有してきたのに対し、政治学と憲法学がこれまで十分に連携してこなかったのはなぜか。それは、権力制限という点では一致しながら、政治学がそれを人々の政治活動によって実現しようとしたのに対し、憲法学はむしろ政治の外部における法的な領域において実現しようとしてきた点にあると考えられる。

憲法学は日本政治への不信、とは言わないまでも、それへの慎重な姿勢を保持してきた。西洋の代表的な憲法典の水準に達するどころか、いくつかの点ではその先に行くような憲法典をもつ一方で、国民の政治的な経験不足や能力の低さは否めないのではないか。政治的な判断

ATSUSHI SUGITA

すぎた・あつし　1959年生，東京大学法学部卒。現職：法政大学法学部教授。専攻：政治理論。主要著書：『境界線の政治学』（岩波書店，2005年），『権力の系譜学』（岩波書店，1998年），『デモクラシーの論じ方』（ちくま書房，2001年），『これが憲法だ！』（共著，朝日新書，2006年）。

力や人権感覚を欠くように見受けられる多くの政治家が、国民代表として選出され続けていることがその証左である。政治に期待するよりは、むしろ憲法典というテキストにこだわることによって、その政治の射程を狭めることに専念すべきではないか。いずれかの時点で、日本の憲法学者たちは、こうした判断をしたように思われる。そして、樋口陽一氏が憲法学において、立憲主義概念を定着させる上で大きな役割を果たしたことは広く認められている。

もしも樋口氏が、つねに国家や政治に不信感をもち、権力制限的な議論に終始しているのであれば、それはそれでわかりやすい。しかし、樋口氏は他方で、ゴーリストであるレジス・ドゥブレなどにさえ言及しつつ、フランス的共和主義を評価する発言を繰り返している。ここに、樋口氏の独特の立場がある。「さまざまな社会的な力によって絡めとられている個人を、国家の力すなわち法律によって解放するということ。なんと言ってもフランスの場合は宗教、金、それから宗教と重なりますが、必ずしも厳密には重ならない、民族あるいはもっと一般的にエスニックな単位。こういうものから、つまりそう

いう意味での社会から、国家によって個人を解放する」ことを目指すのが共和主義であるとし、それを重視している（『「共和国」フランスと私』）。また、フランスでは歴史の重要な節々で国民投票（レファレンダム）を実施されてきたことを、否定的でなく紹介している。

ちなみに、右の引用部での「社会的」という用語法は、フランス的文脈で「ソシアル」について語られる時の用法とは異なる。ソシアルとは、個人をとりわけ「金」の領域での格差から「国家によって」解放すること、すなわち社会民主主義的ないし福祉国家論的な含意をもつ言葉である。社会と国家がこのようにほぼ同義語として用いられうる、ということも、先ほどの市民社会論ないし英語圏的な自由主義論との発想の違いを示していると言えよう。

こうした共和主義的な議論が、権力制限的な立憲主義とただちに整合しないことは明らかではないだろうか。もちろん、樋口氏が、そうした緊張関係を意識していないはずはない。しかしながら、両者の緊張関係が、今日の日本で憲法について考えるにあたって、どのような含意をもつかについて、さらにふみこんで伺いたいところである。今日の憲法論議では、改憲派の側から、憲法をもっぱら権力制限規範と見なすことへの異議が示されている。これに対して、憲法学者の間からは、立憲主義の本質をわきまえない謬論である、といった反論がなされることが多い。しかしながら、国家が単に私たちを抑圧したり弾圧したりするものではなく、私たちを「解放する」ものでもあるとすれば、国家に積極的な意義も見出さなければならないのではないか。そもそも、「公共のもの res publica」というラテン語に由来する共和制概念には、私たち自身が権力の担い手であり、政治の主人公であるという含意があるはずである。

私自身はどう考えているのか。かつてミシェル・フーコーは、フランス語の sujet（英語なら subject）が、「主体」という能動的な意味と「臣下」という受動的な意味とを兼ね備えていることに注意を促した。そして彼は、人間の身体に特定のふるまい方を刻み込む規律権力は、一方で、人々を一定の鋳型にはめこむ強制的なものであるが、それが同時に、人々に能力を与える生産的な側面をもっていることを示した。たとえば、国家が特定の言語を標準化することによって、人々のヴァーナキュラーな言語は維持できなくなる。しかし、その結果として、コミュニケーションの範囲は広がり、人々は多くの可能性を手にすることになるのである。また、人々の群れの健康を管理し、その繁栄を目指す「生権力」が、一方で人々の生き方に強制力を加えるものでありながら、同時に人々の生活水準を高める役割を果たしうることもフーコーは指摘した。

こうしたフーコー的な議論は、権力と自由とが必ずしも二律背反的なものではなく、むしろ相互規定的でありうることを示したと考えられる。人はさまざまな文脈で権力の中にある。しかし、それは人が自由でありえないということを意味するものではない。たとえば教育は、一種の権力作用である。それを担うのが国家なのか教員なのかというのも重要な違いであるが、子どもにとっては、押し付けられる側面は必ずある。しかし、そうやって押し付けられた結果として、子どもは国家や教員を批判する能力さえ得ることになるのである。権力と自由とはこうした多分に逆説的な関係にある。

こうした視点から私は、私たちは権力を一方的に行使される客体であるだけではなく、権力を行使する主体でもあると考えるべきではないか、と思っている。これが、人民が再帰的に自らに命令を発するという「人民主権」概念のコロラリーの一つでもあることは言うまでもない。私は、国家権力を単なる悪と見なし、もっぱらその制限を目論み、私たち自身を権力とは無縁なところにいる無力な被害者であると見なすような立憲主義理解には違和感をもってきた。私たちは、ごく細々とした回路を通じてではあれ、権力を担っているのではないか。そのように考えないと、政治について当事者意識をもつことはできないのではないだろうか。

この点に関連して、もう一つ確認しておきたいことがある。先ほどの引用で樋口氏は、「さまざまな社会的な力によって絡めとられている個人を、国家の力すなわち法律によって解放する」としていた。そこでは、ジェンダー、エスニシティ、宗教などの「さまざまな社会的な力」に先立って、「個人」というものが前提とされている。しかし、その個人とは一体何物なのだろうか。実際には、どんな個人も特定の文化の中に生まれ、それによって「社会化」されることによって、初めて一人の「個人」になるという側面があるのではないか。そして、成立した個人は当然、「社会」を変えて行くこともできる。個人が先か社会が先かというい わゆる「リベラル・コミュニタリアン論争」は、私には、終りのない循環過程を強引に一面化しようとしているものにすぎないようにも見える。

同様に、「さまざまな社会的な力」に先立つ「個人」とは、実際には特定の「社会的な力」、多くの場合には、「多数派」の文化を身につけた人間を指しているにすぎないのではないか。樋口氏は、学校でスカーフを着用するイスラムの少女の存在を容認すれば、カトリック教会からようやくにして自由の領域を確保した共和国が崩壊する、というフランスでの議論を、繰り返し好意的に紹介してきた。しかし、ことさらに表象しようとしない、「白紙」に見える非イスラムのフランス少女たちは、「社会的な力」と無縁なところにあるのだろうか。

内部に境界線のない、透明な秩序を目指す「共和国」の思想は、実際には存在している亀裂を隠蔽するものとなりうる。秩序とは、「さまざまな社会的な力」のせめぎ合いの中から生まれる「暫定協定」以上のものではないのではないかと私が考えるのは、そのためである。

対論

憲法は何のためにあるのか

樋口陽一×杉田　敦

司会：愛敬浩二

1 「国家」を今、どう論ずべきか

司会　安倍晋三さんの内閣になってから、改憲手続法（国民投票法）の制定の強行など、明文改憲の動きが加速したようにみえる一方、かえって民主党との協調がしにくくなって、明文改憲は難しくなったようにもみえます。今日、憲法改正をめぐる政治状況は分かりにくくなっている印象がありま す。とはいえ、本日の対論では、以上のような改憲をめぐる政府や政党の動向のような「改憲問題の表層」ではなく、改憲の流れの中で、国家なり市民社会なりにどのような変化が現れつつあるのかといった、もっと根本的な問題について考えてみたいと思います。

たとえば、民主党の憲法調査会が二〇〇四年六月に公表した「創憲に向けて、憲法提言（中間報告）」が典型ですが、憲法を国家権力に対する制限規範としてよりも、国民一人ひとりが守るべき行動のルールと捉える改憲構想がいくつか示された時期がありました。自民党憲法調査会・憲法改正プロジェクトチームの「論点整理」（二〇〇四年六月）にも同様の憲法観をみることができます。そのような考え方は立憲主義の考え方に反するとの批判が当然、憲法学者から出されましたし、最近では、市民集会などに講演にいきますと、聴衆の中からも同様の批判が出てまいります。憲法を国民の行動を縛るルールと考える憲法観を批判する際に、立憲主義を援用するのは結構なのですが、しかし、よく考えてみると、立憲主義とは何か、なぜそれが大切なのかということについて、私たちは十分に掘り下げて考えてきたのだろうか、という疑問がわきます。

また、国家観の問題についても、十分な議論をしてきたといえるのか。安倍首相は国家と個人の緊張関係を前提にする考え方をひどく嫌う方のようですね。保阪正康さんの論文（『現代』二〇〇六年一一月号）を読んで知ったのですが、二〇〇六年九月一一日の自民党総裁選候補者討論会の席上、「ひとにぎりの日本の軍国主義者が行った罪科は、中国人民だけではなく日本人民もまた犠牲者であった」という周恩来の言葉を谷垣禎一さんが援用したところ、安倍さんは、「日本国民を二つの層に分けると言うことは中国側の理解かもしれないが、日本側はみんながそれで理解していない。やや階級史観的ではないか」と応じたそうです。

首相の地位にある人間がこのような国家観を持っているというのは恐ろしい話ですが、ともあれ、以上のような改憲をめぐる政治状況を踏まえつつ、本日は、憲法は何のためにあるのか、国民国家の意義と問題点は何か、といった根本的な問題を考えてみたい。では、はじめに、現在の改憲論議にはどんな問題点があるのかということから対論を始めたいと思います。

樋口　九条の問題にとどまらず憲法問題を考えるのであれば、社会主義解体後のグローバリズムが進行する世界に共通の問題が、日本ではどのように現れているのか、という見方をすることが重要です。ちょうど七〇年前の日本で、それなりの立憲主義が解体していったときのことを連想させます。当時、日本だけではなく、世界的にも立憲主義が危機に瀕していたわけですが、日本は日本独特のロジックでその危機に相乗りしたのでした。

ところで、私は、立憲主義を語る大前提になっている国家という自己決定の枠組みそのものを壊す、ということが、現在の憲法状況の一番の論点だと考えています。こういうと、九条改憲の問題は逆に国家の自己主張じゃないかと早速、異議が出るかもしれませんが、私のみるところ、集団的「自衛権」とセットになった九条改定は、自己決定の単位としての国家を強化する方向ではなく、集団的自衛権の名の下に、外に対する関係で、国家の枠を壊していくものです。戦前の日本においてさえ、日独伊三国同盟は自動参戦を意味しないということで海軍の消極論を抑えてようやく、数年間の紆余曲折を経た末に成立した経緯があります。これと比べても、今の九条改憲論は、外に対する関係で国家の枠を壊すことを簡単に考えているというべきです。

内側に関する関係では、「グローバリゼーション」や「大競争時代」の名の下に、典型的には労働条件や社会福祉の切り詰めですが、それに限らず、トマス・ホッブズ以来、近代国家が国民との関係で約束してきた保護と服従の相関関係を解体するプロセスが進んでいます。

そのように、外に対しても、内に対しても、自己決定の単位としての国家を壊していくという現象があるわけですが、国家を壊したからといって、権力がなくなるわけじゃありません。国家を壊した後に、人々をとらえようとするものは、ある国では宗教であり、ある国ではお金ということになる。もっとも、お金の場合にはそれをあまり正面に出すわけにもいかないので、「自由」という価値を前面に押し出すことになります。たとえば、アメリカ合衆国はその典型です。

日本の場合は、宗教は今さら出てこない。奇妙なことに、安倍政権の周辺には、自由という価値を持ち出そうとする人もいるようですが、その人たちが思想の自由や人身の自由が争われてきた内外の事例にどんな態度をとってきたか——たとえばかつての従軍慰安婦について「狭義の強制はなかった」という趣旨の意見広告を出す——を思い出すなら、世界中で物笑いのタネになるだけでしょう。そこで結局、日本の場合には、民族ないしethnieということになりますね。さっき愛敬さんが安倍さんの国家観に言及しましたが、ethnieが出てくればまとまる、という思い込みがあるのでしょう。日本の改憲論が「民族」に言及するときは、単独形で出てくる「日本民族」打って一丸という点が特徴的です。

というのは、真面目な意味でethnieを憲法論の中に位置づけて、複数の各ethnie集団の自律的共存としての国家、というイメージを掲げる議論もあります。その方向が望ましいという考え方は、日本でも研究者の間に限っていえば、かなり有力なんじゃないか。いろいろな諸単位の共存、しかも、自律的共存という考え方です。それに対してもう一方は、集団（ethnie）の自律的な共存ではなくて、あくまでも古典的な近代国家の約束事にこだわる立場がある。「国家」というものは、諸個人の約束で成り立つところの、自己決定を行う一つの公共社会であると考える立場です。改憲論の単一民族国家観は、そのどちらからも外れている。

最近の改憲案は、日本人のアイデンティティとか、国民の精神とか、各人の物の考え方に働きかけるものとして憲法を捉えるものが多い。この場合の「国家」というのは、私たちが近代社会の約束事として考えてきた国家（＝近代国民国家）ではなく、ドロっとしたというべきか、ベタっとしたというべきか、日本「民族」なのですね。

以上が私の理解です。先ほども言いましたが、そういう方向への漂流は、世界中で始まっているのですが、日本の場合、社会の接着剤を宗教でも自由でもなく、「単一民族国家」という神話に求めていると言えるでしょう。

司会　だとすると、フランスでも同じような「漂流」は起きているわけですよね。それにもかかわらず、先生は日本の特殊性というか、日本に特有な問題の深刻さというものをお感じになっているのでしょうか。たとえば、フランスと比較してですが。

樋口　「自分と血のつながっている連中と一緒ならば安心だ」という感覚ないし誤信は、人類共通でしょう。問題はそれをどう自己制御するかということです。フランスの新大統領であるサルコジは選挙演説の際、「移民及びナショナル・アイデンティティ省」という役所を作ると言って、物議を醸したのです。大統領支持グループの中でその問題点を真っ先に指摘したのが、選挙期間のあいだ憲法院判事の職を休んで応援キャンペーンに加わっていた、シモーヌ・ヴェイユという「良識派おばさん」の典型と称されている人ですけれども、“identité républicaine”とするべきだ、“identité nationale"はよくない、とコメントしました。ナショナル・アイデンティティと言うとそれは血縁的共同体のことになるが、フランスはそうではなく、諸個人が自分たちの意思で組み立てた「公」のもの（res publica）としてのrépubliqueなのだ、というわけでした。これがこれまで、少なくとも建前として共通に前提されてきたことがらでした。サルコジが"national"にこだわったのは、極右支持層の票が欲しかったからで、それは図に当たったのですけれども。

日本の場合、「大和民族」という言葉が独走するでしょう。「民族」という言葉を単数でしか考えないというのは、日本独特です。「フランス民族」というものが存在しないことは誰でも知っているし、だからこそ、サルコジみたいにアメリカだったら大統領候補になる法的資格のない人物——彼はフランス共和国で出生したわけじゃないですから——が、大統領になれるわけですよ。「フランス民族」という意識がないところでなお、"national"という言葉が使われても、直ちに異論が提起される。他方、「日本人＝単一民族」というのは誤りであることは、言われてみれば誰でも納得するにもかかわらず、大和民族単一説が根強く残る日本。そこが一番違うんじゃないですか。

2　国民の「飢餓感」と改憲問題

杉田　樋口さんは、日本の場合には、"citizen"レベルの話も"nation"レベルの話もすべて、エスニックなものに回収されていく力が強すぎるので、今、国家が壊されていく過程の中でも、エスニックな単位としての民族が究極的な単位として頭をもたげてきているのではないか、という見通しを示されました。

私もそう感じるところはあるのですが、そのように結論する前に、少し考えておくべき点もあるのではないでしょうか。日本で国家に関する論議、たとえば憲法論議のようなものをしても、結局はエスニックなナショナリズムが表出することにしかならない、というのが樋口さんのご発言の趣旨だと思います。しかし、今日、世論調査等で「憲法を変えますか?」ということを尋ねると、一般論としては「変えるべき」という回答が半数を超えるようになりましたが、これは単なるナショナリズムなのかどうか。というのは、先の質問に続けて「九条を変えますか?」というと、「変えるべき」という回答は半数に届かない。それなら、「九条以外に重要な争点がありますか?」と聞くと、「ない」と答える。矛盾した反応が出てくるわけなんですが、なぜこのように矛盾した反応が出てくるのかを考える必要があるのではないでしょうか。何かやはり、政治が自分たちのものになっていない、自分たちが適切に代表されていないという「飢餓感」のようなものを国民が持っているからではないか、と私は考えています。

こうした「飢餓感」が暴発しますと――「暴発」といっていいのか分かりませんが――、前回の衆議院総選挙(二〇〇五年九月)(「小泉選挙」)みたいな事態も生まれます。小泉さんの路線に期待をした多くの人が、今では裏切られた気持ちになっていると思うんですが、しかし、これは単に、「愚かな民衆」が騙されたというレベルの話ではなくて、やはり国民の間に、政治が自分たちのものになっていない、いつも不透明であり、隔靴掻痒である、という感覚があって、それが、「自民党をぶっ壊す」という小泉さんへの支持に駆り立てたのではないかと思います。

そして、この「飢餓感」のよって来るところを探って行くと、その一部分は少なくとも、樋口さんが基調論考でも触れている点ですが、人民自身が権力を掌握した経験があるか、そういう記憶に頼ることができるか、という点に関係しているのではないでしょうか。たとえば、フランス革命とか、アメリカの独立とか、そういう経験を持ったことがあるかどうかということが、かなりその国の政治の在り方を規定していると樋口さんも考えておられるわけです。その上で、日本にはそうした経験がない、ということを断言されている。

この問題が、憲法改正をどう考えるかということとも、つながってくると思うんです。一般の人たちの間に、一度も自分たちが政治の主人公になったことがないという一種の「飢餓感」がある。他方、憲法改正において国民は、国民投票において自ら投票することができる。だからこそ、憲法改正が必要ですかという問いに、漠然とながら、肯定的に答えるというような反応が出てくるのではないか、と思うわけです。そうであるとすれば、そこには一種のデモクラシー要求があるわけで、それ自体は否定することができないものではないでしょうか。単に、国民の反応は矛盾している、ということで済ませられるとは思わない。

ですから、私は、国民投票法の制定は改憲への一里塚なので、制定そのものに反対する、というふうな戦術的な反対の仕方はあまり取るべきじゃないという考え方をしてきたんです。もちろん、闘いというのは小競り合いから始まるわけで、最初の小競り合いで勝つのが最善であるというのは、戦術の問題としては分かるんですけど、それでは大義が立てにくい。たとえば憲法の条文で国民投票はすでに規定されているのだから、国民投票を制度化することは国民主権の実現にはつながらないといった議論もありましたが、私にはあまり説得的ではありませんでした。多くの国々で、憲法改正以外の問題についても、国民投票などの直接投票が制度化されていることをどう考えるのか。もちろん、いつでも何についてでも直接投票をやればいいということにはなりませんが、選挙などで間接的に民意を問うだけでは必ずしも十分でないからこそ、間接民主主義を補完する意味で直接民主主義の制度がつくられているのではないでしょうか。現行憲法が、たとえば国会の決議だけで憲法を改正できるというふうにせずに、国民投票を制度化していることは、国民の主権性をより明確にしている面があると思います。

だからといって、私は国民投票を今やれとか、改憲すべきだということを考えているわけではありません。長谷部恭男さんとの対談においても、いろいろ考え方の違いはあっても、最終的に二人で一致した点は、「憲法は、国民が変える必要があると認めれば、いつでも変えることができる。ただし、今、変える必要性のある論点はない」ということでした（長谷部恭男・杉田敦『これが憲法だ！』朝日新書）。一般論として「憲法を変えてはいけない」と言うよりも、今、本当に変える必要があるのかを議論すべきだ。そう考えるわけです。

二番目の問題ですけれども、私たちは今、明文改憲の可能性を主に想定して、改憲論議云々を論じているわけですが、厄介なのは、それと同時に、いわゆる解釈改憲によって、かなり重大な変更がされてきたし、また、今後もなされようとしているのではないか、という点です。これをどう評価するか。明文改憲を避けた結果、逆に解釈・運用における実質的な意味での constitution（憲法・

国家構造）の変化を見過ごしたり、さらにはそれを間接的に促進したりすることにならないのか、ということですね。

条文は守ったけれど、憲法の実質は変わってしまったということで果たしていいのかどうか。私は必ずしも、実質を守るために条文を変えるべきだという、「護憲的改憲論」――国際法学者の大沼保昭さんなどが言われていますが――を主張しているわけではありません。しかし、一〇年後、二〇年後に振り返った時にどう見えるか。明文改憲が行われた場合、行われなかった場合、解釈改憲が行われた場合、行われなかった場合といろんな可能性があると思いますが、それを後で振り返ってみるときにどういう感想が湧くかということが気になります。先日、ある座談会で（「鼎談　戦後憲法学を語る」『法学教室』二〇〇七年五月号）、憲法学の石川健治さんや高見勝利さんが、戦後の代表的な憲法学者である宮沢俊義さんに批判的に言及していたのが印象的でした。宮沢さんと清宮四郎さんは、明治憲法から日本国憲法への転換の性格をめぐってかつて論争しましたが、清宮さんは、実定憲法秩序を大事にしていたからこそ、戦後も明治憲法を簡単に手放すことはできなかった。これに対し、宮沢さんは腰が軽い、と石川さんはいうわけです。高見さんも、宮沢の「八月革命説」は、結局のところ、日本国憲法への改正が、道徳的な意味では「国体」を変えるものではないという政府側に迎合した解釈だったのだ、と言っています。

将来の目から見て、今の時点で明文改憲をとにかく防ぐことこそがコンスティテューションを守ることになるのかどうか、という論点はあると思うのですが。

樋口　杉田さんのおっしゃる「飢餓感」というのは、全く私の認識と同じです。小泉さんは「自民党をぶっ壊す」と破壊的にみえることを言いながら、自民党にとってその時点では建設的な集票能力を発揮したわけですけれど。サルコジ候補が断絶（rupture）ということを強調したのも同じことです。サルコジはシラク政権で封じ込められてはいても、重要閣僚を歴任していたわけで、首相になる前の小泉さんよりはずっと権力の中心に近いところにいたのにもかかわらず、断絶ということを強調することによって、とりわけ、自分たちよりももっと右に位置している大量の票をかき集めることができた。

要するに、飢餓感の空白を埋める役者というのは、これはそれこそ、政治家の主要な資質ですから、それは見事という他ないので、それは別に批判してもしょうがない。やられた方が悪いんだということでしょう。これは小泉でもサルコジでも同じことです。

問題はここからです。その空白を埋めてあげようというのが、とりわけ民主党若手の改憲論です。明治憲法は欽定憲法だったし、本当は幕末の開国自体がそうだったのだけれど、日本国憲法は西欧列強に押し付けられた憲

めに、幕末の坂本龍馬みたいな気持ちが横溢しているのです。要するに、幕末の坂本龍馬みたいな気持ちが横溢しているのです。

法というわけでしょう。だから、自分たちで初めて憲法を作るんだと。「貴方たちの飢餓感を埋めてあげよう」というのが、特に民主党の若手の、あまりいかがわしくない人たちの改憲論です。要するに、幕末の坂本龍馬みたいな気持ちが横溢しているのです。

杉田　壮士横行、ですか。

樋口　そうです。けれども、飢餓感を埋めるのがなぜ憲法改正なのだろうか。明治憲法下の人々は、明治憲法の改正が著しく困難だったということもありますけれど、憲「政」擁護運動を積み上げていった。最終的には挫折したとはいえ、われわれが振り返っても、やはり十二分の意味のあるものを積み重ねていた。あの場合、飢餓感を埋めたのは、憲法改正ではなくて、憲「政」擁護運動だったのです。確かに、飢餓感を埋めるためには、ぶっ壊すほうが簡単だということは分かります。しかし、危険に晒すことなしに、国民の飢餓感を充足させるイニシアティブを取ることは、政治に携わる人間にとってはひとつの職業倫理なのではないか。

そこで、国民投票法の問題ですけれども、憲法九六条に所定されているのだから、その制度を作ること自体が悪いはずはない。ドイツ憲法（Grundgesetz）はその歴史に鑑みてあらゆる直接投票を周到に封じ込めているのですけれども、日本国憲法の制憲者は戦前の脱線の意味の読み取り方も違っていたからこそ、憲法九六条で国民投票を想定しているわけです。

ところで、憲法改正というのは、特定の主張を持った人たちが特定の内容のことを主張することですから、現在の改憲派の人々が示す改憲の内容に賛成しないという立場からすれば、国民投票法の制定に反対するのは当たり前じゃないか。例え話をすれば、一所懸命に包丁を研いでいる男がいるとしましょう。この包丁は研ぎ澄ませば研ぎ澄ますほど、いろんな用途に使える。人類社会を幸福にする立派な刺身も作れるし何でもできる。だから、「包丁を研ぐのはいいじゃないか」という人が別に間違っているわけじゃない。けれど、その男が、「この包丁で明日、人を殺すつもりだ」と明言していたらですね、その場合には、包丁を研ぐのを止めさせるべきだというのが私の選択なのです。

それから、解釈改憲の問題については、これは実質判断の違いですね。いわゆる解釈改憲でとどめておいたからこそ、現にかくあるところで踏みとどまっているというふうに認識するか、そうでないかによって違ってくるでしょう。法の解釈という名のもとに行われてきたことがらは、誤解を怖れずに言えば、事実としては無限だったと思う。だからこそ、大日本帝国憲法のもとで大正デモクラシーから東条独裁までカバーしたわけですし、フランスでは、一七八九年人権宣言の「財産権は神聖不可侵」という条項を残したままで、大規模な国有化も行われたわけです。現在は再度、民営化されていますけれど。

ですから、真面目にものを考える一般人が、「解釈がいろいろだと安心できない。だから、話をスッキリさせてくれ」と期待するのに対して、法律家は、「いや、法律というのはそういうものなのです。将来、貴方たちがどういう主張をするかによって、つまり、憲政擁護の中身をどうするかによって、如何様なものにもなる。それはあなたたち自身の仕事です」と言うべきなのです。

さっき言った、「解釈改憲でとどめておいたからこそ、現にかくあるところで踏みとどまっている」ということについて、読者のために具体的なイメージで言っておくとすれば、二〇〇三年のイラク派遣法が、ああいう、私もそらでは言えないほど長い題名の法律（イラクにおける人道復興支援活動及び安全確保支援活動の実施に関する特別措置法）となり、句読点はいくつかあっても一息には読めないような、第一条の規定になった。そして、当時の小泉首相が「戦争に行くわけではない」と強弁せざるを得なかった。現在の航空自衛隊の活動は戦争の一環そのものだと思うんですけれども、陸上自衛隊は確かに、戦闘行為はしなかったようですね。

では、イラク戦争の前に、憲法九条を緩めるような改憲が実現していたとすれば、どうだったろうか。日本の政治指導者たちは、ブレアとか、ベルルスコーニ（イタリア）とか、アスナール（スペイン）と同じことを公然とやれたんじゃないか。ドイツやフランスは、日本国憲法の九条二項がなくても、「この戦争は正しくない」という倫理的判断と、「この戦争から得るものはない」という損得勘定から、イラク戦争に対して「ＮＯ」の立場を取ったわけですけれども、日本政府にそういう態度をとらせるだけの力量を日本国民は持っていただろうか。自衛隊のイラク派遣が法律を含めて今回のような姿になったのは、明文改憲ではなく、解釈改憲でやってきたからなんだろう。そして、このような現状では困るから、九条、とりわけ二項を変えよう、あるいは削除しようというのが、まさに現在の改憲論のポイントなのだと思います。

3 国民の「飢餓感」にどう向き合うか

杉田　樋口さんがおっしゃったことに、私はちょっと違和感があるんです。テキストだけを憲法と考えるべきでなく、むしろさまざまな具体的な実践、すなわちプラクティスの蓄積の総体が憲法＝政治秩序（コンスティテューション）であると考えようと、私も素人なりに、あちこちで言ってきました（たとえば、「憲法と政治」『憲法問題』一五号、二〇〇四年）。これは、イギリスのように法典化された憲法を持たずに何とかやっているところのことも想定しながら、政治思想史上の「保守主義」によって日本の護憲論を補強しようという戦略です。秩序というものは一挙につくられるものでなく、長い時間をかけて、多くの人が関与する中でつくられるものだと考えるのが保守主義ですが、そういう考え方をすることで、六〇年に及ぶ憲法実践の期間を、単なる不作為の時間としてではなく、憲法を実質化するプロセスとして積極的にとらえることができると思っているのです。そうした観点からすると、今、樋口さんが展開されたような、とにかく解釈を重視して、極力テキストの変更はしないでやって行こうという議論もまた、保守主義と近いものに見えます。

ところが、他方で樋口さんは、先ほどのお話にもあったとおり、フランス革命とか、アメリカ独立戦争とか、“We the People”が出現するような瞬間をかなり大事にしておられるようです。人々が単なる「民族 ethnie」ではなくて、政治の主体となりうる瞬間が、そういう特別な事件の中に出現したと考えているのだと思うのですが、そのことと今言われたこととの関係はどうなっているのでしょうか。憲法改正よりも憲法解釈が大事だという具合に連続性を重視する議論と、過去に典型的な意味での革命をもたなかったことへの懸念とがどう連関しているのか、私にはよくわかりません。関連してお尋ねしておきたいのは、制定時に、日本国憲法を国民投票にかけるべきだった、そうすれば国民の総意に基づく憲法であることがよりはっきりしたはずだという説があるんですが、それをどうお考えですか。

樋口　まず、国民投票の話から。憲法制定の過程で政府は、金森徳次郎・国務大臣の融通無碍な答弁で帝国議会をやり過ごそうとした。帝国議会の下院では反対票は共産党の八票だけ、上院では佐々木惣一ともう一人の反対演説だけで通った。佐藤功さんのお話によれば、金森大臣他の法制局の官僚たちが何よりも恐れていたのは、衆議院で否決されるのではないかということでした。今から思うとそれほど気骨のある守旧派がいなかったのですから、馬鹿らしい杞憂ですけれど、当時の権力機構のトップで生息していた人々の体感からすれば、現実味のある恐怖だったのでしょう。万が一、衆議院で否決されれば、かろうじて紡ぎ出してきた戦後の皇室制度と昭和天皇の一身の安泰、その前提そのものが吹っ飛んでしまうかもしれないわけですから。

杉田　樋口さんのご意見として、当時、国民投票をすべきだったとお考えなのか、必要なかったとお考えなのでしょうか。

樋口　歴史状況の問題として、憲法のことなんか考えていなかった。労働運動の先鋭的な部分ですら、「憲法より飯だ」というのが当時のスローガンですから。最近、鈴木安蔵さんを話題の中心とするＮＨＫの番組が二つありましたし、自主制作の映画（大澤豊監督「日本の青空」）もありますね。それぞれよくできたものですが、それらをみて実感したのが、人民が出てこないことです。超保守主義者とか、進駐軍のニューディーラーとか、七人の憲法問題研究会の人たちが主たる登場人物ですけど、人民だけは出てこない。デモの状況一つ出てこない。そういう意味では、「明治の民権運動史の底流とそれをひきついだ日本の知識人が日本国憲法をきちんと準備していたのだから、決して押付けられた憲法ではない」という言い方は、その限りでは理解できますが、人民からすれば、上から降ってきたものです。

政府が国民投票を提案すれば、人民は日本国憲法に賛成したと思います。だけど、あの当時国民投票さえやっておけば「現代の坂本龍馬たち」の精神的な飢餓感がなかったはずだ、ということにはならないんじゃないか。国民投票という法的確認手続の話より以前のことがらとして、民主主義「革命」といえるほどの実体がそもそもなかった。渡辺一夫さんが、「八月一五日前後に、既に、何かほっとした、気持とともに、膿が出尽せないのではないかと懼れる気持があった」と書いたのは「八月一五日」の一年後のことでした。六二年後の今の私のとっても、依然として、「ほっとした気持」と「懼れる気持」が混在しています。「革命」が無かったことの幸せということもあるのですから。杉田さんが私の議論に対しておっしゃる「違和感」は、まさしくそこのところを指摘なすっているのでしょう。なぞらえるのはおこがましいことを承知の上でいえば、『三粋人経綸問答』(中江兆民)の南海先生の、「恩賜的民権」を変じて「恢復的民権」となすという論理です。

司会 そうかもしれません。しかし、アメリカ革命があったからこそ、「民族 ethnie」に回収されないナショナリズムを語る余地がアメリカにあるとは言えませんか。有色人種の地位を向上させるために、「自由と平等のために闘ったアメリカ独立革命」の記憶に訴えるというやり方です。たとえば、「九・一一事件」以後も、「アメリカ」という国家理念への忠誠を根拠にして、人権を不当に侵害するテロ対策を批判する言説が存在します。フランスの文脈で、樋口先生がこだわる「共和国 république」というのも、フランス革命があったからこそ成立した理念だったとはいえませんか。日本については、もうそのようなことは期待できないということでしょうか。

樋口　期待はできない。期待はできないけれど、それを少なくとも、物をしゃべったり、物を書いている人々には理解してもらって、世の中全体の暴走に少しでもブレーキをかけたい。

司会　杉田さんは、国民の間にある飢餓感というものを、もう少しシビアに考えるべきとお考えですか。

杉田　私は、中長期的に飢餓感が高まりつつあると見ていて、それにどう対処すべきか、ということを考えているんです。論理的なものだけで乗り切れるのか、と私は危惧するんですよ。憲法をもっぱら権力制限的なものと見るような立憲主義理解がかなり一般に定着してきたから、それで対抗できる、という考えもあるでしょうが。

戦後、護憲論が相対的に優位だった時期には、戦争の際の被害者意識というものが根底にあって、護憲論こそが国民の心に自然に浸透し、また戦争が起きてひどい目にあうのではないかといった不安を癒してくれた面があったと思うのですが、それがなかなかうまく機能しなくなったときに、どう対応すべきなのか。

憲法改正について考えてみることそのものが危ないという言い方ではなくて、「もちろん改正は可能ですが、具体的な必要性がありますか」という応答が、先ほどから述べてきたような、人々の中のある主のデモクラシー要求を受け止めるという点でも、最も現実的じゃないかというのが、私の感じなんですけど。

樋口　歴史的な事実として、護憲というコンセンサスができて、歴代首相が「私の在任中は憲法改正に着手しません」というようになったのは、六〇年安保以降です。一九五五年の衆議院選挙と五六年の参議院選挙ではじめて、野党が改憲阻止に必要な三分の一の議席を獲得して、いわゆる「三分の一の壁」ができる。それで改憲の勢いに水が差されたわけですが、それ以前の世論の状況は、「改憲賛成」、「改憲反対」、「分からない」というのがだいたい三分の一ずつだったのです。

政治家の中に、「戦後日本では、改憲論議がタブーとされてきた」と言う人がいますけれど、主観的にそう思う人が出てくるような状況になったのは六〇年安保以降の話です。それ以前はそもそも占領が終わったら憲法も変わるのは当たり前だという認識がありましたから。占領が終了して、憲法以外のものはどんどん元に戻っていくわけですから、憲法だけが生き残るという考え方がむしろ不自然だった。

漠然とした飢餓感をかもし出したのは、悪名高い五五年体制の崩壊が一番大きいと思う。五五年体制の下では、「アメリカ帝国主義は悪の権化だ」という人もいれば、「赤の脅威」ということを強調する者もいた。世の中に様々な主義主張というものがあった。ところが、五五年体制が崩壊して、そういったものが蒸発してしまった。その結果が今の飢餓感だと思う。けれども、その飢餓感は人民全般に瀰漫しているわけじゃなくて、一般の善良な人民たちはそんなに深刻な飢餓感なんて持っていないんじゃないですか。ロック・コンサートに熱狂するのと同じ感覚で、靖国神社で小泉首相を歓迎した程度の話だと考えることも必要なんじゃないか。

今年、二〇〇七年は日本国憲法施行六〇周年ですが、一九四七年をさらに遡って三七年は大きな転換点です。七月に盧溝橋事件があり、一二月には南京虐殺ですから。そんなわけで、私は興味をもってさらに一〇年前、一九二七年の年表をみてみたら、二七年は「ぼんやりとした不安」です。

芥川龍之介が自殺した年です。この「ぼんやりとした不安」というのは、世界恐慌や失業の先どりというよりは、コミュニズムでしょう。革命前夜の不安です。他方で、大衆文化というのはまさに一つのピークにあった。「モボ・モガ」なんて言葉が流行語になる。宝塚歌劇がオープンする。地下鉄銀座線の開通や円タクの登場もこの年です。

一方では、そういう消費文化が都会に限って登場する。他方で、農村の疲弊とコミュニズムの脅威。この状況は、知識人にとっては恐怖です。プロレタリア文学というのは、世界で日本ほど栄えたところがないわけですし。日本の場合、知識人であることの存在証明みたいに、共産党の一兵卒になることが人間の生き方だと言われた。プチブル意識は徹底的に糾弾された。そういう漠然たる不安と、一方では、都市の中層市民に限っての大衆文化。これが二七年だったわけです。この時代と比較してみるとき、今は何が問題なのか。そんなに人々は、日本でイスラムの脅威なんて感じていないでしょ。深層意識にはあるのかな。

司会　グローバル化の中で、各国家が政治的に決定できる領域は減ってきているわけですよね。政治的決定の領域は縮小しているにもかかわらず、政治参加は拡大している。そのギャップに、「自ら決定したい」という飢餓感の原因があるとは考えられませんか。

もしかしたら、冒頭で問題になったことですけれど、結局、国家という領域が縮小してきているというお話と関係するのかもしれません。

杉田　そうなんですね。樋口さんは冒頭、「国家が壊されている」という趣旨をおっしゃったんですが、全部の国家が同じように壊れているわけじゃなくて、アメリカと日本が同じような意味で壊されているわけでもない。むしろ、日本がアメリカに従属化しつつあると見ることもできる。アメリカを中心とする一元的な「帝国」のようなものに、他の国はみな組み込まれつつあるんだ、という議論もあるほどです。

日本に関していうと、政治と呼ばれている部分によって動かせる範囲が小さくなってきて、経済の比重が相対的に大きくなっているわけで、不安の一番のポイントは生活の不安だと思います。非正規雇用の人々の窮状は明らかになっていますし、正規雇用に就いていても、会社がいつ潰れたり、リストラされたりするかわからない。そこに不安感がある。ただ、その不安感が必ずしも政府批判に結びついては行かない。郵政民営化の際の世論の背景にも、郵便局の職員は安定雇用であることへの嫉妬の部分があったと思うわけです。

あるいは、最近、年金が大きな問題になっていますが、その問題をきっかけにして社会的な連帯に、つまりフランスやドイツでいう“social”なものに目覚める方向性は、まだはっきりしていない。「自分の払った金を返せ」レベルの顧客意識、市場の感覚での批判が多いのではないでしょうか。その点で、現在、国家から市場へという大きな流れがあるという、冒頭の樋口さんの整理に私も賛成なんですけど、では、そういう市場化にどう対抗するのか。改めて国家の重要性を説くとすれば、そのように国家を持ち上げることが、改めて人々を国家に注目させ、改憲論議を促進することにもなるのではないか、と思うんです。「どういう国家にすべきか」、すなわち国家像の選択に関して、国民一人ひとりに選択の機会を与えるべきだ、という論点につながるからです。

4 「オム」と「シトワイアン」

司会　それとの関連で、次に立憲主義の問題を考えてみたいと思います。杉田先生は基調論考の中で立憲主義というのは結局、国家への対抗手段として憲法を位置付ける点でリベラリズムと深く関連していると理解できるが、共和主義を重視する樋口先生のご議論は果たして整合しているのだろうかとの問題提起をなさっていますが。

杉田　私たちは自分たちの政治体制をリベラル・デモクラシーと呼んでいますが、政治思想の常識として、リベラリズムとデモクラシーというのは必ずしも常に整合するわけではない。矛盾することが大いにありうるのです。それでも何とかうまくやれば、折り合わせることができるのではないか、というのがせいぜいのところです。実は、リベラリズムとデモクラシーとでは、権力というものとのつき合い方が全く違うわけです。

素朴な整理をすると、デモクラシーというのは、国民の自己決定ですから、自分たちが権力に関与する側面が必ずあります。間接民主主義の下でも、究極的には、人々が権力の源泉である、政治的決定に責任を持つ、というのがデモクラシーです。他方、リベラリズムは、権力というものを外在的に捉えて、自分たちに外部から権力が加えられるのだと考える。そして、そういう外からくる権力から、権利の主体である個人を守ろうというのがリベラリズムです。だからこそ憲法典をつくって、国家権力を制限するということにもなる。以上の整理が妥当ならば、権力の概念が、リベラリズムとデモクラシーとでは非常に違っている。通常は両者を調整しながらやるわけなんですが。その上で、最近の憲法学の議論を見ると、権力についてはリベラリズム的にみるというのが、一つの大きな流れとなっている。そして、樋口さんが、そうした流れをつくったお一人であることも明らかでしょう。他方、たとえば、最近の『ジュリスト』の座談会（「憲法六〇年」『ジュリスト』一三三四号）で佐藤幸治さんあたりは、憲法学は権力を批判ばかりしているのでなくて、新たな制度構想などに積極的に関与すべきだ、と述べておられました。樋口さんが今回の基調論考で批判の目を向けているのは、まさにこうした考え方だと思いますが、佐藤さんのような考え方も、デモクラシーというものを真剣に受け止めるなら、そう簡単に否定できないものではないでしょうか。

樋口さんのユニークなところは、権力制限的な立憲主義を一方で強調されながら、他方で、人民自身が権力を掌握するということを非常に理念的に語られる。この二つの関係が一体どうなっているのか、というのが私のお尋ねしたい点なのです。想像するに、人民による権力掌握というのは、ごくごく稀に起こる例外的な事態であり、日本はそうした事態を経験することに失敗した。今後もその機会は訪れない。そして、そうしたことが不可能な日本の現状を前提にすると、そこでは権力制限論を強調せざるをえない、というお考えのようにも思えるのですが。

樋口　おっしゃるとおりです。今の論点に対する私の論理の組み立てというのは、二つの言葉の切り分けになっています。

一つは、日本語で「われわれ国民は」と言う時の全体としての国民で、これはルソーの言う「プープル peuple」であり、権力の主体を意味します。「権力の主体」であることを実感を持って歴史的に体験してなくても、日本では現在、「全体としての国民＝プープル」は、まごうことない主権者であり、権力の担い手です。もう一つは、「オム homme」、個々の個人です。こちらはいかなる場合にも、それ自身としては権力の主体にならない。このように、「全体としての国民」と「個々の存在としての国民個人」との仕分けがまず一つある。

もう一つの仕掛けは、今の「オム」と「シトワイアン citoyen」の仕分けに対応するのです。オムは権力を握っている全体としてのプープルと対峙して、そこからの自由を徹底的に主張する。他方、シトワイアンは、全体としてのプープルの構成要素としての個人だけれども、プープルと同じになり切ることはないはずのものです。ところがこのシトワイアンの側面を強調して、それを一方的に肥大させると、「ルソー＝全体主義者」という一般的なイメージが出てくるのです。

こういう仕掛けの上で、憲法論の根本は「○○からの自由」である、というのが私の論じ方です。「から」という場合には当然、全体としての国民が握っていることになっている、公権力「からの自由」だけれども、同時に私的権力「からの自由」をも語る必要がある。この点は、阪口正二郎さんが紹介なさっているスティーヴン・ホームズの「消極的立憲主義」と「積極的立憲主義」の区別にほぼ対応するのです。「私的権力からの自由」は、裁判所の個別的判決を含めて、公権力が設定する法規範によらざるをえないわけですから。

司会　冒頭に示された問題意識からすると、市場にやられっぱなしという現在においては、オムよりもシトワイアンを強調すべきとの判断があるのでしょうか。

樋口　シトワイアンが頑張らなくちゃいけないのです。オムというのは、まさにヘーゲルの言う、「欲望の体系」に身を置いているのです。でも、日本でシトワイアンを盛り立てるのは、実際には難しい。

司会　これは中心的な問題だという気がします。オムだけを強調する体系であれば、リベラリズムに近づくわけですよね。もちろん、揶揄的に言及される場合のリベラリズムですが。樋口先生のご議論の特徴というのは、長谷部恭男さんと比較する場合、シトワイアンを強調する点にあると私は考えているのですが。

樋口　私は、出来上がった「国家 Staat」そのものを人倫の体系だとは、もちろん思わないけれども、それの要素になっているはずのシトワイアンというのは、républicain（共和主義者）としての徳の担い手でなければならないと考える。

司会　でも、そういう人はいない。

樋口　ここに五人ぐらいいる（笑）。

司会　私の印象では、杉田先生は、ミシェル・フーコーなどに依拠しながら、そのシトワイアンという存在も社会的に形成されるものであり、彼らが実は多数派の規範というものを身に付けている点を問題視なさっているようにみえる。他方、樋口先生は、レジス・ドゥブレの議論に好意的に言及しつつ、シトワイアンを上から強制的に作り上げることを擁護しているようにもみえる。もしかしたら、この点が、お二人のご議論の最も先鋭的な対立点ではないかと思うのですが。

樋口　日本の場合には、せっかく戦後、教育基本法ができたのに、そういうシトワイアンを養成することに失敗したわけですよ。日本の場合には、権力自身がシトワイアンの育成に力を傾ける、そういう権力を作れなかったことが大きな問題です。権力のほうはシトワイアンの育成の邪魔をする。他方、教師であれ、労働運動であれ、それを跳ね除ける力量を持つことは結局できなかったし、そのような抵抗を支えうる親たちの意識というものを作り出すことができなかった。最近では逆に、「モンスター・ペアレンツ」なるものが現れているらしい。

杉田　ドゥブレの議論とそれへの樋口さんの好意的な言及において、権力はシトワイアンの育成を嫌うとは理解されていませんよね。

樋口　そうです。フランスの歴史の場合、ジュール・フェリー教育改革は、まさにフランス革命後一〇〇年のあとようやく、第三共和制の時期に行われました。共和派といわれる連中が実際に権力を掌握した時点なのです。彼らは権力を掌握することによって、旧王党派の牙城になっている教会権力に一戦を挑むわけでしょう。その主戦場が教育の場で、要するに、教会から「教育の公的な担い手」という資格を剥奪していく。全国津々浦々にライシテを掲げる公立学校を作っていく。

強烈な抵抗を押し切って作っていく。ジャンダルムリーというのは一種の軍隊です。軍隊まで動員して、学校から教会の影響力を排除した。この行動が当時の「本当の民意」に適合していたのかどうか。共和派権力は、共和派を支持する選挙民の意思を正統性根拠として援用することができたけれども、彼らの現実の意思を代弁してはいなかったと思うんですよ。それは一種の文化革命で、それまでの世界の構造をぶっ壊す「前衛」を自らが演じた。

共和派に対抗する側は、教育の自由、信教の自由を振りかざして、抵抗した。「公教育vs.教育の自由」、「政教分離vs.信教の自由」という大闘争を経て、次の世代のシトワイアンを育成するための、いわば入れ物を作ることができた。それを現在の批判者の側からみれば、それこそ「戦争する国家」、「植民地支配する国家」としての国民国家の鋳型に人々をはめ込んだということになる。

杉田　最後の問題は後で議論したいと思いますが、フランス第三共和制での宗教封じ込めの例は、たとえば、ソ連における宗教の迫害と区別できますか。

樋口　フランスでは、お坊さんそのものを粛清したわけじゃないですけど、宗教が「公」の世界で役割を演ずることに対する敵対性という点では共通しています。

5　戦後日本の教育はなぜシトワイアンの創出に失敗したのか

杉田　フランスの場合は確かに、公共的な空間を作り出す上で、政教分離原則が歴史的に重要な意味を持ったことは分かります。しかし、それをどこまで一般化できるのか。特に日本の場合はどうなのか。戦後日本がシトワイアンの創出に失敗したとして、それは宗教のせいなのでしょうか。

樋口　そうじゃないです。

杉田　そうではないですよね。

樋口　一つは、戦後日本が戦前からの「古いもの」を引きずってきたからですね。一九四七年の家族法改正にもかかわらず。もう一つは「新しいもの」で、いわゆる法人資本主義ですね。現在は家族が解体し、さらに会社共同体さえも解体してきて、文字通り「放り出されて」巷を彷徨う人々が出てきたという状況です。

これは欧米社会にも共通なことですが、これまでは社会の中に保守的・伝統的な要素が残っていて、そこに足を乗っけて一息つくこともできた。けれども、そこから放り出された。だから、今こそ、何かまっとうな世の中を、それこそ初めて作っていくことができるかもしれません。国家レベルではなくて、個々の人間像に見合うような形で。それがフリーターとか、ニートと呼ばれる人々への、私の危惧と期待でもあります。

杉田　「教育と国家」という問題に関しては、第Ⅱ部の対論に西原博史さんが登場するようですが、西原さんは「日の丸・君が代を押しつける国家もおかしいが、仮に君が代を歌いたい子どもがいて、それを教師が止めたら、それも教師による権力じゃないか」という趣旨の議論をされて教育関係者の間で話題になりました（「『君が代』伴奏拒否訴訟最高裁判決批判――『子どもの心の自由』を中心に」『世界』二〇〇七年五月号）。一部には非常な反発もあるようです。しかし論点としては、教師がもつ価値観が常に正しいのかという問題がある。戦後の歴史の中で、自民党の文教族の考え方と教師集団の考え方とどっちをとるべきだったたか、と問われれば、後者の方でしょうが。それでも、国家を批判するあまり、教師を全面的に信頼するわけにも行かない、というのが私の考え方です。ただし、両者のいずれの立場にも立たないとすると、最近よくあるような民間＝市場的なものの導入という話になってしまう恐れもある。樋口さんは、あるべき市民教育の「相場」というものがあるとお考えなのですね。

樋口　ここでも「オム」と「シトワイアン」の区別が重要です。あくまでもオムでありたいという立場に立つならば、家庭教師でしょうね。かつてのロシア貴族がフランスから家庭教師を呼んだように。

それに対して、シトワイアンという公的空間に出て行く次の世代を作り出すのであれば、手垢がついた表現ですけど、「自由への強制」としての公教育はどうしても必要になる。

戦後、日本でもそれを標榜したわけです。田中耕太郎や南原繁の教育基本法というのは。しかし、それは実現しなかった。

杉田　理念的な市民というものが仮にあるとしても、生徒がただ黙々とその市民像を受け取ればいいということにはなりません。それだと、市民に必要な主体性・能動性というものが育たないので、矛盾してしまうわけです。市民は批判的でなければならない。にもかかわらず教育という一種の強制的な過程の中で市民をつくり出すとすれば、そこにはかなりの緊張関係があります。

樋口　私は一身にして三世を経ています。国民学校五年生で敗戦を迎えたのですが、昭和二〇年の一学期の際の辞令は「副小隊長ヲ命ズ」というものでした。学校そのものが兵営化していて、担任の先生が小隊長で、校長先生が連隊長かな。それから、八月一五日を挟んで九月の新学期には「級長」の辞令をもらって、翌年の新学期からは「学級委員」。「小隊長」時代に一番熱心に軍国教育をした先生ほど、「学級委員」時代になると、今度は一番熱心に民主教育と組合運動をやりました。もちろん、全部がそうではないですけれど、わりと典型的な姿です。問題は、熱心であればあるほど、公的な所から一方的に流れてくるメッセージの伝達者になってしまう教師が多かったことでしょう。だから、せっかくの教育基本法の下でも、結局、「市民の育成」に成功しなかったと思うのです。

杉田　教師そのものに批判性が弱かったということですか。

樋口　そうです。それは、戦前の大日本帝国の臣民一般に共通することですけれど、とりわけ、師範学校教育というのは、そういう鋳型を作ったのですね。もちろん、どんな教師に対してでも、抵抗精神を持つ生徒というのはいるものです。それはいるんだけど、そういう生徒は、ある種の家庭に育って、学校の中でも孤立する。たとえば、私の愛唱する佐藤春夫の詩の中に出てくる、「金次郎ハラキリを説く教師らに、呪わるるこそ嬉しかりけれ」という生徒。旧制中学の話だけど。

一九世紀後半のヨーロッパ社会では、王党派的なものから共和派的なものへと、世の中の価値観が大きく動いて、そのこと自身についてのコンセンサスが形成されつつあるとき、その転換の担い手である教師による「自由の強制」というものがあった歴史的な事実はあるのですけど、それを別の時代の日本社会において、多少でもパラレルな事態を想定できるかということは、また別の話です。

杉田　今は学校の話をしていますが、学校は社会から孤立して存在しているわけではない。社会全体の批判性の水準が学校に由来するともいえるし、逆に学校が社会の影響を受けている面もあると思うんです。

最近、西山太吉元記者の『沖縄密約』（岩波新書）という本が出版されたので読みました。沖縄返還をめぐる日米間の密約を暴いたのに、情報の入手方法を断罪され、結果的に密約はうやむやになってしまいました。彼が自らの体験を踏まえて指摘しているのが、日本の一般の人々が個人的なスキャンダル等には敏感に反応する半面、政治に対する批判的見方があまりにも弱いということでした。このことは私もかなり重大な問題だと思っています。

教育というのは、まだ市民になっていない人たちを相手にするわけですから、規律権力は当然作用します。よく誤解されるのですが、ミシェル・フーコーにしても、そのこと自体を別に悪いと言っているわけではない。規律権力によって、学校教育の結果として、シトワイヤンになるという面もあると思う。規律権力は権力だから悪である、という話ではありません。

しかし、どんな規律権力でも同じかというと、そうでもない。そこで、どういう規律権力はダメで、どういう規律権力なら認める、という基準をどうするのか。そこが結構難しいわけです。これは政治教育みたいなものをどう考えるかという問題で、従来は十分に考えられてきませんでした。高校までの教育では、従来、暗記科目としての政治経済や現代社会があるだけで、今、私たちが議論しているような非常に基礎的な問題、たとえば、権力と人々の関係とか、デモクラシーとは何か、ということを根本的に考える時間を提供していませんでしたが、そのあたりが問題ではないでしょうか。

樋口　ある所で聞いたのですけど、ある学校では、「民主主義とは人に迷惑を掛けないことです」と教えているそうです。そうなると、民主主義社会における自己表現の不可欠の手段である、デモもストライキも民主主義に反することになっちゃいますね。

杉田さんがおっしゃるように、「社会の中の学校だ」というのは当然なのですが、逆に学校が時には、社会の中の「浮島」であることによって、役割を果たすこともあるわけでしょう。戦後直後の公権力の教育方針を素直に受け止めた先生方が当時、学校で民主主義を教えましたよ。たとえば、「お父さんがお母さんに命令するのは〝封建的〟だ」みたいに。家に帰ってそう言いなさいと先生に言われる。そういう社会教育的な効果はあったんですよ。家庭よりも、学校のほうが「民主的」

だったわけです。

6 「民主主義」から「立憲主義」へ

司会　ここで話題を変えさせて頂きます。最近、市民集会のレベルでも、「立憲主義を守れ」という発言が市民の側から出されますし、憲法学者も一般に、立憲主義という言葉をよく使うようになりました。しかし、杉田先生は、立憲主義で改憲に対抗するのは、別にそのこと自体には反対しないけれども、いろいろと問題点もあるとお考えのようです。この点について、樋口先生はどんなお考えなのでしょうか。

樋口先生は、日本の憲法学において立憲主義はそんなにポピュラーだったわけではないとの認識を示されておりますし、私の印象でも、杉原泰雄先生の学説のように、どちらかといえば、権力の制限よりも、人民による権力の掌握を重視した学説があり、憲法学者の間でも、かなり人気があった時代があったように思います。ですから、ここで、民主主義をめぐっての対論に移りたいと思うのですが。

樋口　私の理解はご指摘のとおりです。日本だけではなく、ヨーロッパでもそうでした。もともと「立憲主義 Konstitutionalismus」というのはかなり特殊ドイツ的な概念であって、「議会主義 Parlamentarismus」に対抗する文脈での使われ方がありました。お隣のフランスとさらに向こうのイギリスで進行しつつあった議会中心主義に対抗する意味での「立憲主義」です。

大日本帝国憲法の下では、美濃部達吉や佐々木惣一の立憲学派にとって、「立憲主義」は議院内閣制的な運用を実現するうえで、キーコンセプトだった。他方、穂積八束や上杉慎吉の側は、先ほどのドイツでのコンテクストが意識の中にあるから、立憲学派は「立憲主義の名において議会専制を主張している」と批判したわけです。何といっても、帝国憲法時代の立憲学派にとって、立憲主義はキーコンセプトであった。当時の二大政党の正式名称が「立憲政友会」と「立憲民政党」であったという事実が、それをシンボリックに示しています。他方、戦後は、ナショナルなレベルのそれなりの政党で、「立憲」を名乗った政党は、私の知る限り、存在しません。やはり「立憲」より「民主」だったのでしょう。

もちろん、学説レベルでは、「立憲的意味の憲法」という憲法の意味に関する説明というのは、ほとんどあらゆる教科書に出てきますから、「立憲」という言葉が消えていたわけではない。しかし、ここでも、さっき愛敬さんがおっしゃったように、憲法学でも、社会主義への移行という論点が背景として意識されていて、たとえば、二九条の財産権条項の理解にもそれが反映されています。「現行憲法の下でも社会主義への移行が可能か」という議論です。何よりもキーワードは民主主義であり、その向こうに、人によっては社会主義というものを遠望していた。

地方自治レベルではとりわけ、「地方からの包囲」ということが、見る人によっては、かなりの現実性を持っていた。東京・京都・大阪・名古屋・仙台・沖縄・福岡というように、確か日本の全人口の七割くらいが、いわゆる革新自治体の下で生活しているという時代があったわけですから。やはり「民主」のほうが基本に置かれていたと思います。

杉田　憲法学界の雰囲気が変わったのはいつ頃で、どういう切っ掛けだったのでしょうか。

樋口　外国からの影響もあるでしょう。八〇年代に入って、ポーランドの連帯が出てきて、ヨーロッパ・レベルでいえば、社会主義への移行ということよりも、権力への制限という古典的課題が再浮上してきた。次に八九年という非常に大きな節目がくる。その頃から、いろんなシンポジウムや国際会議で、「法治国家 Etat de droit」という主題が Rule of Law と同義のものとして急浮上してくるのです。

具体的には、旧東欧も含めて、憲法裁判システムの一般化というのがあります。シンボリックなのは、九〇年代の初め、ヨーロッパの憲法裁判所と、憲法裁判所を持ってないところでは最高裁判所の関係者が一斉に集う会議がフランスであって、当時の大統領のミッテランが演説をしている。たまたま、その頃、大統領官邸のスタッフだった友人からその演説原稿をもらったんですが、ミッテランは、〝「法治国家」という偉大な一九世紀のドイツの法律家たちの理念が今、ヨーロッパ全体に根付いた〟と言っている。もっとも、かつては立法によって行政をコントロールすることが眼目だったのに対し、今度は立法府そのものを憲法によってコントロールするという違いがあります。Rechtsstaat のポイントは当時は行政裁判所で、その頃は憲法裁判所というものはないわけですから。

ともあれ、中身についてはいろいろと議論の余地はあるのですが、とにかく、権力を抑制するツールとして憲法ないし国際条約があって、裁判的方法でそれを実効的にやるという考え方が、Rule of Law, Rechtsstaat, Etat de droit と英独仏語でそれぞれ出てきた。そして、それらを包括するものとして、constitutionalism という言葉が使われるようになった。恐らく、それが日本に輸入されてくる。

私が最初の単行著書の題名を『近代立憲主義と現代国家』（創文社、一九七三年）としたときには、「近代主義」と目され、かつ、「立憲主義」という古色蒼然とした言葉をわざわざ題名にしていると見られるだろう、いやそう見られたいと思ったからでした。立憲主義が権力の制限であることは、伊藤博文以来、憲法のそもそも論ですから、それは一貫していると思うんだけれども、改めて立憲主義というシンボルで物を語るようになったのは、世界的に、一九八〇年代後半以降のことです。日本でもそうではないかと考えています。

司会　政治学の分野でも、立憲主義という言葉は流通力を高めているのでしょうか。

杉田　いや、そうでもないでしょう。先にもふれたように、政治学では、これまでリベラリズムという言葉が使われてきました。戦後は丸山眞男さん以来、「権力に、取り扱い注意の赤札をはる」という考え方が主流だったと思う。

もっとも、当初は比較的「民主」というシンボルが強くて、それが段々弱まっていったということかもしれません。樋口さんが先ほど、革新自治体に言及されたのが興味深かったのですが、日本では、国家が難攻不落なので、「自治体から攻め上る」のだという構造改革論的な考え方が主流を占めてきました。現在もその延長線上で考えているところが結構あると思うんです。だからこそ、地方分権論が有力なんですね。分権を進めた結果として自治体間格差が開き、夕張みたいに破綻するところが出てもやむをえないのか、という話をしても、分権論者の中には「仕方がない」という人もいる。そこまではっきり言う人は少ないでしょうけど。

　このように、現在、政治学の議論はかなり、ネオ・リベラル的な、冒頭の樋口さんが言われた「国家の極小化」とシンクロナイズしている面がある。かつては、地方自治体から攻め上がって国政を取るという発想があったんでしょうけど、もはや国政を取る展望は持てないので、「自治体に権限を与えよう」という発想になったのではないか。与党や中央政府の側は、単に財政が苦しいので放り出してしまおうということでしょうが。

　ところで、先ほど樋口さんは、「立憲主義の隆盛」について、冷戦の崩壊と共にヨーロッパにおける議論が日本に輸入されたことをかなり強調されたんですが、日本に固有の文脈もあるのではないでしょうか。たとえば、共産党は最初から絶対的に護憲だったわけではない。「社会主義政権を作るためには、暴力も場合によっては認める。革命後に人民軍を持つとすれば、そこでは憲法九条も要らない」と考えた人たちもいるでしょう。それ

が、そういう話が全部無くなって、つまり、革命とか、そういう展望が失われた時、「ここを守ろう」という決断をしたということじゃないですか。

司会　憲法学の動向が、ということですか。

樋口　客観的に見れば、憲法学の動向は、そういう時代の流れに合致している。自覚的に決断したわけじゃないと思いますがね。また、杉田さんの先ほどの話との関係でいえば、人民主権を強調する学説が地方自治に関心をシフトした例はあります。杉原泰雄さんがそうです。

杉田　人民主権論を国政レベルで重視する代わりに、自治体主権論みたいなものに移行したという話ですか。

樋口　ええ。もちろん、理論史的に言えば、人民主権と地方分権というのは、相反する概念ですけどね。ただ、違憲審査制に対する留保的な姿勢は変わりませんね。

司会　憲法学者は基本的に戦後ずっと「護憲派」だと言われますけど、じゃあ、護憲派だから、権力の制約を重視したかというと、本当にそうなのかな、という気もするのですが。「護憲」と「反改憲」は同じようで、微妙に違いますよね。相手が仕掛ける改憲には反対だけど、自分たちが権力を掌握した暁には改憲したいと考える人々もいたと思うんです。ですから、「立憲主義」という言葉が「護憲」と同じかというと、そうでもない気がするのですが。

樋口　それは、私たちの若い時代からあった話ですよ。「護憲」というと日本社会党に特定されていて、日本共産党の場合には、「憲法改悪阻止」なのです。

杉田　「改悪は阻止、改善はいい」という立場ですね。

樋口　というより、悪くなるのを防いでいる間に、根本的な社会変革で「ブルジョワ憲法」そのものを乗りこえるのだ、という含意でしょう。社会党も、当時は社会主義革命を綱領で展望していましたから、「護憲」と言い切るのは矛盾なのだけれど、だからこそ、体制移行の問題を議論せざるをえなかったわけです。

杉田　必ずしも憲法学者を批判する文脈でなく、むしろ政党とか政治家への批判のレベルの問題としていっておきたいのですが、かつてはある理念的な体制に向けて憲法の改正さえ説いていた人々が、その後、護憲に転じたのだとすれば、その転換についてはもう少し説明すべきだったんじゃないかと思います。

樋口　そうですね。ともかく、憲法学の議論に参加する研究者のかなりの部分の間では、ブルジョア憲法の扱いをどうするのかという問題が議論されていた。なにせ「国独資憲法」だから。西ドイツでもシュタモカップ・テオリー（Staatsmonopolistischer Kapitalismustheorie）というのがありました。

司会　しかも、天皇条項もありますし。

樋口　いや、天皇条項のことはあまり気にしていなかったですね。むしろ、天皇条項の問題を軽く見ていたんじゃないか。それで、ブルジョア憲法、国独資憲法に対する態度ということで、限られた範囲の研究者の間ですが、かなり精緻な議論が行われていました。

7 「行政権までの民主主義」をめぐって

司会　では、話題を変えて、次に代表民主制の問題について、ご議論を頂けたらと思います。

樋口　代表民主制の問題は憲法学にとって古典的な論点です。ハンス・ケルゼンが擁護しようとした議会制というのは、一九二〇年代から三〇年代前半のものです。ナチスが政権を掌握した三三年以降は論外ですから。当時、普通選挙制度が導入されて、議会に階級的なものが持ち込まれるが、それは不可避である。不可避である以上、比例代表制によって議会までの民主主義を実現することで、議会自身の自己抑制に期待すべきとの議論でした。実際には上手くいかないとしても、それでつないでいくしかない、と。他方、依然として一九世紀以来のイギリス・モデル、すなわち、小選挙区制によって二大政党による政権選択を可能にするという議論もありました。

私が若い頃（一九七四年）に書いた論文で、誰も引用してくれない論文なのですけど（笑）、「議会までの民主主義」と「行政権までの民主主義」というカテゴリーを立てて、いずれを選択するかは、それぞれの国のそれぞれの時代の現実に対する状況認識と、それに対する論者自身の判断によって決めるほかないという問題提起をしました（『現代民主主義の憲法思想』創文社、一九七七年、二〇三頁以下に所収）。私はその論文の中でも、日本の状況では、「議会までの民主主義」でやっていくほうが無難であるという立場で、先のカテゴリーを示したわけですが、高橋和之さんの言う「国民内閣制」というのは、典型的な「行政権までの民主主義」です。

この議論を現実的な問題として散々やったのが、一九五〇年代末のフランスです。私の先生のルネ・カピタンとか、モーリス・デュヴェルジェとか、彼らはまさに「行政権までの民主主義」論者でしたが、その構想はド・ゴール憲法（一九五八年憲法）として中央突破の形で実現した。カピタン先生は左翼ゴーリストですから、政治的な立場と一致しているのですけど、デュヴェルジェは、左派という政治的立場との整合性を説明することが必要でしたから、それだけに、ここでは立ち入りませんが重要な論点が議論されていました。

フランスで「行政権までの民主主義」が議論された当時は、ナポレオン「四世」が出てくるとか、ブーランジェみたいな者も出てくるかもしれないとか、圧倒的に警戒心のほうが強かったけれども、それはド・ゴールの下で実現した。このド・ゴール憲法をクーデタとまで言って、それを弾劾していたミッテラン自身が、大統領になるとそれに乗っかって、一四年も政権を維持したのですが、そのことによって、この憲法は、ともあれ左右との関係では揺るぎなく定着することになりました。もちろん、別のいろいろな矛盾は出てきていますが。

この論点を遡れば、戦前、宮沢俊義先生や清宮四郎先生が憲法学説を形成する頃、レズローブという人の議論が日本に紹介されたことがあります。ヨーロッパではさほど有名な学者ではない印象がありますが、日本では有名です。彼の主著がドイツ語とフランス語の両方で出版されていたからでしょうか。ともあれ、レズローブはそこで、真性（authentique）の議院内閣制とそうでない議院内閣制を区別して、イギリスは真性で、フランスはそうでないと論じた。この議論はよく知られていますし、現在の議論のベースにあるわけです。

杉田　系譜的には樋口さんはカピタンの系譜に連なるにもかかわらず、その樋口さんが「行政権までの民主主義」を日本では主張されないというのは皮肉ですね。

樋口　その主張の前提として、均衡のとれた二つの政治勢力が成立していることが必要であって、しかも、政権交代が現実的に可能であることと、両勢力の間に適度の相違がなければならない。このような同一性と適度の相違がないと、いったん多数になった勢力のほうがどんどん他方の勢力を取り込んじゃって、また巨大政党ができる。今年になって、フランスで起きかかっているのは、それですよね。

社会党の主要リーダーだったはずのクシュネールが、サルコジ政権の外務大臣に引っこ抜かれた。私の記憶に間違いなければ、確かあの人は決選投票の夜のテレビの選挙報道で、ロワイヤル陣営からの代表として、投票結果についてコメントしたんですよ。そんなのを外務大臣に引き抜いちゃったわけですから。二大党派の対立が結局、一つの巨大政党になっていく端緒なのかどうかは分かりませんけれど。

日本の場合、今の民主党と自民党の間では、もう少し時間をおけば、数の上では均衡できるかもしれませんけれど、それこそ、どっちかが権力をとるにせよ、どんどん大臣に引き抜くということが起こっても不思議ではない。ですから、いずれにしても、健全な形での「行政権までの民主主義」というのはなかなかむずかしいのじゃないですか。

杉田　私も「政治改革」については、今、樋口さんが言われたとおり、政治勢力が二つにきっちり割れていないのに、無理に小選挙区制を導入したら、二大政党よりむしろ一つになってしまう可能性があると考えてきました。小選挙区制は二大政党化をもたらすという発想がありますが、確かに多党化しにくいとは言えるとしても、二つに分かれるという保障はどこにもない。

もっとも、「政治改革」に賛成した政治学者たちは、「それなら政権交代をいつまで待ったらいいのか。中選挙区制の下で放っておいて、日本が二大政党化になるのか」という考え方でした。だから、無理矢理にでも、形から、制度から入ろうと。制度がうまく機能するかどうかはともあれ、制度を提案しないのは無責任だと。

このような議論に対して、私は、まず対立軸を明確化すれば、自ずから政党状況は変化すると考えます。政治勢力というのはそんなに固定的なものではないので、政党についても、さほど確固たる基盤はない。選択肢がきちんと示されれば、状況は変わるだろうと考えてきました。このように、私はむしろ、制度の問題というよりは、ヘゲモニー的な問題だと考えているんですが。

樋口　面白い論点です。フランスにおいて、制度から入るべきという言い方を明示的にしていたのは、デュヴェルジェなんです。彼は明確に手の内を見せていた。当時、フランス共産党はひと頃の二五％政党からは明らかに凋落気味でしたけど、二〇％政党でした。で、デュヴェルジェによれば、共産党の票は、議会では「凍結」されたままである。社共の連立ができませんから。これでは、社会党政権は未来永劫できない。

しかし、議会レベルでは凍結しているんだけれど、選挙民のレベルでは、共産党の支持者たちは決してそんなに教条的ではない。政権奪取の可能性を提示すれば、彼らを社会党に取り込むことができる。これを“dégeler”、文字通り「氷を溶かす」、共産党の票の「氷を溶かす」んだという手の内をみせて、デュヴェルジェは主張した。一九八一年にミッテランが政権についてやったことはまさにそれでした。政権発足時はまだ共産党が強かったけれども、社共の連立政権を作って、後は選挙の度ごとに共産党の票を減らしていく。今日では共産党は一％政党にまでなった。他方、社会党は決選投票で四五％をとれるまでになった。

そういう見通しが当たるかどうかは、もちろん実際にやってみなくてはわからないものだけど、少なくとも、研究者や物書きが具体的な制度改革を提唱する場合には、デュヴェルジェのように、共産党の票を溶かすなら溶かすというような、何か自分の政治的選択を明示して責任を負うような提言の仕方でないと、はなはだ無責任なことになるのではないかと私は思います。一九九三年の政治改革は結局、一党支配を作っただけ。見通しからいえば、あの時点で、社会党が二大勢力の一方の当事者になる可能性はゼロだったわけでしょう。だけど、それはありうると思ったのでしょうか、政治学者の方々は。

杉田　そこはかなり計算が甘かったですよね。希望的観測を含めた計算だった。

司会　政治学と憲法学の大きな違いなのかもしれませんね。政権交代の実現に対するこだわり方の違いですけど。

杉田　政権交代には、少なくとも汚職が暴けるという意義があります。政権交代をしないと、構造的な癒着や腐敗が維持されてしまう。それを「掃除する」という機能だけは少なくともある。仮に政策的な違いがほとんどないとしても、時々担当者を変えることの政治的効果はあると思っています。

8 「国民国家」という境界

司会　民主主義について、具体的な制度論まで含めてお話いただきましたけれども、次は、国民国家をめぐる対論に移りたいと思います。杉田先生のお書きになったもの、たとえば、『境界線の政治学』（岩波書店）などを読みますと、杉田先生は国民の境界の恣意性や国民化の暴力性といった問題提起をなさっていると思うのですが、今回の基調論考を拝読しますと、国民国家の積極的意義も見ておかなければならないことを強調されております。その辺りを切っ掛けにして、「国民国家について今、語るべきことは何か」という問題を考えてみたいと思います。

杉田　たしかに私はいろいろなところで、境界線というものは恣意的に引かれたものにすぎないということを言っています。これは国境線の話だけではなくて、階級、ジェンダー、エスニシティなどをめぐる線も念頭においています。しかも、恣意的だから引くのをやめろという話ではなくて、やめることができるとも思っていない。結局は、何らかの境界線が引かれることになる。しかし、それを自明の前提とすべきではないのではないか。多くの方々は境界線を自明のものと考え、それ以外に選択肢はないかのように考えているわけですが、決してそうではない。まずは、その線を引くことで、何が実現され、何が断念されたかを意識する必要があると思っているのです。

必要があれば、その線を引き直すこともありうると思う。違う線に引き直すことも可能であると。この点について、長谷部恭男さんとの対談の中でずいぶん議論したんですが、長谷部さんの基本的な考え方は、現在の境界線が恣意的であるとしても、どのように線を引き直したところで恣意的なのだから、現在の線を尊重する方が合理的である場合が多い、というものです。ステータス・クォー（現状維持）を尊重する考え方です。

現状の線ではどうしようもない、使えないという話であれば、それは変えなければいけないけれども、既に引かれている線は、引かれていること自体に意味があるということを非常に強調された。そこを疑い始めれば、国境線をめぐってもいろいろと紛争が起こるだろう。また、憲法の人権規定の問題についても、環境権などの新しい権利を憲法に書き込むべきという改憲論がありますが、今の権利規定で類推的に処理できるなら、それでいいのではないかとされます。私は、憲法にたまたま列挙されている権利と、書いてない権利との間の境界線が恣意的ではないか、ということを問題にしたわけですが、彼は、それを問題にし始めるときりがなく、しょっちゅう権利規定を書き直す必要になるので、今あるものを最大限に使うべきだ、としています。

環境権の問題については、それでいいのかもしれませんが、国民国家の境界線に関しては、私はそれほど現状維持的な議論はできません。世界のごく一部の先進国にとっては、現在の境界線を守ることが非常に有利ですが、それは同時に、世界全体に対しては、いろいろな弊害をもたらしている。たとえば、アメリカはまさに主権の名の下に、京都議定書などの環境にかかわる国際的な約束を無視して、既得権益を守ろうとしている。また、南北間の格差がここまで大きい中で、国境を越えた配分について考えて行くことが、果たして不要なのか。

それぞれの主権国家の内部でも、一方では樋口さんが強調されたように、公教育を通じて公的なものを実現するとか、あるいは、社会的な連帯の枠組みとして、福祉国家を通じていろいろなセキュリティをもたらしてきたという側面があると私も思います。だからこそ、簡単に国民国家を否定するわけにはいかない。しかし、同時に、そこで様々な弊害が出ているということを無視していいとは思わない。ですから私は、国境線のもたらすものについてのバランスシートは、オープンにしておくべきと考えています。国家というものに、私はアンビバレント（両義的）な態度を取っているということです。

樋口　私は、現在あるがままの境界線を自明の前提にして、国家を論じているわけじゃないのです。もちろん、前提にはしてきたと思いますが。その上でですが境界線の必要性・重要性を言うのは、res publica の運用に責任を負う範囲というのは無限定ではありえないと考えるからです。そこでは、「ただ乗り」は許されるけれども、全員が「ただ乗り」したら、乗るべきものさえなくなってしまう。自業自得の結果に服することも含めた、責任の範囲という境界線は必要だろう。

ただし、境界はもちろん、歴史的なものにすぎない。その歴史性というものがしばしば忘れられて、あるいは、忘れるように仕向けられて、「境界線の自明性」というディスクールに流されてしまうのだけれど、自明性という場合、まさに「血と土地 Blut und Boden」、民族とか、ethnie とかを基準にしたものを必然と考えちゃう。しかし、それは全くの偶然です。「民族国家」ではなくて、「国民国家」である以上、それは偶然です。

「ボーデン」のほうについて言えば、「固有の領土」というのはありえない。「固有の領土」を追求したら、アメリカ合衆国は存在をやめなくちゃいけない。そのことを考えただけでも、境界線の自明性というのはおかしな話ですが、それにもかかわらず、そういう言説に流されていることを絶えず意識の下にもたらすような言説を発し続けることが大事だろう、というのが私の立場です。

9 社会契約モデルは「国民」の歴史的責任を免罪するのか

杉田 「この国民国家は、ある抽象的な理念に基づいての結合である」という共和主義的純粋モデルがあるとしましょう。その場合、境界線の根拠はどこから生まれてくるのでしょう。自由・平等・同胞愛という理念に共鳴する人は、世界のどこの出身でも自由にフランス国籍を取得できるのでしょうか。実際にはそうはなっていません。かと言って、これはネーションというものを不当にエスニックなものと結びつけているからだ、ということでは必ずしもないでしょう。私は、ネーションにおける歴史の共有というモーメントがあると思います。

先ほど、「責任」ということをおっしゃいましたが、世代を越えて、ネーションが何らかの物事について責任を持つということが成り立つためには、主体としての集合的な同一性がある程度、必要になりますね。私が過去に殺人を犯したとして、現在の私がその責任を負うのは、人格の同一性が想定されているからです。ネーションについても、歴史を共有しているとか、そういうフィクションが入ってこないと、責任の共有ということが成り立たなくなってしまうのではないか。

だからこそ、たとえば、移民を制限する論理の中には、もちろん差別感とか、ethnie 重視の要素もありますが、それと同時に、「今までわれわれは一緒にやってきて、様々な寄与をし、義務を果たしてきた。その結果として、現在、給付を受けている。そういう背景なしに入ってきて、同じ給付を受けるのは不公平じゃないか」という感覚もある。他方で、「われわれは、様々な罪を犯した。その結果として、現在、外国に批判されている」ということが成り立つためにも、この同一性を前提とすることが必要になってきます。ここには、差別とかエスニックなものとは違う要素がある気がするのですが。

樋口　責任というコンセプトを導入する以上、まさにその問題が出てきます。私はこう考えます。私自身は南京虐殺に責任は負わない。しかし、南京虐殺を未だに「なかった」と言い張る人たちの言説をきちんと日本社会の中で克服できない状態であるのみならず、そういう人々を公権力の担い手として選び出しているということは、私たちの責任ではないのか。

杉田　そうしますと、たとえば、在日コリアンであっても、帰化して日本国籍を取得すれば、従軍慰安婦問題についての日本政府の対応について、責任を負うことになるという認識でよろしいですか。

樋口　そうです。ご承知のような言説をのさばらせていることへの責任はあると思います。それがあるからこそ、国籍を得ればいろいろ便利なことがあるけれど、それを拒否する人も多いのでしょう。

杉田　今おっしゃったことは了解できるんですけれども、冒頭で愛敬さんが紹介された周恩来の言葉との関係が難しくなってきます。つまり、あの戦争において、日本国民も被害者だったという話と矛盾しますよね。戦争をやったのは政府で、国民には責任はない、というのが周恩来的な議論ですが。

樋口　私は個人としては戦争責任を負わない。しかし、そのような戦前・戦中の有り様を、とりわけ現政権の主要なメンバーたちがしているように、むしろ肯定している人々を選挙で選び出し続けていることについて、大きな責任を負っているということです。

私は生きていなかったけれども、あの頃生きていて、少なくとも選挙権を持っていた人、南京陥落で提灯行列をしたような人たちは、「だまされていた」ことを含めて責任があります。天皇制の重圧の下に一言も発せられないような状況だけがあったわけじゃなくて、なにしろ、一九三六年の二月二〇日、二・二六事件の六日前の選挙では社会大衆党から一八人当選したのですから。翌三七年四月の選挙では三七人が当選しています。それだけの投票行動で自分の意思を表示をすることができる人たちのもとで、三七年一二月には南京虐殺が起こっているのです。

杉田　私もそういうふうに考えているんです。他方、周恩来的な議論は、国民というのは非常に無力で、全く政治的に影響力がないという前提のもとに日本国民を免罪し、それを日中国交の基礎とするような考え方ということになります。いつまでも私たちがそういう議論に乗っかって行くのはおかしいのではないでしょうか。

樋口　社会科学ないし、歴史学的に妥当する認識じゃないでしょうね。

司会　あれは中国の側から日本に対して働きかけるための、ある種のリップサービスですよね。

杉田　そうなんですが、日本の中道・左派の中にもそれに乗っかっている部分がある。

樋口　もっと一般的にいって、八月一五日以前の日本を真っ黒に描き出すというふうな見方がずっとあった。それは一般的にはしょうがないでしょう。明治維新の立場からすれば、江戸時代は暗黒で、徳川家康は皇室を蔑ろした「狸親父」でした。フランス革命だって、それ以前の体制を「アンシャン・レジーム（旧体制）」と呼んだわけです。ルイ一六世は馬鹿でデブで云々とね。こういう一般的傾向があるのは仕方がないけれども、それにしても、真面目な話としてみると、議事録を開いてみればわかるように、帝国議会では、今の日本の国会よりもはるかに真剣勝負の言説が闘わされて、しかも帝国議会の中の言説である限り、免責があって、だからこそ、にもかかわらず斎藤隆夫事件が起こりますけど。

その他、言い出せばキリがないけれど、なにしろ、日本には共産主義革命が起こるかもしれないという「漠然たる不安」があったわけだし、少なくとも当事者たちはある程度、現実味のあるアイディアを持っていた。実際、私よりかなり年長の方で、今は故人でかつて医学部の学生だった人が、「思想問題」で捕まって、その結果、先生のところに一週間に一回面談に行くように義務付けられたそうです。当時、かの木下杢太郎が医学部太田正雄教授として在職しており、そういう学生の相手をしていたのですが、その太田教授が東大に移ったため、問題の学生は文学部のこれも高名な学者のところに通うようになった。ある日応接間でストーブの火を見ながら、「先生、ここだけの話ですが、何年待てばいいんでしょうか」と言ったら、先生は小声で、「あと三年……」と言ったというのです。

ともあれ、戦前日本にも、それだけの時代があったという話です。社会大衆党から何十人も当選できるだけの活力があった時代ですよね、一九二〇年代から三〇年代の半ばまでは。そういうことをすっかり忘れてしまって、戦前を真っ黒に描き出すことによって、かえって現在の状況に対する見方が甘くなっている。

九条二項削除論者について、私はこう考えているのです。これには二つのタイプがあって、「日本はもう戦後六〇年を経て十分、民主主義的に成熟した。だから、正式の軍隊を持ち、集団的自衛権の行使を認めても大丈夫だ。九条改憲をすると何か悪いことが起きると考えるのは、今の時代を知らない後藤田正晴さんとかお爺さんの心配しすぎだ」という立場と、「いやいや日本はちっとも悪いことなんかしていない。日本がやったのは、大東亜解放のために白人帝国主義を追っ払ったのだ」という立場です。安倍政権は後者の立場でしょう。しかし、九条改憲論者の多数派にあえて「どう考えているんですか」と問えば、前者の立場だと答える人が多いでしょう。

後者の立場については、研究者として言うべき言葉はありません。けれども、前者に対しては、一九四五年以前を真っ黒に描き出したことによって、かえってその人たちの事実認識を歪めたことについて、われわれにも責任の一端はあるのではないか。「天皇主権と国民主権」、「臣民の権利と基本的人権」、そして、「軍国主義と憲法九条」というように、戦前と戦後の対照性を必要以上に際立たせてきたのではないか。

10　民主主義のあり方をめぐって

杉田　同感ですね。私も、そういう外形的な変化では、政治の質の変化を推し量れないと思います。ちなみに私は一方で境界線の恣意性ということを言いながら、同時にデモクラシーというものをある程度、真面目に考えている。ここには一種の緊張関係があって、樋口さんのおっしゃったことを別な言い方で言うと、デモクラシーが成り立つためには、まず一定の境界線を引かざるをえない。決定の範囲を決めないわけにはいかない。にもかかわらず、その境界線は恣意的なのだ、ということです。

その上で考えたいのですが、責任の体系を成り立たせるためには必ず主権的に統一しなければならない、ということになるのかどうか。

樋口　まずは横の自律。オートノミーですね。

杉田　それだけではありません。たとえば、先ほどの地方自治体をどう考えるかという問題と関係しますけど、地方自治レベルのデモクラシーと国政レベルのデモクラシー、そして、ヨーロッパ共同体、東アジアの共同体のように、超国家的な政治的組織化の可能性もあるわけですし、そういう中で、責任の所在を明確化する意味で、ネーション・ステートに権力を集中すべきだという考え方には、必ずしもならないのではないでしょうか。

司会　杉田先生は基調論考でも、様々な社会的力のせめぎ合いの中からできる「暫定協定」でもいいのではないかとおっしゃっています。他方、樋口先生は基調論考において、階級は止揚できるけれども、民族は止揚できないので、エスニシティに基づく多文化主義の主張などは、意思によって何かを制御するという思考そのものに対する挑戦ではないかと論じておられます。樋口先生は、民族とかマイノリティ集団の間の暫定協定という考え方に対して消極的なように思えるのですが。

樋口　私の理解では、二つのやり方があるんです。一つは、民族を含めた様々なマイノリティ集団を公私の区分における私の領域に追いこんでしまう。公の領域には個人単位しか認めないという方式で統合を目ざす。もう一つは、公的な場面でもユニットとして自己主張することを認めて共存させる方式。大雑把に言えば、前者がフランス方式で、後者はイギリスやオランダの方式ですが、どちらのやり方も現在、それぞれ苦境に立っている。どっちかの方法を取れば上手くゆくという話ではないが、いずれの枠組みでやるにしても、その枠組みを作るためには、強固な意思主体、すなわち、国民国家としての意思主体が必要ではないか。

杉田　特に前者の場合には、明らかにそれが必要ですよね。後者のほうは、もうちょっと国際関係に近いわけですから、緩い形でも可能かもしれません。

樋口　論理的にはそう言えるのかもしれないけれど、実際にはイギリスにしても、かなり強い国家意思でやってきたんじゃないですか。

杉田　今、おっしゃっているのは、主として多文化主義のことですか。

樋口　いわゆるロンドニスタン方式ですね。これは、一面ではそれぞれの親分に十手を預けるということでしょう、簡単に言えば。この方法が比較的上手くいっているんだなぁと世界中で思われていたのに、ロンドン地下鉄事件で改めて、その苦境も明らかになった。他方、フランスの場合には、年間平均三万台くらいの自動車が焼かれているんですね、全国で。一日辺り一〇〇台も焼かれているわけで、標榜されたはずの統合が機能しないことへの苛立ちの表現ですが、ほとんどニュースにもならなかった。もちろん、一昨年（二〇〇五年）秋のような事態になれば、世界中の関心を惹きますけど。とはいえ、一年間に自動車が三万台焼かれるフランス社会と、一年間に自殺者が三万人を超える日本社会と、どっちがより少なく不幸かと、私たちは自問する必要がある。

杉田　エスニック集団のエスニックな主張を公的な場に入れていいのかということを問題にされますが、

他方、階級的な利害を公的な場で議論することは問題ないとすれば、その違いはどこからくるのでしょうか。

樋口　ただ、その場合にも、階級的利益のために、この法律を作るんだということは言っちゃいけないというのが約束ごとだったのです。

杉田　しかし、どうでしょうか。実際にはエスニックな主張であっても、それを公共的な論法に置き換えることは可能ではありませんか。たとえば、われわれはアラブ系だからこういう施策をしてくれというのは駄目かもしれませんが、多様な言語の教育をやるべきだ、という形で、公共的な理由付けにはなるんですね。

樋口　そうですね。ですから、アファーマティブ・アクション一般との境界というのは、程度問題ということになります。看板の建前にもかかわらず、集団単位の存在を公的に認めちゃってるのは、フランスの、選挙による公職の男女パリテ原則です。憲法で書いちゃったから。一方では憲法の条文に「単一不可分の共和国」という文言がある。「単一不可分の共和国」というのは、共和国をセ

ックス・ブラインドにすると理解されてきたんだけれども、同じ憲法の条文でパリテの原則を入れちゃった。両方とも憲法の一部ですから、どちらかが法規範として優位するわけではない。両立する限りで、両方とも尊重するという話なのでしょうが。

フランスは集団的属性を私的領域に限定するモデルの典型のはずなのに、一方ではミクシテという言葉を非常に強調して、日本からみると、「よくもこんなことまでやるもんだ」ということもやってますね。公共テレビで、ブラン、ブール、ブラック（blanc, beur, black）を均等にテレビの画面に写しださなくちゃいけない。ブランは白人、ブールというのは「アラブ」をひっくり返した俗語、そして、なぜかブラックだけは英語なんです。この要求に応えるのはキャスターなんかの場合は簡単ですけど、ドラマとかの場合にはなかなか難しい。「困難な地域」に指定された場所の高校からいわゆるグラン・ゼコール（大学とは区別されたエリート校）への優先入学のシステムもあります。アファーマティブ・アクションについてはいずれにしても、日本の場合は議論以前の状態ですけどね。

11　国家と宗教

司会　ここで、一九八九年にパリの公立中学校で起きた「イスラム・スカーフ事件」についてお話を頂けたらと思います。フランスでは、宗教的表象を公教育の場から排除しているわけですが、イスラムのヴェール（スカーフ）を被った少女たちを学校側が教室から排除する事件が起きました。この事件をきっかけにして、フランスでは様々な議論が行われましたが、そのことについては、日本でも紹介されています（レジス・ドゥブレほか『思想としての〈共和国〉』みすず書房）。樋口先生がこれまでお書きになったものなどを読むと、樋口先生は学校側の対応に好意的な評価をなさっている印象があるのですが、杉田先生はどのような評価をなさいますか。

杉田　フランスでは、政教分離は非常に大変な問題だったし、その背景に、革命前にカトリックが他の領域にまで広く浸透していたという事実があることは承知しています。だから、フランス人がその問題にセンシティブになることも分かります。

しかし、学校の場も含めて、公的な空間に、実際にはキリスト教的背景を持ったものがまだいろいろとあるわけで、その意味では、多数派であるカトリックの白人にとっては、わりと適応しやすい市民文化なのではないか。他方、それ以外の人々にとっては、適応しづらいハンディキャップがあることは間違いない。政教分離ということによって、どんな集団に対しても同じような負担を強いているわけではないことは認識すべきではないでしょうか。まさに、境界線のもたらす暴力の問題です。

そうした観点から私は、フランスでの対応は過剰反応だったのではないかと思います。少女たちの行動は、学校でイスラム教の教育をやれという話ではなくて、個人が服装で信仰を示しただけのことです。フランス共和国の基礎を掘り崩すほどのものではなかったのではないか。その効果というものに過剰に反応したというのが、私の印象ですけれども。

樋口　私も別に、学校側の対応に好意的というわけではありません。どちらにしても他所の国の話ですから。ただ、日本やアメリカでは事件の意味が全く理解されていない。フランスには信教の自由がないのではないかと。そうではなくて、先ほどもとり上げたように国民国家のあり方には二つのモデルがあって、一方のモデルのあり方を厳格に適用すると、あのような対応になる、ということを示す必要があると考えました。

そもそも日本では、信教の自由を主張する側だけが政教分離を主張してきた。最高裁レベルでそれとは違う問題が扱われたのは、剣道の受講を拒否したエホバの証人の生徒に対する退学処分の是非が争われた神戸高専事件です。当事者が信教の自由を主張し、応戦する学校側が政教分離を持ち出してきた。いちいち個々の宗教上の約束事に対応するような教育プログラムは組めない。そんなことをすれば、宗教を優遇することになって、政教分離が問題になると。

最高裁は、政教分離をそんなに厳格に理解する必要はないと判断し、代替の授業を提供すれば済む話じゃないかとの穏当な判決を下した（最判一九九六年三月八日・判例時報一五六四号三頁）。日本ではそもそも政教分離を緩く理解してきたわけですから、あの局面だけで厳格に解するというのは、いくら最高裁だってできるはずがなかった。ともあれ、あの事件において初めて、「なるほど。図式としては、政教分離と個人や集団の信教の自由がぶつかるという論点があるのだな」というのが意識されたのだと思います。ですから、少なくとも日本では、フランスのやり方の特徴の持つ意義と問題点を強調する必要があるというのが、私の紹介の仕方です。

杉田　日本における政教分離問題をめぐっては、常に靖国神社が問題になります。しかし、あれもかなり厄介な問題で、そもそも靖国は宗教施設なのか。

樋口　戦前は「国家神道は宗教にあらず」と言われていました。

杉田　高橋哲哉さんなどは、別の意味で、靖国は本来の意味の宗教とは認めにくいとお考えのようですね（『靖国問題』ちくま新書）。国家が国民を軍事に動員する施設としての側面が大きく、宗教施設ではないのではないか、ということです。しかし、何が宗教であって宗教でないかを第三者が決めつけるということ自体、信教の自由を侵す可能性があります。その施設が宗教だと言っている以上、そう認める他ないのではないでしょうか。

従来、勝手に靖国に祀られてしまったキリスト教徒などの信教の自由を守るために、靖国に訴訟を起こすということが行われてきました。戦前に国家神道がつくられて、政教分離を否定し、他の宗教の一部が弾圧されたことから、国家神道の系譜を継承する靖国に対抗することは、政教分離原則と信教の自由との両方を促進することだと考えられてきました。しかし、樋口さんもおっしゃったように、フランスで、信教の自由を主張するカトリック教会に対して、国家が政教分離原則を立てて対抗したという構図になったように、二つの原則は対立する場合もありえます。実は靖国についても、これが現在では一宗教法人になってしまっている以上、たとえばA級戦犯の合祀をやめさせようとすると、信教の自由を侵すことになるという皮肉な点があると思います。

また、小泉さんが靖国参拝は「心の問題」と主張したことについて、誰も真剣に受け止めていませんが、私は信教の自由というものを守るためには、「貴方の信仰は贋物だ」という権利は誰にもないのではないかと思うのですが。いかにインチキ臭くてもです。

樋口　ただ、実際に問題になっているのは、総理大臣になると靖国神社に行きたがる、という問題です。

杉田　辞めると行かない。

樋口　個人としても靖国神社に行っていた人物について、政治家である以上は靖国に行くなという議論が出てきて初めて、信教の自由と政教分離がぶつかる、という話になるのではないか。公権力の、しかも首相という最高の公権力の担当者だからこそ、靖国神社に行くという場合、これははじめから、信教の自由の問題とはいえない。

司会　一九八〇年の政府見解にしたがって、「これは私的参拝です」という形で明示していけば、大した問題にならないかもしれませんね。とはいえ、難しい問題ですよね。靖国神社の「国家護持」を実現するための靖国法案が水泡に帰して、その迂回路線として追求されたのが「首相公式参拝」ですからね。靖国派からすれば、公的に参拝してくれなければ、意味がありませんから。このように考えると、最近の参拝は、小泉さんのように「個人の信教の自由」を持ち出したりして、公的参拝なのか、私的参拝なのかを曖昧にしたままですし、八月一五日の参拝もそう易々とはできない。今の参拝路線は当初の目論見からすると、かなりの後退なのかもしれません。

杉田　なにかアリバイ的にやっている感じです。

樋口　だからこそ、首相が伊勢神宮に行ってもとりたてて文句が出ないわけでしょう。

12　「個人の析出」という課題

司会　時間も残り少なくなってきました。ここでぜひお二人にお聞きしたいと思うのが、戦後社会科学に対する評価なんです。戦後社会科学を代表する丸山政治学や大塚史学において、「個人の析出」という問題が重要な課題とされていました。他方、一九九〇年代以降の新自由主義的改革というのでしょうか、規制緩和の流れの中で、もしかしたら個人が析出されてしまい、その結果として、様々な困難が生じているとの見方もできると思うんですね。もし、あえてこういう問題提起をした場合、どのようなご意見を頂戴できるのか、とても関心があります。樋口先生はいかがでしょうか。

樋口　端的に言うと、析出されたのは私的欲望の担い手としてのオムとしての個人、あえて言えば、それがもっぱら優勢であって、シトワイアンとしての個人はまだ析出されていない。

司会　その場合に、問題になるのは、その可能性ですね。どうすれば、シトワイアンというものが、日本に現れてくる可能性が出てくるのか。

樋口　それは憲法研究者である、私の視野を超える問題です。

司会　丸山政治学とか、大塚史学とかには、その展望があったのでしょうか。やはりなかったのでしょうか。

杉田　丸山さんは、「個人析出のさまざまなパターン」という論文の中で、個人の析出を「自立化」、「民主化」、「私化」、「原子化」という四つのパターンに分類していますね（『丸山眞男集　第九巻』岩波書店、三七七頁以下）。国家に動員されやすいかどうかという軸と、結社形成的であるかどうかという軸とを立てています。樋口さんが今言われたのは、丸山の図式では「私化」が起こったということでしょう。つまり、国家からの遠心力がはたらくけれども、結社をつくって連帯する方向には向かわず、個人の私的領域に閉じこもってしまう、ということです。高度経済成長以後、オムのみが肥大化してきたということですね。

樋口　この問題は、シトワイアンとしての投票行動にも連動するでしょう。土井社会党が躍進したのは、消費税の問題のときでした。今度、年金の場合はどうなるか分からない。これは、「オムとしての個人」が成立したことのポジティブな面でしょうね。鶴見俊輔さんの言葉では、「がきデカ」の論理。

杉田　鶴見さんは丸山さんとはちょっと違いますよね。吉本隆明さんなども含めて、戦後思想の中でも、市民よりも「庶民」に期待する系譜です。丸山と鶴見・吉本のどちらの認識が正しいのか。この点でも、私はアンビバレントなんです。絵に描いたようなシトワイアンがどこかにいるとも思えないが、他方で、そう捨てたものではないのではないかという気もする。樋口さんはフランスと比較して悲観的な評価をなさっていると思うのですが、私はそこまで悲観的じゃないです。

とはいえ、最近の政治文化には問題が多い。六〇年安保が終わって以後、デモとか政治的な行動が弱まってきているのは、いくつか理由があって、一つはもちろん、対立軸が不明確になったということでしょう。また、おそらくは、政治によって左右することができる領域というものが小さくなってきているとの認識があって、つまり、自分たちの生活とか、自分たちの人生に対して、政治があまり大きな影響を及ぼさないと多寡を括るようになってきたのでしょう。

こうした発想は、半分は誤解なんですが、半分は正しくて、ネーションを立ち上げたり再建したりするような時期、国がどっちに行くか分からないような時期には、ある程度、みんな政治的に行動しますけど、秩序がそれなりに固まってくると、行動しなくなるというのは、それなりに合理的な判断だという気もします。だからといって、人々がシトワイアンとして現れる可能性が皆無だとは必ずしも見ていなくて、対立軸の提示次第という面もあるでしょう。

フランスやドイツでは、より社会民主主義的で連帯や平等を重視するソシアルな政治勢力に対して、より自由主義的で競争や活力を重視するリベラルな勢力という風に、誰にでも分かりやすい対立軸があるのに、日本はそうはならなかった。アメリカの共和党と民主党の対立は、フランスほどにははっきりしていませんが、それでも、人々は選択ができる。日本にはそういう対立軸がなかった。だから、混乱しているわけです。そこに大きな理由があると思う。「市民の析出」の失敗については、教育の問題もありますが、呼びかける側の問題もあると思います。

樋口 呼びかける側の「劣化」というものが、これは日本と同質の社会では基本的に同様に進んでいるのですが、日本の場合は飛び抜けている面があると思う。

司会 一九六八年の評価と関わって、ある種、戦後民主主義なるものへの異議申立てが左翼の側から示されたのが六八年ですよね。その時代に丸山眞男や大塚久雄といった戦後知識人の権威というものがある程度落ちる時期ですね。

樋口 落ちっぱなしになって、人々は素直に統治されるようになった。

司会 だから、憲法改正の問題が出てきたら、変えるべきという意見が優勢になる。その意味では、政治への関心があるわけですよね。

杉田 ただし、先ほどもふれたように、それは憲法そのものへの関心というよりも、正しく代表されていないという感覚のあらわれだと思います。

樋口　私もそう思います。常日頃から憲法を考えている人なんてほとんどいないでしょう。

司会　憲法改正に賛成と答える人が増えたのは、必ずしも政治に関心を持つ人々が増えてきたためではない、ということですね。

杉田　少なくとも投票率をみれば、そうなりますよね。二〇〇五年の郵政民営化をめぐる衆議院選挙だって、そんなに投票率が高かったわけじゃない。フランスみたいに九〇%以上とかにはならない。もちろん、小泉流の選挙で投票率が九〇%以上だったら、これも怖いんですけど、そこまでは行っていない。

ただし、先ほども述べたように、直接民主主義的なものへの期待感というのは共有されています。かつての自民党政治のように、隔靴掻痒の感というか、自分たちの全く知らないところで、次の首相が決められるし、よくわからない密室の交渉の中から政策が出てくるというのは、勘弁して欲しいという気持ちがある。そこで、首相を直接選びたいとか、特定の論点に対して直接、意思を表明したいという志向はあると思います。「小泉劇場」のような呼びかけがあると、それが強く出てくるわけです。こういう傾向が、何かのきっかけで憲法改正論とリンクされると、それなりに改憲積極論が高まる可能性は、潜在的にはあると思います。

私は先ほどもいった通り、憲法改正そのものがいけないとは思っていませんが、何でもいいから直接的な政治参加の手応えが欲しい、といった気分だけで憲法を弄ぶことには賛成できません。地に足の着いた議論を積み重ねる中で、どうしても憲法改正が必要だという機運が盛り上がってくる、ということなしに憲法改正はありえないと思っています。

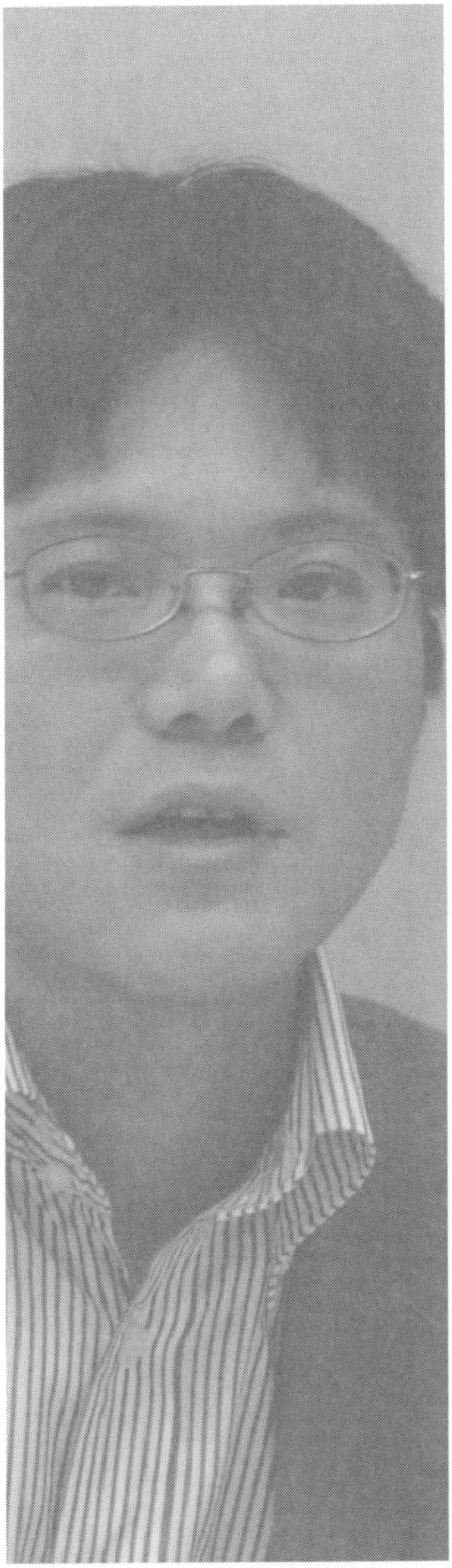

【第Ⅱ部】愛国心と教育

基調論考

民主制における個人の自律性と国民意識のジレンマ

西原博史

1　時代としての教育基本法改正

二〇〇六年一二月に、六〇年ぶりに教育基本法が全面改正されました。皆が気づいたわけではないけれど、これは実は一つの革命でした。

一九四七年教育基本法は、日本国憲法とともに、国家と国民の関係を形造る重要な法律でした。要するに、日本国憲法で保障された基本的人権を受け止めて、学校教育を通じて子どもが国家の奴隷化されることがないようにする、それが旧教育基本法の使命でした。

それに先立つ時代、「良き臣民」になる道を国民に向かって天皇が説く「教育勅語」が支配していたのです。そこでは「天壌無窮の皇運を扶翼」することが臣民に課された最大の義務でした。これが戦争の時代を迎えると、天皇のために戦場で死ぬことこそが日本男児の務めという、軍国主義教育に席巻されることになりました。国民は天皇の道具、子どもはその道具の材料だったわけです。

こうした教育勅語体制を反省し、日本国憲法の下で新たな再出発を誓ったのが四七年教育基本法でした。だからこそ、教育目的としての「人格の完成」（一条）には大きな意味が込められていました。道具ではなくて人格、権力の客体ではなくて主体、という位置づけです。一人ひとりの子どもを尊重し、成長する力を周囲から支援していこう、それが教育なのだという合意ができたのです。

その構造を転覆させようとしたのが二〇〇六年改正法でした。一人ひとりを尊重することよりも、政府が上から決めた国民としての「資質」を確実に持たせようとする、そしてその資質として「主体的に社会の形成に参画する態度」や「我が国と郷土を愛する態度」といった徳目を法定するものです（二条一～五号）。その目標を定義して具体的に何をどう教えるかを決定するのは国、すなわち文部科学省の仕事です。学校は、上からの指示を受けて「体系的な教育が組織的に行われ」る場（六条）となります。

　このように、一人ひとりの子どもの人格を大切にすることを目指す四七年教育基本法が失われ、それに対して国が定めた目標に向けて子どもの人格改造を行おうとする〇六年教育基本法が動き出したわけですから、これは大きな革命です。しかし、多くの国民は、そうは受け止めませんでした。四七年教育基本法の下で育った国民の多くにとって、四七年法は一人ひとりの子どもの人格を大切にする貴重なものとは知覚されていなかった、ということでしょう。

　そして、この実体験も、四七年法の構造からして無理からぬものがあります。四七年法は、前文の「平和的な国家及び社会の形成者」育成という方向性にも現れるとおり、民主主義の担い手を育成するための理念法としての意味をも持っていました。その点では、民主主義のための子どもの道具化という要素も、四七年法に組み込まれていました。実際、四七年法には子どもの権利の保障もなければ、親の側の権利にも触れられていません。もしかすると、子どもは常に道具的子ども観の犠牲になっていたのであって、ただ、時代によって目標とされるものが違っていただけ、ということだったのかもしれません。

　そこまで考えると、〇六年教育基本法改正は、民主主義的な善意の支配という呪縛から国民を解き放ったとい

HIROSHI NISHIHARA

にしはら・ひろし　1958年生，早稲田大学大学院法学研究科博士後期課程修了。現職：早稲田大学社会科学部教授。専攻：憲法学。主要著書：『良心の自由・増補版』（成文堂，2001年），『平等取扱の権利』（成文堂，2003年），『学校が「愛国心」を教えるとき』（日本評論社，2003年），『良心の自由と子どもたち』（岩波新書，2006年）。

う意味で、一つの建設的なステップだった可能性さえあります。もちろん、国家による教育支配に道を開いたわけですから、国家が権力濫用する可能性を考えれば危険とは常に隣り合わせです。ただ、責任主体は明確になりました。

2 「心」への関心

しかし、なぜ〇六年教育基本法は、教育目標として個人の心のあり方そのものをターゲットにするような手法を選んだのでしょうか。憲法九条改正の流れと連動しながら、「お国のために命を投げ出しても構わない日本人を生み出す」(西村慎吾発言)ことが改正論者の主目的だ、という説明もあります。しかし、こうした新たな軍国主義に国民の支持が集まっていたとも考えられません。

子どもの心への関心は、もっと根深い構造をもつものと考えられます。キーワード的にいえば、監視国家化と呼ばれる現象と結びついたものでしょう。

社会が複雑化した結果、自分の生活が自分にはコントロールできない様々な条件に依存していることが不安として知覚されるようになりました。そして、福祉国家として国民の様々なリスクに対応してきた政府は、その力量の限界に直面し、福祉領域から少しずつ撤退するようになっています。その中で国家の正当性の中核を占めるのは、犯罪リスクへの対応という観点です。この政策選択と連動させられる形で――マスメディアに媒介されながら――犯罪リスクは人々の間でも重大なものとして意識されるようになりました。

犯罪リスクへの対処は、警察主導ではありながら、国民のボランティア意識にも支えられた「安心安全まちづくり」運動と連携させられていきます。相互監視が作動し始めるのです。そうした場合に、犯罪リスクの問題は、〈安全な我々/アブない奴ら〉という対比の構造に関わるものになります。そして両者を分けるのは、「きちんとした意識」が共有されているかどうかという、意識レベルの差異だとされます。

自己監視の枠をはめられ、きちんとした道徳意識の内面化に向けた圧力にさらされる中で、同じ内面化プロセスに服しない人々が危険な存在と感じられ、排除の対象とされていく、という流れです。こうした中で、人々の不安の裏返しとして、他者に対しても「きちんとした意識」の内面化を求める欲求が動き出し、その際に国民にとっての標準を設定する機能が政府に期待されるわけです。だからこそ、この心への関心が愛国心教育という手がかりを求めるのは、一種必然的なものでした。

3 政治性の自覚か、私生活への立脚か

確かに教育の場において「あるべき国民意識」を標準化し、その標準化を社会の各方面で作動させていけば、政府として最小限度のエネルギーでもって国民意識の相当なコントロールが可能になるでしょう。密告社会は、自動的に成立していくのです。戦前の「非国民」差別など、こうしたメカニズムが有効に機能した例は歴史の中に少なくありません。

それに対して、日本国憲法はいくつかの対抗メカニズムを持っています。基本的人権として保障された思想・良心の自由（一九条）は、国家の手による正しい信条の標準化を、あってはならない人権侵害と捉え、そうした強制措置に対して救済手段を確保しようとしています。民主制の中では、政府は単に多数決を基盤に成立しているだけですし、多数決は何らかの意味で政府の主張の正しさの根拠となるものではありません。そのため、個人の自律の核となる信条の正しさについて政府の口出しを排除する思想・良心の自由は、非常に重要な法的防御手段なのです。

ただ、監視国家の中における国民意識の統一は、自分が多数派だと感じる人々の意向を背に進むものですから、それなりに強烈な民主的圧力を生じさせることになります。そして民主制の中で愛国心の問題は、もともとかなり繊細なテーマでした。単に個人の思想・良心の自由を口にするだけで聖域が作られる、ということではなさそうです。

というのも、民主制はシステムとして、人々が国家に対して責任意識を持ってある程度積極的に関わることを前提としています。人々が国家に対して完璧に無関心になった瞬間に、民主制は死に絶えてしまいます。そもそも国会議員選挙の投票率が六〇％台という日本の現実すら、これでいいのかどうか疑問です。そうした中で、愛国心が必要だという主張は、一概に無視していいものとはいえないわけです。

愛国心が欠落しているという共通意識を背景に、政府

が特定の愛国意識を「正しい」愛国心だとして国民に受容させようと狙っている、という状況です。これに対して、どのような姿勢をとるべきなのでしょうか。

政府のいう正しい愛国心論に巻き込まれないようにする一つの戦略は、本当にその愛国心が正しいものなのかを検証する道筋でしょう。政府の判断に唯々諾々と従うことは決して愛国的ではない、真の愛国心は、過去と現在と将来の日本人すべてに対する責任をもって、政府が間違った方向に進もうとする時には断固として反対し、批判することである、という議論の立て方ができるでしょう。これが、愛国心を民主制の問題と捉える道筋です。

しかし、多くの人々が政府に対して責任よりは甘えをもって接しようとしている中で、正しい愛国心のあり方を説く道筋が、本当に多くの国民の心を打つものかどうかは疑問です。そして、民主勢力の側で「正しい」愛国心を要求し始めた時に、やはり個人の信条が無視される事態が動き出す、ということにも敏感でなければならないように思われます。民主制のための国民づくりは、一九四七年教育基本法とともに、すでに一定範囲で成功し、そして一定範囲でしか成功しないことが証明された道筋でもあるわけですから。

私は、民主的であることを強制する前に、まず自分としてのものの考え方に自信を持っていいのだ、という確認から始めていく必要があると考えています。民主主義者であることを国民に強制する前に、まず独立かつ自律的な個人であることを認めることが必要なのです。「正しい」愛国心なんてものは一人ひとりによって違う。自分なりに正しい愛国心や国家に対する考え方を自分なりにつかみ取っていくことが成長のプロセスです。

反愛国的態度（だと個人的に感じられるもの）の存在を否定してしまったら、そこには真の民主制はあり得ません。まさに多くの人が他者に「きちんとした」国民意識を要求している時代だからこそ、「きちんとした」国民意識は一つではないことを強調し続けることが必要なのでしょう。

基調論考

「反権力という権力」とナショナリズム

北田暁大

先ごろ歴史家の原武史さんが『滝山コミューン一九七四』という本を上梓され、話題になっています。原さんが滝山コミューンと呼ぶのは、校内暴力やいじめといった問題が現れる直前、「戦後民主主義のオプティミズム」を維持することができた最後の時期に、全生研（全国生活指導協議会）が唱える「学級集団づくり」を実践する教員と、「革新的」な団地の住人、その子どもたちによって実現された教育・生活空間のことです。班や委員会を単位とした集団生活、林間学校での合唱と「火の神もいなければ火の子もいない」平等主義的なキャンドルファイアー。善意に溢れた集団主義的理想は、様々な形で生徒の身体と思考を管理し秩序化していきます。権力に抗して「子どもたちのために」なされるという教育が、別様の権威主義を呼び込むという逆説を、原少年は鋭く読み取り、コミューンに対して冷めた視線を投げかけます。原少年はやがて慶応義塾普通部（中学）へと進学し、息苦しさすら感じさせるコミューンから離脱することとなるのですが、本書は、「革新」的な理想主義の欺瞞を、少年のまなざしを通して浮き彫りにする優れた批判書ということができるでしょう。

私も自身の体験と重ね合わせながら大変興味深く読ませていただいたのですが、重要なのは、この本がたんなる回想録ではなく、「政治の季節から私生活主義へ」という七〇年代初頭をめぐる戦後思想史的な位置づけの書き換えを目指している、ということです。つまり、連合赤軍事件のあった七〇年代初頭に六〇年安保以来の「政治の季節」が終わりを告げ、後の消費社会へとつながる私生活主義が拡がり始める、という戦後史観に対して、

AKIHIRO KITADA

きただ・あきひろ　1971年生，東京大学大学院人文社会系研究科博士課程退学。現職：東京大学大学院情報学環准教授。専攻：理論社会学・メディア史。主要著書：『責任と正義―リベラリズムの居場所』（勁草書房，2003年），『「意味」への抗い―メディエーションの文化政治学』（せりか書房，2004年），『嗤う日本の「ナショナリズム」』（NHK ブックス，2005年）。

原さんはnoを突きつけている。「私生活主義」の象徴と見られることの多い七〇年代の郊外空間において、「政治の季節」の残香が子どもたちの生活世界を覆っていたこと。そうした大文字の歴史からは不可視化されてしまうような、出来事に照準することによって、原さんは「戦後思想史の一断面」を描き出そうとします。これは一見オーバーな物言いに聞こえるかもしれません。子どもの教室での体験がなぜ「思想史」と関係があるんだ、という人もいるでしょう。しかし私はそうは思いません。原少年がコミューンに見て取った問題性は、九〇年代以降「戦後民主主義批判」という形で様々な形で言説的に前景化され、現在の思想的状況を招来する一契機となったのですから。程度の差こそあれ、原さんの世代以下、私たちの世代ぐらいまでは、コミューン的な学級空間を生きたわけですが、原さん自身が吐露しているように、それに対する思いはたぶんとても複雑なものです。ネット上などに散見される現在の「戦後民主主義批判」言説を理解するためには、まずは、そうしたコミューン的なものに対するアンビヴァレンツを考えておく必要があるかと思います。

原少年がコミューンに感じ取ったのは、〈権力に抗して子どもたちのために〉なされるという教育が、それ自体権威主義な権力として立ち現れてくる、という問題性です。原さん自身も書いているように、こうした知見はフーコーやアルチュセールの議論を通過した現在の視点からすれば「自明の前提」ではありますが、この点についてはしっかりと押さえておく必要があるでしょう。コミューン的なものは、「反権力という権力」でありながら自らが権力であることを自認しない善意の権力であり、

「受け手」をいわばダブルバインド的な状況に追い込みます。それは明白な権力以上に、複雑な位置に主体を配置する。「反権力という権力」によって複雑な意味世界へと放り込まれた主体が、複雑さを早急に解消しようとするとき、「戦後民主教育の欺瞞」への批判が噴出する。重要なのは、したがって「戦後民主教育の欺瞞」批判は、「戦後民主教育」の理念内容に(のみ)向けられているわけではない、ということです。むしろ、そうした批判言説は、「権力でありながら反権力を自認し、自らの権力性に鈍感である」という態度、語りの形式に照準しています。そうした「語りの形式(語り口)」に対する批判意識が、現在の「保守」「愛国」の駆動力(の一つ)である、と私は考えています。保守的イデオロギーやナショナリズムが蔓延しているというよりは、「反サヨク」「反・反ナショナリスト」という「反・反権力」のモードが九〇年代以降フォーマット化された、とみるべきでしょう。実際論壇誌やネット上で見られる「サヨク」というカタカナで標記される記号の内包と外延はどこまでも曖昧です。思想的に左翼的というよりは、語り口が「反権力という権力」的なものであるとき、サヨクという認定がなされる。語られている理念内容は既存のイデオロギー的枠組みでみれば実に恣意的なものといえます。

九〇年代半ば以降、「戦後民主主義」「戦後民主教育」とともに「マスコミ」もまた、「マスゴミ」などと呼ばれ、ネット空間などで批判の対象となったということも想起すべきでしょう。マスコミ・ジャーナリズムが、「反権力という権力」を体現するものとしてみられ、その自己欺瞞性が批判される。「反権力」的な性格の強い(とみなされる)朝日新聞などが、その典型として批判の対象となるわけですが、ここでも基本的に「語り口」のほうが重要であるように思えます。たとえイデオロギー的には「右寄り」であったとしても、「反権力という権力」という語り口をすれば、たちまち批判の的となってしまう。左右のイデオロギー対立軸を超えた「反・反権力」の思想が、九〇年代以降、強い影響力を持ってくる。小林よしのりが展開した「脱正義論」というのは、まさしく正義=「反権力という権力」へのラディカルな批判であったといえます。

非常に素朴な知識社会学的分析をするなら、冷戦終結を受けての従来のイデオロギー的枠組みの崩壊、およびメディア環境の変化（マスコミ中心的な言説空間の構造転換）、横並び的な八〇年代消費社会の終焉、構造不況とあいまった社会不安の増大……といった様々な事情が、こうしたサヨク・正義・反権力批判の前景化を促した、ということができるかもしれません。ただいずれにせよ、その萌芽はすでに七〇年代までに用意されていたと考えるべきです。朴訥としたナショナリズムというよりは、「反・反権力」（反・反ナショナリズム）という構図のもとに展開されるナショナリズム、それは、おそらくは「反権力という権力」への復讐として作動しているのです。

　そうした屈曲したナショナリズムが可視化されてきた九〇年代半ばは、同時に「国民国家論」のブームに言論空間がわきたっている時期でもありました。ナショナリズムを近代における社会的構築物としてみるアンダーソン流の「想像の共同体」論が広く受容され、あらゆる局面におけるナショナリティの「脱構築」の作業が進められていく。反本質主義・社会構築主義の立場を基調とするポストモダンフェミニズムやカルチュラル・スタディーズが移入・受容されたのもちょうどこの時期でした。反本質主義的・構築主義的なナショナリズム論、国民国家批判は、左派的な政治的感性を持つアカデミシャンにとっての重要な言説的掛け金の一つとなった。アメリカでも似たような状況で、社会構築主義的な認識枠組みをもとに社会の様々な領域を脱構築していく作業に勤しむ左派を、先ごろ亡くなったリチャード・ローティは文化左翼 cultural left と呼んでいます。主として文化的側面に照準して意味の闘争を仕掛けるから「文化的」な左翼である、というわけです。

　とすると、九〇年代半ばというのは、ナショナリズムをめぐる言説空間の構図が大きく組み変わっていく時期であったといえそうです。つまり、一方では「反権力という権力」への抵抗としてのナショナリズムが前景化し、また一方ではナショナリズムを社会的・人為的構築物として相対化する言説が拡がっていく。反サヨクとしてのナショナリズム（抵抗としてのナショナリズム）の湧き上がりと、左派陣営におけるナショナリズムの相対化、脱意味化。この対極的な対立構図、新しい形での対立の枠組みが構成されたのが、九〇年代半ば以降である、ということができるでしょう。

　言うまでもなく文化左翼による国民国家論は学問的に

重要な意味を持っていたわけですが、そのあくなき脱構築の作業は、政治的にみた場合、抵抗としてのナショナリズムに対して脆弱であったということができるのではないでしょうか。象徴的なのが、社会構築主義の右派による領有（appropriation）です。左派論者は批判的意味をこめて構築主義的な歴史論（あらゆる歴史は現在の視点から社会的に構成されている）を展開したわけですが、その構築主義的な認識枠組みを「修正主義者」は「あらゆる歴史は構成された物語である。ならば、よりよい物語を創出しよう」というように領有した。構築主義はイデオロギーに対して免疫を持たない方法論（methodology）なのです。左派的構築主義は、それ自体としては抵抗としてのナショナリズムのレトリックに対して――「意味の闘争」の理論武器としては――脆弱であるといわざるをえません。

また、構築主義的観点に立ったあくなき相対化（脱構築）の作業は、逆説的に、「構築されざれる何か」への希求を招来してしまいます。文化左翼がナショナリズムや性差を文化的に脱構築すればするほど、「文化・社会に還元されないリアルなもの」が追い求められることとなる。これは、「ジェンダーフリー」をめぐる言説闘争にもっともよく現れていることです。性差の文化的構築性をいうフェミニストの議論が、「生物学的性差を認めない非科学的主張」として批判される。社会的・文化的な構築主義は、構造的に「構築されざるリアル」への欲望を生み出してしまうわけです。

こうしたなか、近年では、構築主義的な分析枠組みを相対化したうえで、つまり、「ナショナリズムは社会的構築物である」というように突き放すのではなく、「構築物であるにもかかわらず、私たちが捕らわれてしまうのはなぜか」といった問いに取り組む作業もでてきています。姜尚中さんの『愛国の作法』などもその一つといえるでしょうし、また、若手の研究者のなかにも構築主義とは異なる方向性でナショナリズムを捉え返そうとしている人もいます。構築主義／本質主義の対立図式を超えてナショナリズムを再考していくこと――抵抗としてのナショナリズムが独特の存在感を獲得しつつある現在、私たちはそうした課題に取り組まなくてはならないように思えます。

コミューン的なものへの違和は、程度の違いこそあれ、少なくない人々に共有されているものでしょう。原少年は大人になり、その違和を言語によって明確に分節化することによって、コミューンへのアンビヴァレントな感情に対処したわけですが、言語を媒介することなく復讐へと短絡する人も少なくないはずです。七〇年代末から八〇年代にかけて薄められたコミューン的空間を生きていた私には、その気持ちが何となく分かります。装いを新たにした「反権力という権力」(構築主義的な相対化)では、たぶん「抵抗としてのナショナリズム」に対応することはできないでしょう。新たなコミューンを作り出すことなく、「戦後思想史の一断面」から目を背けることなく、コミューン的なものを清算していくこと。そうすることによってはじめて、私たちは抵抗としてのナショナリズムと真の意味で対峙することができるのではないでしょうか。

対論

愛国心と教育

西原博史 × 北田暁大

司会：愛敬浩二

1　現在の教育現場と「愛国心」

司会　今回の対論では、主に教育を取り巻く現代の問題状況を踏まえて、愛国心に関わる問題を憲法学・社会学のそれぞれの観点から検討するということを課題にしてみたいと思っています。その際、「愛国的」言説が受けられる現在の社会状況・思想状況についても検討することができればと考えております。

それでは、まず、西原さんから、教育現場の現状についての認識を述べて頂き、教育基本法改正の法的・政治的意味を明らかにして頂いた上で、基調論考でも触れられている、四七年法のもう一つの側面、すなわち、「民主主義の道具化」という問題に関して、ご意見を明らかにして頂ければと思います。

西原　教育現場の現状についての認識を語れということなのですが、それがなかなか一つの像になってきません。私自身もいろんな形で教育現場と関わることがあって、一つは公立中学校に子どもを送る一人の親として、子どもを通して見える学校というものがあります。もう一つは、先生たちの裁判実践などをお手伝いすることがあって、先生たちの目で見た学校にも関わっています。そして、その両者の視点のどちらを取るかによって、全然違った絵に見えるということが、現在の教育現場の一つの特徴かもしれません。

法律をやっている人間として、裁判なんかで見えてくる学校の状況について述べますと、一つは、教える内容についての、教育委員会によるかなり強い統制が効き始めていることが見て取れます。学校経営者としての校長の役割が強調され、校長の個人的な性格によっては、物言えば唇寒し的に学校内でのコミュニケーションが成り立たない例が目につきます。そうした中で、東京都などを中心に、教育委員会が個人的趣味とも思える教育理念を掲げて、校長に対する指導を通じて各学校で実現しようとする傾向が強まっているように見受けられます。先生たちが子どもとどういうコミュニケーションをしてるのかについても常に校長の監視の下にあり、子どもや親を通じて得られた情報と一緒になって校長のもとに集約され、それを利用した上で校長として望ましいと思う教育を実現していくために統制が徹底できる枠組みが作られようとしています。

そうした、上からの統制可能性の試金石となっているのが、卒業式などにおける国歌斉唱の扱いです。たとえば東京では、ある先生が卒業式で「国歌」を斉唱する時に立ち上がらなかったということで、二〇〇七年現在、半年間の停職処分を受けて、来年も同じことをやれば懲戒免職もあり得る、などと言われています。子どもの前で「君が代」斉唱に一緒に参加しなかったということを理由として、教員が教育現場から追い出されていくという状況を迎えようとしているのです。

一九九九年の国旗国歌法制定というのが一つの転機であったことは間違いないし、実は、その一〇年前に学習指導要領が変わったのもその第一歩でした。いずれにせよ、九〇年代初頭に再スタートした「愛国心」教育に向けての文部省・教育委員会側の動きが、いろんなところの抵抗でなかなかうまく進まなかった。そのいらだちを乗り越えるために、一九九九年国旗国歌法で雰囲気づくりからもう一度始め、それ以降は、子どもたちを「君が代」斉唱にどう一緒に巻き込むかということがずっとお役所サイドの課題となってきて、たとえば子どもの側に不参加の権利があるということに気づかせないための権力行使が積み重ねられている、という状況だと私は捉えています。

そのステップを踏んでいって、取りあえず入学式・卒業式で国家シンボルに子どもたちを向き合わせるというところまでは一応達成した、今度はむしろ授業が中心となってくる、だから、二〇〇六年一二月の教育基本法改正だ、ということです。

授業の中で、望ましい愛国的な意識をどうやって子どもたちに伝達していくのか。「愛国的」というのは、ここでは広い意味で使わせてもらいます。純粋に国を愛するというだけではなくて、行動様式や社会との接し方といった点で、「共同体との望ましい接し方」をどうやって子どもたちにきちんと指導していくのか。そういう目的意識のもとに、教育基本法改正がなされたというのはハッキリしていると思います。そこでは、教育基本法上の目標として、道徳心であり、公共の精神であり、主体的に社会に参加する態度であり、国を愛する態度であり、国際社会の平和と発展に寄与する態度であるといった目標事項を決めていって、それを指導するという形になっています。

その指導の仕方について、条文の中にすごくシンボリックな文章があります。「学校においては教育の目標が達成されるよう……体系的な教育が組織的に行われなければならない」という六条二項の一節です。要するに、目標を法律で定めて、それを学習指導要領で具体化し、それを踏まえて先生たちが体系的・組織的に教育を行う。そこでの教育というのは、体系性・組織性をはみ出していないかどうかを常に校長によって監視された授業実践であり、組織的・体系的に子どもたちの心を作り変えていくことを目指す、ということです。

この状況をどう見るか。ここではある意味でいうと、一つの革命が起こっているという見方もできます。といいますのも、一九四七年教育基本法は日本国憲法そのものと密接に連動する大きな意味を持った法律でしたし、その教育基本法が変わったということによって一つの憲法構造の重要な部分が変わったとも言えます。基調論考にも書きましたが、教育基本法は、戦前の教育勅語の下で天皇の道具として天皇のために死ねと教えてきたことを反省し、その誤りを繰り返さないために作られた法律でした。

だから、四七年教育基本法が教育の目的として「人格の完成」という言葉を使った時には、子どもは天皇や国家のための「道具」ではなく、「主体」であるという意識が前面に立っていました。

他方、〇六年教育基本法の中では、「人格の完成」という言葉が残りながら、隣に「資質を備えた国民」の育成という教育目的が一緒に並び立つことによって、結局は、国民としてきちんとした資質を備えてはじめて一人前の人格だという形で、国民性から人格が定義し直される枠が組み込まれています。そして、国民としての資質は何かというと、具体的には、〇六年教育基本法二条で書かれている心構えであるという構造です。

四七年法の「主体としての個人」というのは、もともと育っていく力を持った存在としての子どもたちを前提にして、彼らが育っていくのを応援しようという発想だったわけですが、〇六年法は、大人の側から子どもに対して「国民としてこうあるべきだ」という目標を設定する。よって、新教育基本法は、教育の根本的な構図の変革だったわけです。その中で、道具的な子ども観が復活している部分もありそうです。子ども一人ひとりが尊重に値するというところから転じてしまって、「国民としての資質」を持った存在として完成されれば尊重に値するが、そうでない場合は、むしろ社会にとっての異質物、あるいは障害物として位置付ける可能性を含んだ子どもの見方へと転じようとしてるというのが現時点だと思っています。

要するに、教育基本法改正によって起こったことは、一種革命的なことでした。ところが、もう一つの問題として、革命が全く革命として気づかれていない。あまり多くの国民がそんな大変なことが進んでいるとは思っていません。なぜなのでしょうか。

この理由を考えると、ここに――北田さんが基調論考において原武史さんの著作を引用しながら述べていらっしゃることですけれども――はたして人格の完成を目指した教育、子どもの主体性を本気で受け止める教育というものが、戦後日本において本当に行われていたのだろうかという疑問が成り立つわけです。「自分たちが受けて来た教育というのは、自分たち一人ひとりの主体性を本当に認めてくれていた。自分たちが育とうとする力を、先生たちや学校は、そして大人社会は、真剣に応援してくれた。それが今まさに壊されようとしている」という切迫感が多くの人に共有されている状況でありません。

そこに、私が最初に申し上げた、先生の目から見た学校現場と、子どもたち、あるいは親たちの目から見た学校現場の違いという問題が出てきます。そう思って見ると、四七年教育基本法には不思議な欠落があることに気づかされます。たとえば、子どもの権利については全く触れていない。もちろん、そこには時代の制約もあります。一九四七年当時、まだ未成熟な子どもの人格性、そして、権利主体性というのは確かに、世界の法思想の流れの中でも十分に意識されていませんでした。

だから、子どもの権利が四七年法に書いてないのは仕方がないかもしれません。だとしたらいっそう、親の権利が重要な問題として考えられて良かったはずです。つまり、国家が学校を通じて教育を進める場合に、市民社会の側に立って、国家権力に対して制約原理を持ち込むような親、そういう親の権利です。そのような親の権利を、四七年法は徹底的に無視しました。このことには、シンボリックな意味があります。

つまり、四七年法の構造は、実は、教育勅語との対比にもかかわらず、市民社会の内部における「個」として存在する「子ども」というものに目を向けて、その人格を尊重するということに必ずしもなっていなかったかもしれないのです。むしろ、それよりは、民主的社会の実現という当時の課題に比重を置いた理念法としての四七年法というのがあった。「民主的人格を作り出すための教育を行いますよ」という人格改造宣言として四七年法が受け止められた側面があるのです。そうした見方からすると、当時のすべての親たちは軍国主義教育を受けた、潜在的には民主教育の抵抗勢力なわけですから、とりあえずは全部排除しておいて、その上にPTAなどを媒介に、先生たちと一緒になって動いてくれる親たちは重要な要素として取り込むけれども、そうじゃない親たちはきちんと排除するという構造が、実は四七年法の中に組み込まれていたように思われます。

そうすると、〇六年法の制定によって、革命が起きないのは当然で、極論すれば、四七年にも革命は起きていなかったとさえいえるかもしれません。いずれにせよ学校での教育は、子どもたちに「こういう人格になりなさい」と語りかける役割を果たし続けてきた。

一九五〇年代の後半から政府は、国策に向けた人間づくりを優先するようになり、その際には目標とする人格改造の内容として、企業戦士の育成という観点が現れてきます（一九六六年の中央教育審議会答申に付された「期待される人間像」がそれを典型的に表すものと言えるでしょう）。それにより、民主的な人格改造理念に留まろうとする日教組との対立の時代を迎えるわけですが、実はそこには一種の共犯関係があって、子ども一人ひとりの主体性を認め、その子なりの方向性で伸びている子どもの人格的発達を支援することが主眼とされてはいなかった。先生たちがそのことに無自覚であったとするならば、それなりに罪深いことです。

2 「愛国心」をめぐる思想状況・社会状況

北田　私は教育学にしても憲法学にしても全くの門外漢なので、きちっとしたコメントはできないと思うんですが、基調論考の中で、原武史さんの本に好意的な言及をしたのは、そこに書かれていることを、自分自身、非常にリアルな感覚を持って読み取れたからなんです。私は一九七一年生まれで原さんより一〇歳ほど年少なんですが、郊外で育ち、中学校から私立中学校に行くという、原さんとよく似たパターンを辿っているんですね。

受けた教育内容についてもしかり。たとえば小学校のとき、私が「君が代」を初めて習ったのは、卒業式の直前に突然、担任の先生が、教科書の端っこに書いてありながらこれまで一度も教わることのなかった歌を教え始めたときでした。子どもでも「何かこの歌は曰くありげだ」と感じられる雰囲気だったことを覚えています。また原さんが書いている例ほど凄まじいものはなかったのですが、彼が描き出したような班システムや点数主義もあったと記憶しています。当時は当たり前のように受け止めていましたが、今、考えてみると、かなりきつい集団主義の論理が貫徹されていた。反省会とかいって、反省に反省が連鎖するほとんど「総括」の世界でしたからね。個人的には当時の担任の先生は大好きで、またそれなりに順応している子どもだったのですが、今考えてみるとかなりシステムとしてはきつい。原さんは、中学受験の塾が学校からのアジールとして機能していた、と書いていますが、よく分かる感覚です。塾というのは勉強をしに行く場所ではなくて、学校とは違う異世界を体験する場所として位置していたようにも記憶しています。ともあれ、私たちの世代ぐらいまでは結構、原さんと体験を共有している人が多いんじゃないでしょうか。先生の話す理念や言葉の反論不可能な「正しさ」を受容する態度と、「正しさ」に基づく集団主義の息苦しさ、そのアンビヴァレンツの体験ですね。

メディア論の分野でも、メディア・リテラシー教育というものが近年話題になっていますが、それについても、私はいろいろとアンビヴァレントな感覚を持っています。「教える」という行為に対する距離感みたいなものをどうしても感じてしまうんです。「正しいことを教える」という行為の持つある種の構造的暴力みたいなものへの違和といったらいいでしょうか。この違和を持つという点において、私は現在の「愛国的なもの」を受け入れてしまう人たちの気持ちも分からないではないんです。

それは、西原さんが先程おっしゃられた、四七年基本法の中で立てられたような「主体としての子ども」が、本当に教育の場において涵養されてきたのだろうか、という問題に直結することです。先生が、建前的な、優等生的な道徳を教育するような場、集団主義的なクラスシステムというものよりは、クラスシステムの格差構造を再生産する優等生／非優等生の区別が失効するような地点に成り立つ愛国の共同体のほうがいい、という感覚は、一定数の人が持ってしまうんだと思います。

先程、西原さんが〇六年教育基本法というものは、革命に値するようなものであったにもかかわらず、どうもそう認識されていない、という問題提起をなさいましたが、私も同感です。少なくない人が革命だとは思っていない。彼らが教育学者や新聞などの批判的な論調を読むと、「ああ、また、国がやることは何でも反対するのね」というふうに情報処理している可能性もある。「戦後教育体制の根本的否定で、戦前への先祖がえりだ」などというと、「左翼」認定されてハイ終わりです。

なぜ屈託なく「愛国心OK」と言えてしまうのか。少し社会学的に考えてみたいと思います。教育基本法の改正前後には、いろいろと愛国心談義みたいなものが盛んでした。その中には、近年のナショナリズムの高まりを受けて改正基本法ができた、というような議論をされる方もいらっしゃいます。しかし、この見方には、私はちょっと留保を付す必要があるのではないかと思っています。たしかに、近年では『マンガ嫌韓流』（晋遊舎）の大流行に象徴されるように、ナショナリスティックな言説の空気がかもし出されています。『嫌韓流』は結構な数、四〇万部以上売れたんじゃないかと思います。しかし、一定数売れ、成功してしまったわけです。そういうことから日本人、とくに若者の右傾化というものがあるんじゃないかという話が出てきたりする。

しかし、いろんなデータを見てみると、ここ数年で急激に日本人のナショナリズムが高揚したということはいえないんですね。今年（二〇〇七年）一月の朝日新聞に「愛国心」に関する世論調査の結果が出ていました。それによると、「日本に生まれてよかったと思いますか」との質問に対し「よかった」と答えた人の割合は九四％、「自分に愛国心がどの程度あると思いますか」という問いに「大いにある」「ある程度ある」と答えた人の割合はあわせて七八％。この数字を見る限り、たしかに、日本人の多くは日本という国を肯定的に捉えているといえそうです。でも、こうした傾向は最近になって突然現れ出たものではありません。NHK放送文化研究所が行っている「日本人の意識調査」を見ると、「日本に生まれてよかった」と思う人の割合は、七三年の調査開始以来〇三年にいたるまでずっと九〇％以上をキープしていることがわかる。「他の国から学ぶことはない」といった認識がもっとも高かったのが、八〇年代バブル前の時期のことです。むしろそうした「自尊的」態度は現在背景化しているといえる。緩やかな意味での「愛国心」——愛郷心というべきか——はすでに日本の「伝統」の一部となっているといえそうです。

では、「愛国心」をめぐる昨今の世論に何の特徴もないかというと、そういうわけではありません。読売新聞の調査によると、改正基本法に「愛国心」が盛り込まれたことを評価すると答えたのは六七％。なかなかの高い数字です。八割近い人が愛国心が「ある」というなら、何もわざわざあらためて愛国心を基本法に組み入れる、なんてことはしなくてはもいいように思うのですが、そうはなっていない。ではなぜそうなるかというと、現在の愛国心についての社会意識が、美人投票的なメカニズムを持っているからだと思うんですね。

ふたたび読売の調査の記事にはこうあります。「「愛国心」に関連し、日本人は、国を愛する気持ちが強いと思うか——を聞いたところ、「弱い」が「どちらかといえば」を合わせて計五八％と、「強い」の計三九％を上回った。年代別では、七〇歳以上（「弱い」四六％、「強い」五二％）を除くすべての年代で「弱い」が多数を占めた。中でも、二〇歳代では「弱い」が計七二％に達し、最も多かった。」（http://www.yomiuri.co.jp/feature/fe6100/news/20070127itl.htm）つまりこういうことです。多くの日本人は自分自身についてはそれなりに愛国心があると感じているが、日本人一般については愛国心が弱いと考える傾向にある、と。愛国心へのコミットメントを単純に加算すれば日本人はそれなりに愛国心がある、といえるのに、当の本人たちは愛国心が足りないと感じている。社会意識と社会意識についての観察の間にズレがある、ということです。経年的な調査が見当たらないので、確固としたことはいえないのですが、仮説的にいうとこういうふうにいえるんじゃないか。近年において急激に愛国心が高まってきたのではなく、むしろ「日本人には愛国心が欠如している」という共同幻想が存在感を獲得してきたのだ、と。

改正教育基本法がある程度支持される背景には、こうした共同幻想があるのでないでしょうか。それは、たんなる愛国心の高まりではなく、「愛国心が希薄化している」という危機意識、リスク意識によって担保された非常にネガティブな「愛国志向」です。ポジティヴに愛国心を肯定するから支持する、のではなく、愛国心が欠如していると思うから支持する、ということですね。治安の話でいえば、治安状態そのものではなく体感治安が世論を動かす、というのと同じことです。標語的にいえば〈リスクとしての愛国〉とでもいえるでしょうか。

九〇年代半ば頃から目立つようになってきたのは、保守的といわれる論者が、いろんな事柄について「リスク」という観点から議論を展開していくという話法を整序してきたことだと思うんですね。一番典型的なのは、既に述べたように治安の問題。外国人労働者や少年に結び付けられて色々と議論されてきました。また、「ジェンダーフリー」なんかも、亡国につながるリスクとして議論されている。私の印象では、八〇年代までの保守派はこういう論法を取っていなかった。たぶん、九〇年代なかば以降に本格化した議論のスタイルだと思います。愛国心というものも、こうした「リスクの論理」の中で構築されたのではないかと思います。

こうした「リスク言説」の中で、あらゆるリスクの原因として認定されたのが、「戦後民主主義」

という言葉です。もちろん、「戦後民主主義の欺瞞を撃つ」なんてことは、ずっと前からやられているることなわけですけども、それはまだ一部の知識人に限られていた。九〇年代半ば以降は、かつての市民運動を裏返したかのような草の根レベルでの戦後民主主義批判、戦後民主主義をリスクの淵源として見る言説が再生産されてきたのではないでしょうか。四七年基本法もそうした戦後民主主義の根幹を支えるものとして、ターゲットにされていたように思います。

戦後民主教育そのものに問題があった／なかったかという点について、私は自信を持って発言できる立場にはありません。けれども、西原さんがおっしゃるように、四七年法には民主主義の道具化というもう一つの側面があったと思います。「国家主義の道具」にではなく「民主主義の道具」にする、という側面があったのではないか。そうした中で、受け手としての子どもが、国家主義に対抗する民主主義の手段として措定されてきた部分もあるということは否定できないのではないか。基調論考の中にも書いたことですが、「権力に抵抗する反権力という権力」の問題です。原さんの『滝山コミューン』も、まさしくそうした「反権力」のために手段化された子どもたちの在り方を描いたものだと思うんですね。

昨今の、戦後民主主義（教育）批判というのは、リスク社会化の中で社会的に構築されたという側面と、数十年間に渡る「反権力という権力への復讐」という二側面があるように思えます。改正基本法というのは、そうしたリスクの論理と怨念の結節したところで、誕生したものではないかと考えています。

3 「戦後民主主義」と教育

司会　北田さんが論じた「戦後民主主義教育」というのは、西原さんのイメージとかなり重なるものでしょうか。

西原　たぶん、かなり重なっていると思います。原さんの『滝山コミューン』ですが、あの本が出た後、私が言っていることの構造的な背景がイメージできたとおっしゃってくれる方が現れるわけで、ある一つのモデルが実証的にわかりやすく提示されているのだと思います。実は、あのコミュニティが七小で、私は同じ町の五小の出身で、七小の団地の先行モデルとなる団地に住んでいました。その意味で、かなり似通った構造の中で過ごしていた。残念ながら、北田さんや原さんと違って、鋭敏な観察力も緻密な記憶力もなかったものでよく覚えてないのですが、私の場合は七四年に高校に入学していますので、原さんの時代よりちょっと早い時期、恐らく「滝山コミューン」的な教育が体系として完成される前だったのだと思います。それでもたぶん、「滝山コミューン」的なものの申し子という部分はいくぶんか、今の私を規定しているのだと思っています。

ただ、私の目から見た時に、戦後教育という問題よりも、戦後民主主義というものがよく分からないのですね。われわれが大学に入学した頃、まだ全共闘世代の残党がいて、民主主義の主体であることの責任を求める動きが大学の中で完全に消え去ってはいませんでした。ところが、何のための主体性なのかが問題になると、「君は勉強不足だ、もっと勉強したまえ」というご指導を頂くわけです。もちろん、化石化しつつあった全共闘の残党と戦後民主主義は一くくりにできる性質のものではありませんが、その頃までの私が感じ続けてきた民主主義的な主体であれという プレッシャーは、「勉強してマルクスを、○○を読めば世界が理解でき、何をすべきかわかるようになるよ」という構造を含み込んでいたわけです。しかし、そういった主体のあり方というのは、実は主体形成では最初からなくて、既存の権威を受け入れることによって一丁上がりという、信仰共同体の発想でしかなかったのではないか……などと、信仰を共有できなかった私などには思えてしまうのです。

もしかしたら、「滝山コミューン」的なるものが、戦後民主主義教育の逸脱形式であったからこそ、成し遂げることのできた批判意識の涵養というものがあったのかもしれない。だから、原さん自身はアンビヴァレントなわけですね、書き方として。構造を冷徹に看取ってしまう自分を育ててきたのは、その環境でしかなかったということを自分としてどう整理していいのかよく分からな

い。このアンビヴァレントな感じというのは、私にも分かります。権威主義的な反権威主義が何かヘンだ、ということは当時の私にもわかりましたし、たぶん今の私にとっても既存の憲法学の理論を見直す際の一つのエネルギー源になっているのだと思います。

司会　「リスクの源泉としての戦後民主主義」というのは、非常に面白い説得力のある問題提起だと思いました。北田さんの理解されている戦後民主主義というのは、どんなイメージでしょうか。

北田　ネット上とか、ある種の系統の雑誌などの中で批判、というか罵詈雑言の対象となっている「戦後民主主義」というのは、一種のブラックボックスみたいなもので、中身は全然ないんだと思うんです。ただ、内実がないから記号として強い。内実はないんだけれども、とにかくそこからありとあらゆる「現在の悪しきこと」が湧き出ているという図式になっていて、一種の陰謀論に近い理論図式を築き上げています。近年の陰謀論的言説は、全共闘も連合赤軍も共産党も、中核派もフェミニズムも戦後民主主義もみな同根みたいな言い方をしますからね。そのあたりの微妙ならざる差異なんか批判する側にとってはたぶん、どうでもいい話で、とにかく全部、「諸悪の根源＝私生活主義を蔓延させた戦後民主主義」ということになってしまうんだと思うんです。

よくネット右翼の主戦場のようにして語られる「2ちゃんねる」のユーザーは今や、三〇代とかが主流のようです。私と同世代。ユーザーの半数以上を三、四〇代が占めるという。だから、あれを若者のメディアと考えるのは端的な間違いなんです。で、彼らの議論の様子を覗いていると、イメージとしては、〈土井たか子の下で元気だった頃の社会党＋久米宏『ニュース・ステーション』〉的な「反権力」セットが念頭にあって、それが、彼らが「サヨク」と呼ぶものの原像、「民主主義的」なクラスシステムにおける学級委員長のような「正義」を振りかざす「シミン派」のイメージを作り出しているように思えます。

それ以前の歴史意識はほとんどない。だから、たとえば、共産党が終戦直後九条を批判していたなんてこと知るよしもないし、丸山眞男がナショナリズムに留保を付しながらもその肯定的な側面を救い出そうとしていたなんてことも、全然知らない。とにかく〈サヨク＝戦後民主主義＝北朝鮮シンパ＝共産主義＝反権力〉という記号論的等号だけが共有されている。実に観念的というか、記号的な「反サヨク」「反戦後民主主義」なんです。

司会　北田さんが描き出したような思想状況の中で、憲法学は適切な対応をできているのでしょうか。西原さんのご意見をお聞きしたいのですが。

西原　その質問の仕方からして、「できていない」という答えを想定していらっしゃるんでしょうが、なかなか難しい問題ですね。北田さんのお話の中にあった、反権力というものが権力として君臨していることに対する居心地の悪さ、というのは、非常によく分かる意識なんです。それを何らかの形で受け止める枠組みが憲法学の側にあるかというと、十分ではない。これは、「戦後民主主義」そのものを体現してきた一九八〇年代までの憲法学の、その一つの柱を揺さぶる観点なわけですが。

戦後、憲法学は大きく二つの方向性に別れて、一九八〇年代までやってきました。一九七〇年代に繰り広げられた「国民主権論争」という戦後憲法学の代表的な論争で考えると、要するに、民主主義がすべてに優先するのか、それとも、民主主義よりも人権保障を選ぶのか、という二つの方向です。民主的な組織を作っていくことによって、皆の思ってることが国政に反映するのが良いことだという夢を本気で実現しようと思って動いてきた憲法学というのが一方にあったわけです。他方で、民主的といったってすべての人が満足することはあり得ないのだから、多数決によって押しつぶされかねない個人のことをきちんと考えるのが憲法学の固有の役割のはずだと考える憲法学もありました。かなりはっきりした、この二つの路線があったという形で整理できると思われます。

もうちょっとはっきり言うと、一九七〇年代までは――時代を先取りする一部の知性を除いて――民主主義万能論と個人主義とが互いに排除しあう、対立するベクトルだということすら、十分に意識されていなかった、ということの方が事の本質かもしれません。「民主主義」という理念構造の中ですべてが予定調和的に解決される、という強い民主主義信仰があって、それが多数決と個人の尊重の対立を覆い隠していたのです。民主主義は多数決と少数意見の尊重の両方を要請する、とかね。

一九七〇年代の国民主権論争の中で初めて、直接民主主義の留保なき実現は個人の権利から見て有害だということが共通の理解として浸透していったわけだし、多数決と少数意見の尊重のどちらにどう重きを置いて調整していくのか、両者の究極的な対立の中で最終的にはどちらを選ぶのか、などといった問題が、憲法を解釈する人間の主体的な価値選択の問題だと認識されていくわけです。

今から考えると、この認識が憲法学の共通理解になるのが一九七〇年代に入ってからでしかないという事実はびっくりです。戦後二五年間ほど、憲法学のある種支配的な部分が、民主主義という理念構造の中で多数決と個人の尊重が予定調和的に折り合いをつけられると信じていたわけですから。

先ほどの教育基本法の話に戻すと、予定調和的にすべてを呑み込んでくれる民主主義信仰の担い手を育てようと思うと、これはもう確かに、力をかけて特定の意識構造を作っていくような教育が必要でしょう。実際に、先ほどの分類でいう民主主義万能論は、民主主義的な人格を作るのは当然だ、それこそが時代の要請だ、という方向に行く傾向を持っていました。それに対して、人権保障を先に考えれば、何らかの手続で誰かが決めた「正しい」民主主義を押し付けられない人権というものが当然あるべきという形で、防御壁を作れるはずでした。ところが、実際にはギトギトのイデオロギー的な体系である民主主義万能派の「民主主義」が、あたかも民主制国家の運営に関する最低限のルールであるかのような装いで人々の前に出されてくると、個人の自由が主張できなくなる、という状況になります。その意味で「戦後憲法学」として多くの人に受け止められてた憲法学は、どちらかというと民主主義万能論に引っ張られた、「民主主義の主体」を作るための憲法学だった可能性があるわけです。

その夢が一体いつまで続いていたのか。つまり、民主主義を作っていこうという規範意識に導かれた憲法学がどこまで時代と接点を持っていたのかは、よく分かりません。一九六〇年代、六八年に学生運動がピークに達する頃までは、意識の高い学生に対しても何がしかの形で影響力を持ち得ていたのかなと想像するのですが、七〇年代に入り、「戦後民主主義」に託された夢が普遍性を欠いた空疎なイデオロギーでしかないことに人々が気づき始めると、民主主義万能論の憲法学が作り上げてきた言説と人々の意識の間には確実に距離が開いていきます。

一九七〇年代後半に学生になった私にとって、樋口陽一先生の本を読んで出会った「民主主義より基本的人権」という視点は一つの大きな救済でした——それは後に、とんでもない表層的な理解だったことを思い知らされるわけですが。民主主義的な運動の主体であるようプレッシャーを受けながらも、運動として言われてきたことと行われてきたことの落差がほの見える人間にとって、「個人」が自分らしくあることに出発点を求めてもよいのだという当然の指摘は、背負っている十字架を外す役割を果たしたわけです。

憲法学のその先ですが、一九八九年に民主主義的な憲法学は、自分の立ち位置の不安定さに気がつくわけです。つまり、民主主義的な憲法学の下にあった労働者階級は多数派なんだから、民主主義が実現していけば人々、つまり搾取されていた階級は幸せになるはずだという構造自身が東側社会主義体制の終焉によって一九八九年に否定されてしまったと多くの人が受け止めた。たぶん、人々はもっと前にそのことに気づき始めていたのだけれど、憲法学の中ではまだ夢が残っていた。しかし民主主義万能の憲法学も、八九年・九〇年の時点で、「さすがにこれではいかん」と認めざるを得なくなった。

そこから先の民主主義憲法学はいろいろな模索を続けていくわけですが、基本的には、「下からの公共性」をキーワードに、人々が権力に頼らずに連帯して制度を形造っていく過程を重視した憲法学を構築しようとしているように見えます。すべてを単純に個人に帰着させることで最終的にバラバラになっていくのではダメだから、人々をつなげる紐帯をどう作っていくのかを考える、という立場です。そのためには下からコツコツとコミュニケーションを通じて作っていくしかないわけで、その苦悶がもう一度現実のほうに目を向けさせる、非常に緊張感を持った学問的に興味深い営みとして展開されようとしています。ただ、いまだに理論的な完成型に至ったといえる状態でないことは確かでしょう。

他方、それと切り結んできたはずの個人主義的な憲法学がどうなっているのかというと、ある意味では民主主義の力学を前提にして語られてきたところがあるわけで、権力を持つ人々がむき出しの権力者としての個別利害を実現するために弱い立場の人々の権利をないがしろにするような事態にどう立ち向かうかが問われてくると、荷が勝ちすぎていて、なかなか個人主義の論理だけで展望を切り開くことがうまくいかない、という状況に追い込まれているように見受けられます――これは、私の考え方に固有の問題かもしれませんが。個人主義的な憲法学には今、この意味で、本来登るべきじゃない舞台に登ってしまったような違和感、居心地の悪さがあるように思われます。

北田 現今の戦後民主主義批判の紋切り型の議論に、こんな感じのものがあります。つまり、「個を絶対視し公を軽視した戦後民主主義が横行した結果、公的なものの価値がわからない人々が増え、現代社会は危機に瀕している」と。耳にたこができるぐらい使い古された常套的批判のスタイルですが、こうした議論のなかでは、「戦後民主主義＝利己主義」という図式が前提とされているんですね。しかし、実際は「民主主義」というのは「個人主義」というよりは、「民主主義的主体の連帯」を構想するという点で、集団主義的な側面を持っている。「民主主義的主体」の構築を図った教育もそうですが、いま西原さんがおっしゃった「民主主義の憲法学」というのも、そうした側面があったといえるのかもしれません。だからこそ、一定程度「左派」的な理論と共鳴することができ、冷戦体制が崩壊した八九、九〇年に「さすがにこれではいかん」と思うこととなった。紋切り型的な「戦後民主主義」批判者は、戦後民主主義や教育を個人主義だといって批判するんだけど、それはたぶん的を外している。原さんの戦後民主教育批判が説得的なのは、戦後民主教育が「利己主義」だったというのではなく、それが善意に彩られた過剰な集団主義——個を尊重しなければならないという民主的集団主義——であったことを喝破しているからです。

西原　たぶん私を含めて多くの憲法学の素人には、民主主義的憲法学と個人主義の憲法学との区別、緊張関係というのは、なかなか見えにくいんですね。だからこそ、〈民主主義＝利己主義的〉という問題含みの粗い図式が、戦後民主主義批判の文脈で多用されてしまったりする。仕方がないことなのだと思いますが、そういうことが、乱暴に「戦後民主主義」という記号に何でもかんでも放り込んで批判するという風潮の根底にあるように思えます。その区別ができていれば、ブラックボックスのような「戦後民主主義」というものは、そもそも言葉として成り立たないんでしょうね。

4　「リスク」としての子ども

司会　ここで話題を変えたいと思います。先程、北田さんのほうから、「リスク意識としての愛国心」という観点から教育基本法改正を支持する社会的な意識というものが語られたと思うんですが、では、政治の側が今、子どもたちの「心」に関心を持つのはなぜなのでしょうか。西原さんのご意見をお聞きしたいと思います。

西原　リスクという観点は、現在の社会やそこでの政治的言説を読み解く上で、非常に重要な要素だと思います。

私がここで説明してみたいと思うのは、なぜ教育基本法改正に対して、あそこまで国民として抵抗力がなかったのか、ということです。「子どもたちの心が今、危ない」という言葉に多くの人が乗っかってしまったという事実が確認できます。明らかにデータとしては根拠がないけれど、子どもたちを潜在的な犯罪者、潜在的にわれわれの生活を脅かすものだと見る意識があった。つまり、少年犯罪からわれわれを守るためには、子どもたちにきちんとした道徳教育、規範教育をやってもらわなければ困るという観点が機能していたのです。これは政治的に作られたものでしかあり得ないわけですが、なぜ人々はそれに乗っかっていったのか。そこで不安が動員されていくメカニズムというのが興味深いのです。これはもちろん社会学の課題なので、教えていただきたいという意味を込めて問題提起してみたいと思います。

もともと、不安に反応して安全を求めようとする心理から「心の問題」に行き着くという構造は、ミシェル・フーコーが監視ということがらのもつ意味を明らかにして以来、知の世界では共通する認識となっています。つまり、不安要因となる他者を監視することによって安心しようとするわけですが、そこではお互いに共通の規範を内面化できているかどうかが問題になる。だから、監視は相互監視になり、自己監視になっていく。

「子どもたちが危ない」という話が出てくる時も、規範の内面化が大きな要素として注目されていきます。「俺たちがこれだけ我慢しているのに、あいつらは同じ規範を持っていない、とんでもない」と、他者が同じ規範を内面化していないことが不安の源泉となり、非難の原因となっていく。そこに、心の問題というのがどうしても見えてきてしまいます。つまり、単に自分に迷惑が掛からなければいいだけじゃなくて、コンビニの前で座ってペチャクチャしゃべりながらお菓子を食べていること、それ自身が攻撃対象になるのは、社会にいる以上は持ってなきゃいけない共通のルールが内面化されてないということに対する大人の側の苛立ちが正当性を持ってしまうからなわけです。そして、彼らがコンビニの前でお菓子を食べていると、われわれの安心感が害されてしまうんだという直線的な結び付きが作動してしまう。だから、皆が共通の規範意識を共有することによる安心感を目指して、国家という権力主体による教育に人々が期待を寄せてしまうことになります。

これは先ほど、北田さんがおっしゃった、「愛国心を自分は十分に持っているけれど、他の人が不十分である」という認識とつながっています。学校で愛国心教育をやることがいいことかと問われれば、自分がある程度の愛国心を持っている以上、誰に対しても「それはいいことだ」という評価になってしまう、というメカニズムです。

しかしこれは、それほど単純な話ではありません。我々が生きているのは、やっぱり包括的な価値観を全員が共有している閉じた共同体ではなく、多様な文化や多様な思想を内に含み込んだ、開かれた社会なわけです。コンビニ前の寄り合いも、井戸端会議と比較可能な、一つの年齢グループにだけ共有された一つの文化的事象かもしれません。そうした意識の多様性・多元性を踏まえて憲法学は、「個人の自律」という言葉を使ってきました。一人ひとりが内面化するルールは各人で違っている、ということを自覚的に前提にしてきたのです。

憲法学の想定する「個人の自律」というのは、各人がそれぞれ自分なりの生き方を一貫した形で作り、その際にそれぞれに自分なりのルールを内面化していくことを想定したものでした。価値観の多様性にもかかわらず人々の平和共存を実現するためには、国家が中途半端に道徳的な権威になって混乱を持ち込んだりせずに、個人が責任をもって自律していけるよう、そのための条件を自由の保障によって追求するという道を選んだのだ、とする発想です。

それに対して、自律の結果として同じ行動様式を取るのが当たり前なのだという形の道徳的なプレッシャーが作動し始めると、社会全体が異端者の排除を基本原理とすることに向かってしまいます。ところが、どんどん異端を排除していっても、とにかく「このルールは絶対的に正しい」という規範的なコア（核）が社会の中にないわけですから、同調圧力が強まって次第に軽微な逸脱さえもが排除の理由とされるようになり、誰もが排除される不安にさいなまれながら、最終的には誰も――もちろん大人たちも、「善良な市民」だと思っている人々も――心の平安を得られはしない、という流れができあがってしまうわけです。それがわかっていながら、人々は本当にそういう枠組みを受け容れているのか、受け容れようとしているのか、なぜなのか。教えていただけると幸いです。

北田　教えるなんて不可能ですが（笑）、二つぐらい論点があるかと思います。内面化という問題と、子どものリスク化とでもいうべき問題。子どものリスク化という部分に関して言うと、ここ十年でドラスティックに変わってきていることだと思います。昨年（二〇〇六年）、社会学者の浅野智彦さんが編者となって若者についての調査をまとめた本（『検証・若者の変貌』勁草書房）を出版されています。浅野さんはずっと若者について実証研究をされてきた方ですが、彼によると、九〇年代以降、若者に関する言説の話法が変容してきているという。八〇年代には「新人類」言説のように、若者を持ち上げるようなプロ若者的な言説のあり方が多かったのに、九〇年代になると、若者をバッシングに近い形で外部化・危険視していくタイプの言論が増える。何がきっかけになったのかはよく分かりませんが、九〇年代末〜二〇〇〇年代はじめ頃、神戸連続児童殺傷事件とか西鉄バスジャック犯を受けて、立て続けに「一四歳」、「一七歳」とかいうキーワードができてきて、動機がよく分からない若年者の凶悪犯罪がクローズアップされましたね。そこらへんが、若者のリスク化言説が一般化する契機だったといえるかもしれません。言うまでもなく、動機の分からない若者の凶悪犯罪は実は昔からあるんですけれども、あたかも、その時になって急激に出てきたかのような印象が広まり、若者をモンスター化していった。

そして、子どもをひとしなみにリスク化、「化け物」化した上で、それに対して道徳的にバッシングし、世論を喚起、しかる後に何らかの形で法的・政治的な対策を練っていくというマッチポンプ的な構造ができあがった。「若者犯罪の凶悪化」を示す根拠が貧弱であるにもかかわらず、です。少年の凶悪犯罪に関していえば、社会学者の多くは「凶悪化とはいえない」ということでほとんど一致している。ちなみにこれはパオロ・マッツァリーノ『反社会学講座』のなかなか皮肉の効いた議論からの引用ですが、「戦後一番キレやすかった」——統計上の少年凶悪犯罪件数が最も多かった——のは、「昭和三五年の一七歳、つまり昭和一八年生まれ」ということになる。強盗に関して言うと、昭和二三年。「教育勅語の有用性を訴える老人がいらっしゃいますが、なんの効果もないことが証明されました。人間、食うのに困れば、盗みを働くのです」(http://mazzan.at.infoseek.co.jp/lesson2.html) というわけです。昭和三五年当時に「一七歳」だったような人たちが、件のマッチポンプ的構造を支持する主体となっているようにみえる、というのはなんとも皮肉なことです。九〇年代バブル崩壊後の社会不安の上昇など、色々と背景はあると思いますが、いずれにせよ、「若者」が社会的に解決すべき大きなリスク要因の一つとして認定されていくわけです。

で、「若者を変えるには、教育、道徳教育を変えるしかない」という非常に単純な図式が信憑性を持つようになり、教育改革が叫ばれるようになる。そして、教育再生会議のようなものが作られる。朝日新聞で苅谷剛彦さんがおっしゃっていましたが、「雇用制度を議論する審議会に労働法学者がいなければ、世の中は批判するだろう。しかし、教育問題では、専門家は不要と思われている」。つまり、統計的な実証調査を踏まえた専門的教育学者が蚊帳の外なんですね。そうした事態を苅谷さんは「戦後教育学の敗北」といっている。「教育」というのはどういうわけか、誰でも語れる道徳談義のように捉えられてしまっている。「教育についてては、データなんか関係なく議論できるんだ」という妙なコンセンサスができあがってしまった。社会科学的な発想というのは、道徳の圧力の中で無用のものとされていってしまっている。こうなってしまったら、「今の若者は別に凶悪じゃないし、友人関係も希薄化してないよ」といっても無駄です。「いや、そういう予兆はあり、その芽を早く摘み取っていかなくてはならない」という未来予想図論法に負けてしまう。子どもがあらゆる不安を集約する、ブラックボックスになってしまっている。「子どもの教育が悪いんだ」と言えば、経済問題も外交問題も少子化問題もすべて分かった気になってしまう。道徳というのは定義的に反証を免れるものです。私は別にポパー主義者ではありませんが、反証可能性を凌駕する道徳主義の広がりには肌寒いものを感じざるをえません。

このことと、第一の論点、子どもたちの内面の管理というものが密接に連関してくる。子どもたちをフーコー的な意味で主体化させていこうというような指向というのは、これまでもずっとあったのでしょうけど、現在の動向は、もっと露骨な感じがするんですね。子どもたちをリスク因子として見て、彼らから「我々」を守るにはどうしたらいいのか、という一種の人間工学的なロジックに基づいて、子どもたちを管理の対象にしようとしているように見える。

素人考えで申し訳ないんですけれども、「通信簿に付けたところで、本当に愛国心が芽生えるの?」という単純な疑問をどうしても私は抱いてしまうんです。もちろん、そういうことを公の機関がやるということは大問題だとは思うのですが、「もしかしたら実は、子どもの内面に愛国心が芽生えるかどうかなんてどうでもいい問題だと「かれら（推進派）」自身が思っているんじゃないか」と思ってしまうんです。自律的主体云々以前に、推進派は、子どもたちをもう内面すら持ってないものと見てるんじゃないか。ある種のエンジニアリング的な発想の下で、リスクとしての子どもの危険性を低減させていこう、ぐらいの意思しか感じられないんですよ。

これが、フーコー型の規律訓練権力だと、対象=主体としての子どもにもう少し主体的に従ってもらわなきゃ困るわけですよね。ところが、最近の教育談義を見ていると、内面を主体化させていく、主体的に従属させていくというメカニズムそのものが断念されているような気も多少するんですね。そうじゃなくて、〈対象としての子どもXに、愛国的な記号を放り込み、とにかくアウトプットを出し報告せよ〉みたいなレベルになってきてしまっているような気がする。子どもが本当に愛国心を持つか否かよりも、観察者たる先生たちの報告可能性の強化のほうが重要視されているのではないか。外的な報告可能性が重視されているのだとすれば、それはフーコー的な内面化とはだいぶ違った構造を持つ権力のあり方です。官僚工学的といってもいいかもしれない。

司会　北田さんにお聞きしたいんですけれども、教育基本法改正を推進した層とか、安倍首相もそうですし、また、安倍首相の取り巻きにもわりとナショナリスト的な言説を使う方がいますよね、ああいう方々の思考と「2ちゃんねる」とかに現れるナショナリズム的な思考って、シンクロしているんでしょうか。それとも、あんまり関係ないものでしょうか。

北田　どうでしょう。まず「2ちゃんねる」をひとまとめにして語るのは難しいところですし、たとえそれがある程度特定できたとしても、保守系の政治家周辺のナショナリズムと重なるものなのかどうか、調べようがないので何ともいえない、というのが正直なところです。大学生を対象とした調査やウェブ調査をしても、いわゆる「ネット右翼」的な傾向を持つ人たちは実数としては本当に少ないので、社会学的にはなかなか分析しにくい。とはいえ、一定度「ネット右翼」的な言動がネット上で目につくのも事実で、私が色々とネットを徘徊してみた限りでの印象をいえば、彼らの多くは、政治思想としてのナショナリズムへと肯定的にコミットしているというよりは、「ナショナリズムを批判する人を批判する」という立場をとっているように思えます。奇妙な言い方になりますが、アンチに対するアンチ、「反アンチ」主義なんですね。「反権力」を標榜する権力・権威を批判することにより、反権力より上位のポジションに自己を同一化する。そうした屈折を抱えた反・反権力と素朴な権威主義とを同一視してよいものかどうか、私は疑問に思っています。

以前「2ちゃんねる」では、イラク人質事件の被害者へのバッシングの嵐が吹き荒れましたが、そうしたバッシングは小泉訪朝を批判した「拉致被害者家族連絡会」に対してもなされた。「家族会」を保守寄りなどというつもりは毛頭ありませんが、このバッシングに困惑した保守派もいたのではないでしょうか。サイバーカスケードはイデオロギー的には右にも左にもふれる。「反・反権力」というのは、なかなかに屈折した立場です。それに対して安倍首相のナショナリズムは実にすがすがしく直球的なもののように思えます。個別的な政治的主張では両者は重なることが多いとは思いますが。

司会　基本的にはシンクロしているということですか。

北田　そうですね、イデオロギー的には共鳴関係にあるといえるかもしれない。でもどうなんでしょう、最近あまりネットを見回っていないので分かりませんが、「ネット右翼」的な人たちは安倍さんの「バランス感覚」にがっかりしているんじゃないでしょうか。

司会　変な言い方ですけど、安倍さん的なナショナリストは実は、ネット上に集う人たちをある種、目の仇にしている可能性も高いわけですよね。

北田　かもしれません。もちろん、安倍さんご本人がどうお考えなのかは存じ上げませんが、ナショナリスティックな志向性をもった高齢の方のなかには、ネットを犯罪の温床みたいに捉えている人も少なくないでしょう。これまたイデオロギーの左右はあまり関係がなくて、左派的な人たちの中にもそうしたネット観を共有している人も少なくないのですが、「ネットなんかどんどん取り締まれ」

的な考えを持った人たちと、ネット上でナショナリスティックな言説を生み出している人たちとのあいだに、表面上、奇妙な共鳴関係が成立してしまっている、というのはあると思います。

ただ、その共鳴関係に軋みが走っているのも確かです。上野陽子さんと小熊英二さんの『〈癒し〉のナショナリズム』(慶応義塾大学出版会)は、「新しい歴史教科書を作る会」の地方支部の草の根ネットワークの中に、二つの層があることを指摘しています。一つは保守的な政治信条を持つ高齢者。この人たちは本当に「素朴な」と言ったら失礼かもしれませんが、素直な愛国者なわけです。しかし若い人たちは、どうもノリが違う。彼らの話が盛り上がるのは、朝日新聞に対する悪口のように、ある種の記号、反権力という権力の記号に対する批判で盛り上がっているときなんですね。素直なナショナリストと反・反権力としてのナショナリスト。前者はもしかするとネットを闇の世界として捉えている可能性もある。両者は実は同床異夢にあるのかもしれません。

5 「エンジニアリング」という発想

西原　エンジニアリングの発想での人間管理ということは非常に面白い点だと思いました。憲法学というのは基本的に、国民は操作の対象じゃなくて、それぞれ意思を持って活動している、一人ひとりの人格性を持った存在だと考えますので、エンジニアリングの対象として操作が上手くいけばいいんだという発想には根本的な違和感を持つわけです。しかし、人間の操作という手法は、過去においても現在においても、ある種のリアリティを持つわけです。たとえばファシズムなんかが最もうまくいった操作の例と言われるのですから。

しかし、工学的な発想へ、そして目的合理性すら怪しいエンジニアリングの発想へと政治的な支配層が転落している「今」というのは、どういう特殊性があるのでしょうか。何かすごく違和感があるのです。違和感というのは、「君が代」を歌わせておけば、あるいは通信簿で愛国心に点数を付ければ政府の思い通りの人格になるのかといったら、そうじゃないはずで、それでもそんな馬鹿げたことが起こるのは、要するに真面目に考えてないからなのか、あるいは、「子どもたちに愛国心を持たせなさい」という国民の声があるからしかたなくアリバイ的に「教育改革やってみました」ということなのか、それとも、本気で信じてるのか。そこが分からないのです。

司会　「日の丸・君が代」に対する東京都教育委員会の、あの欲望の出所が僕にはよく分かりません。

西原　その出所は単純です、教職員組合潰し以外の何ものでもない。組合が潰れて、「新採さん」たち＝新任の教員たちが教育運動としての組合を通じて教育の何たるか、教師の何たるかを学ぶのではなく、教育委員会が進めるお仕着せの「官製研修」だけを受けて、教育委員会の言うことは何でも正しいと信じられるようなナイーブな先生になってほしい。そのための環境を作るために、とにかく教師の何たるかについて一家言持っている先生たちの影響を全部排除するというのが、あのモチベーションであることは間違いないと思います。

司会　そのことによって、どういう学校を作りたがっているのでしょうか。何かイメージがあるのでしょうか。

西原　そこですよね。僕もそこが分からないんですよ。要するに邪魔者がいなければ、自分たちの思いはすべて伝わる筈だというところまでは彼らも想像力が及ぶわけだけれども、じゃあ、その段階で子どもたちに責任を持って伝えられる何かを持ち合わせているのかということについては、全く無反省なわけですよね。

とすれば、そこに行っちゃった時がものすごく怖いわけです。権力を持っている以上は一応、アリバイが必要なので、何かやったフリをしなきゃいけない。やってしまった時に、整合性が求められるとすると、ものすごく筋の通った組織的、外形的なインドクトリネーション（教化）が行われてしまう。そうであることによって、結局、世の人々たちの声にも応えられる訳ですよね。「子どもたちの心がおかしい。何とかしろ」、「はいはい教育で、何とかします」、「まだなってないじゃないか」、「すいません、まだ足りませんでした、もっと一生懸命やります」という循環関係で、正当性だけは常に担保されている。

司会　目的合理性から考えると、本当に意味があるのかと思いつつも、どんどん操作可能性だけは高めていくという話になるのでしょうか。

西原　でも、操作可能じゃないわけでしょう。

司会　それでも、操作可能であるという前提を覆してしまうと、彼らのやっていることの正当性が失われてしまう。だから、子どもは教育によって教化ができるということを言い続けなきゃいけない。

西原　実際にある種の教化は機能しているのかも知れません。「心のノート」に関して指摘されたことですが、望ましい答えに誘導しようとするマインド・コントロール手法は道徳的な観点においてうまくいかない、子どもは内面を閉ざしたまま、望ましい答えを書き込むだけの冷徹さがある、という指摘が一方にありますね。ところが他方、そのような形で嘘をつける人間を育てることに、心の教育の推進者にとっての一定の狙いがある、という説明も提起されていました。要するに、内面的な評価基準を棚上げして、外部的行為として要求されたことには従う、その外部的忠誠の能力こそが「心の教育」の真の課題なのだ、という解釈です。確かに、「心のノート」に平気で正解を書き込める子どもは、将来、内面的な規準を棚上げして上官の命じるとおりに「敵」を殺せる有能な戦争ロボットになれるかもしれないわけです。政策担当者の意図に対するかなりの深読みですが。

北田　エンジニアリング的なものというのは、様々な領域で議論できますね。情報技術がその典型です。ローレンス・レッシグの言葉を借りれば、一番分かりやすいとは思うんですけれども、法とか規範とか市場とかではなくて、アーキテクチャとかを定めてしまえば、本人たちが何を考えていようが、どのような規範的コミットメントをしていようが、関係ない。コミュニケーション構造そのものは、もうアーキテクチャで決まっちゃってるから、あとはご自由にどうぞという形というのが、エンジニアリング的支配の極点です（『CODE——インターネットの合法・違法・プライバシー』翔泳社）。

教育というのは——近代的、という限定を付けるべきでしょうが——本来構造的にそうした支配の形態を受け付けないようになっているはずなんです。子どもがXを覚えたからといって、その子どもがXに対して主体的にコミットしているとは限らない、つまり教師によって観察可能な外的成果と内的な主体性とが一致していない可能性があり、その不一致の可能性をできるだけ低減させていく、というのがある時期以降の教育的欲望の基本パターンの一つとなっているわけです。そういう思考をとるかぎりにおいて、アーキテクチャによるコントロールという発想はありえない。愛国心評価というのは、実効性の薄いアーキテクチャ的コントロールのようなもので、とにかく、子どもが観察可能な形でXにコミットしている素振りをみせればいい、本当にXにコミットしているかどうかは関係ない、という感じがする。子どもよりはむしろ観察者たる教師に対するコントロールを図ったもののようにしか私には思えません。

同じようなことは「官製フェミニズム」なんかについても思うことで、ジェンダー・チェックリストみたいなものを子どもにやらせたところで、本当にそれで「あなた方の目指す社会というのができると思うのか」と思うんです。アーキテクチャというよりは、中途半端な人間工学、官僚的なエンジニアリングといっていいかもしれません。

「心のノート」にしても「ジェンダー・チェックリスト」にしても、全くの善意でやっているんだと思うんです。もっと露骨に「子どもの心を操作してやろう」とか、「内面を変えてやろう」という感じで、悪意を読み取ることができれば、まだ抗うに値する権力として見えるんだけれど、そうした悪意が微塵もないから、逆に抗うのも難しい。官僚的なエンジニアリングは、権力の様式としてははなはだ中途半端なものなんですが、その悪意のなさゆえに抗いにくい。そこが逆に面倒なところですね。

子どもをリスク視したうえで、アーキテクチャ的にコントロールしようとしているのだが、教育においてアーキテクチャの論理が貫徹されえない、つまり内面の涵養に関わらざるを得ないがゆえに、何とも半端な、折衷的な人間工学が幅を利かせてしまっている。イデオロギーの如何をとわず、現在そんな状態にあるように思えます。

6　「戦後民主主義」と「国民国家」

司会　「戦後民主主義」というものについては、ある程度の議論をしてきましたが、ここで、戦後民主主義とナショナリズムの関係について考えてみたいと思います。まず、北田さんから問題提起をして頂けますか。

北田　戦後民主主義という言葉自体がそもそも他称的なレッテルとして機能しているので、正確に位置付けるのは難しいと思います。大塚久雄と丸山眞男を採り上げてみたところで、全然タイプの違う論者なわけで、一緒に括ったところで意味はありません。重要なのは、「戦後民主主義」というほとんど無内容な記号が、その無内容さゆえに、ある時期以降——おそらくは一九六〇年代以降——非常に重要な政治的意味を持つようになったということです。先ほども述べたことですが、「戦後民主主義」というのは、確固とした立場として立ち上がったことは一度もなく、何らかの、しばしば明確な言語によって表現されることのない不安や不満の「原因」として常に構成されてきた記号といえるでしょう。だからこそ、時代時代によって戦後民主主義の対概念は変わってくる。丸山や大塚のような人をさして言う人もいれば、なかには社会党や日教組を含みこんで使う人もいる。最近の「ネット右翼」的な人にかかれば共産党だってフェミニズムだって、戦後民主主義ということになりかねない。批判言説に共通して込められているのは、「独善的で硬直的な人々」といった否定的ニュアンスでしょうか。「民主を謳いながら、民衆から遊離した独善的な人々」。反権力的エリートに対する批判の常套文句となっているとすらいえるかもしれません。吉本隆明に影響を受けた全共闘の丸山批判にしてもそう。むしろ全共闘こそが、皮肉なことに今日の保守陣営による戦後民主主義批判のフォーマットを一般化したといえるかもしれません。

戦後民主主義というのが批判者にとっては、非常に独善的な主知主義的に見える。それは合理的であることを標榜するがゆえに、感情的なものとか、情緒的なものを捉えていないというふうに解釈されてしまう。もちろん丸山は実際にはパッション溢れる思想家だったわけですが、官僚主義的な主知主義者の代表者として位置づけられていく。特定の立場を「合理主義」「主知主義」「理知主義」と名づけたうえで、その乗り越えを図るというのは、戦前の「近代の超克」などでも採用されていたフォーマットですね。戦前に「西洋的なもの」といわれ、超克・批判の対象となったものが、戦後には一定の期間をおいて「戦後民主主義」へとスライドしたという感じでしょうか。粗い知識社会学的考察は控えたいところで

すが、後発先進国たる日本ではこの手の言論スタイルが手をかえ品をかえ繰り返し出現し、一定のポピュラリティを獲得しているように思えます。

こうしたある意味陳腐な伝統ともいえる「主知主義vs反主知主義」の対立は、現代にも変奏した形で現れています。基調論考にも書いたように、九〇年代以降の人文系思想空間において大きな役割を果たした思潮の一つに「国民国家批判」がありますね。エリック・ホブズボームやベネディクト・アンダーソンの議論に導かれ、ネイションステートが「構築」されたことを歴史的に描き出していく立場です。ロマン的、非歴史的な共同体像、国家像を解体していくという点において、まさしく「主知主義」の王道を行くものといえるでしょう。

それはそれで非常に重要な仕事だと思うのですが、ただ、人々にとってそういう解体作業、脱構築作業というものがどこまで魅力的と映るか、疑問なところです。同様の社会構築主義的な解体作業はたとえば性差などについてもなされてきましたが、「自然的と思われている自然的性差（sex）は社会的に構成されている」「昔から続いているように思われている国民国家は近代の所産だ」といった相対化の作業が、政治的にどのような効果を持ちうるのかということは、その言説の真理性とは別の次元で考えておいていいことだと思います。実際、九〇年代半ば以降の一〇年間は、そうした相対化作業に対する「バックラッシュ」が吹き荒れた時期でした。まさしく「主知主義vs反主知主義」図式の反復です。

そうした「バックラッシュ」を非合理なものとして片付けるのもいいのですが、あくなき相対化——主知主義によるパッションの抑圧——に耐えられない人たちも少なくない、というのもまた政治的な事実でしょう。だからといって情緒に寄り添え、というつもりは毛頭ありませんが、そうした事実の水準をどう受け止めるか、というのは構築主義的立場に立つ人は考えなくてはならない状況に入りつつあると思います。

西原　たいへん重要なご指摘を頂いた気がします。つまり、戦後民主主義というものがパッションを欠いたモデルでしかなかった。ある種そうだと思うんです。そこでは、戦後憲法学の描いていた「民主主義」というのは一体どういう射程のものだったのかという問題が出てくるのです。

私に言わせれば、もともと民主制の中にパッションや情念を解放する場所を求めるのは最初から無理、なにせ民主制は、別の場所でそれぞれパッションを燃やす人々が熱くならずに平和共存できるようになるための冷却装置なのだから、ということになります。ところが、戦前の全体主義によって隅々まで行き渡る抑圧を体験していた世代の中には、同じような勢いで社会の隅々まで人間解放の理想を実現する力を「民主主義」に託す人々が現れてきたわけです。単に国家の仕組みの中に民主的手続原理を組み込むことに留まらずに、ですね。民主制はあくまで公共空間に関わるコミュニケーション様式であって、私生活を律しきるような共通の価値理念としての地位を認められるようなものではない、という公私区分の意識は、そこでは常識化はしなかった、ということだったのだと思います。

ドイツ憲法学の議論の中に「社会の民主化」という観念があって、論争的なテーマとなっています。社会を民主化することは憲法学のテーマになるのか、ならないのか。「ならない」と言う人たちもかなりいます。この立場――ベッケンフェルデを代表格とするこの立場に倣っていうと、憲法学というのは本来、国家と国民との関係を扱っていたはずで、国民がプライベートにおいて何を目標にどんな人間関係を造っていくのかについて、基本的には憲法学だとか民主制論だとかは口を出してはいけないはずだ、という命題が成り立つ余地があります。にもかかわらず、戦後憲法学の中で、単にパブリックな空間における人間についてだけではなくて、時として私的空間を含めて包括的に人間のあり方が語られてきた。そういう主張が実在していたし、今でも理論的な影響を持ち続けている点において、私にとっては、「戦後民主主義」はやっぱり「無内容な記号」ではなく、実体をもった存在なのです。

ただもちろん、こうした形で私生活を律する価値原理として「民主主義」がせり出してくることに対しては、違和感を持つ人々が現れるのは自然です。パブリックな場面で用いられるべきコミュニケーション様式が、私的な世界の中にまで入り込んで、一般的・拘束的な行動モデルみたいに扱われ出したら、拒絶反応が生じるのはある意味、当然のことなわけです。その意味で、戦後憲法学は公私の空間の区別をきちんとやってきたのか、公私の境界線をきちんと提示できていたのか。戦後民主主義の行動モデルの適用範囲の設定をきちんとやらないで、民主主義的な接し方や共同体意識、あるいは国家意識の問題というのを先に語ってしまったのではないか。そうだとすれば、常に国家というものに対するいろんな意味での過大評価、過剰負荷が生じてきてしまうわけです。

北田　「公的」な水準の事柄をそのまま「私的」な領域に拡大適用してきたのではないか、「私的」の私的なあり方を尊重してこなかったではないか、ということですね。文脈はだいぶ異なりますが、吉本隆明の丸山批判とも通じる論点かもしれません。重要なご指摘だと思います。というのも、現今の戦後民主主義、日本国憲法批判のレトリックのなかで、「戦後民主主義（憲法）は、私的なことばかりを強調して公的価値を軽視してきた」というものがあるからです。事態はたぶん逆なんですね。「私的なことばかりを強調してきた」のではなく、「私的な領域すら公的な＝民主主義的な論理で包摂しようとした」からこそ、現在反発の対象となっている。

「公的＝お上／私的＝民主主義」みたいな図式を持っていて、「個を滅して公に尽くすべし」などという人は別として、たとえば原さんなんかは「民主主義の集団主義」への違和を表明されているわけです。原的「戦後民主教育」批判と、保守的「戦後民主教育」批判は、完全に同床異夢です。前者は、戦後民主教育が「集団主義的」であったがゆえに批判するのに対し、後者はその「個人主義」を批判する。いや、前者は「個人主義という集団主義／公主義」への違和からスタートしていると言ってもいいかもしれない。原さんの議論は、「戦後民主主義の行動モデルの適用範囲の設定をきちんとやらないで、民主主義的な接し方や共同体意識、あるいは国家意識の問題というのを先に語ってしまったのではないか」という西原さんの問題意識を共有しているわけです。

7　平和教育の行方

司会　今までかなり愛国心と教育、戦後民主主義ということに関して話してきたんですが、視点を変えてみると、では、たとえば平和教育は今後どうなるんだ、という問題もあるような気がします。戦後六〇年を過ぎて、戦争体験を持つ人がどんどん減っていく中で、「戦争体験の継承をどうするんだ」ということを真面目に考えている人は、平和運動をしている方々の間にはかなりいると思います。しかし、平和教育というのもある意味では、価値観の強制とまでは言わないにしても、教化（インドクトリネーション）の側面はあるわけです。ですから、今まで議論してきたことを踏まえて、後世に「平和への意志」を伝えていくなんてことは可能か、あるいは、許されるのか、といった問題を議論できたらと思います。

西原　従来の平和教育がうまくいかないのは、日本の現在の状況において、ある種、必然的だと思うので、「平和への意志」をどう将来に受け継ぐかというのは、ものすごく難しい問題提起になっています。

まず、うまくいかない理由からいくと、平和教育の手法の問題なのですけれども、被害者性、加害者性という二つの観点に分けてしまうと、これまでの平和教育の実践の中で、被害者性の伝達についてはそれなりに実績を持っています。たとえば、原爆教育がその典型なわけですけれども、戦争というのはこれだけ酷い被害を生むんだという教育は、一定の効果を上げてきているわけです。他方、加害者性の部分をどう子どもたちに認識させ、そして、その加害を生まない自分たちをどう作り上げていくかという教育がどこまでやってこれたのかが、実は問われているのだと思います。

国内に加害遺跡があまりないという国柄です。加害教育として戦争を反省するという部分の主体性の形成がどうだったのか。その辺をきちんと位置づけておかないと、現代的な状況に置きなおした時に、平和教育は必然的に空回りし始めてしまいます。一つの転機は一九九一年の湾岸戦争でした。あの時の映像というのは多分、日本人の戦争イメージをかなり根本的に覆してしまった。「ピンポイント爆撃」という言葉があの時代から流通し始めるわけですけれども、戦争というのは、ピンポイント爆撃をする人たちと、その対象である軍事施設の間で行われるものである、という戦争観です。もちろん、時々「誤爆」というのはあるわけですが、それが例外的なものとされる。絨毯爆撃的な戦争観とは別のものがインプットされてしまったのです。

そうすると、今後、日本が戦争にどんな形で関わるのかというと、どこかの国の悪い奴が悪いことをやった時の制裁戦争に関わるだけで、それ以外の戦争への関わり方を日本はしないという認識がある。そして、少なくともアメリカとの軍事的な同盟関係を大事にしている限り、日本に上陸戦を敢行する国はどこにもいない。そういう目でしか戦争を見ていないときに、戦争被害の深刻さをメッセージとして訴えても、反応を呼び起こせなくなるのは、ある種必然だと思うんですね。

東京大空襲であれ、広島・長崎であれ、それらはあくまでも、二〇世紀型の戦争のやり方が下手だった時代のモデルであって、そんなバカな戦争は今、誰もやらない。日本に敵対する変な国はそういう戦争を始める可能性があるけれども、だからこそ、そんなヘンな国は早々に潰してしまえばいい。「正義の戦争」というのは、一般住民にあまり被害をもたらさない戦争だ。この認識が流布してしまうと、戦争被害を強調する教育が行き詰るのは当たり前です。そのことに気づかずに同じ平和教育を繰り返せば、平和教育は馬鹿げているという軽蔑を生むのが関の山です。

ですから、平和教育なるものに意義があるとすれば、戦後初期にやるべきでありながら、たぶんきちんとはできていないこと、加害に対する教育の本格的導入に進まないといけないのでしょう。しかし、少なくとも、教育実践としては、そういう例はあまり作られてこなかった。この六〇年間の欠落は現状において、新しい平和教育の道筋を構築する手掛かりがどこにもない状態を作ってしまいました。

しかし、ここにはすごく難しい点があります。現代のわれわれが「日本人の戦争責任」という問題をどう認識するのか。この部分こそ、実はナショナリズムそのものの課題なのです。つまり、「日本人」という主体がなければ、「日本人の戦争責任」を語ることもできない。「日本人の戦争責任」というものを考える時には、「世代を超えて連続する一つの主体としての日本人」というものを何らかの形で構築しなければなりません。「祖父の世代がやったことなのに、なぜわれわれが謝って回んなきゃいけないのか」という疑問に対してきちんと応答できるような、「日本人という主体」の形成にどうやら、戦後民主主義は成功してこなかった。そこに平和教育のアキレス腱があります。

これからしゃべることは、私自身の考え方というより、むしろ四七年教育基本法との関係では民主教育を強制してもよいと考えていた人々の、そこで目指すべきだったはずの教育のあり方の問題、憲法理論との関係では個人の自由よりも優先する民主主義の秩序というものがあると考える人々の、そこで作り出されるべき民主的秩序の内容の問題です。要するに、強制のない理性的な討論に足るようなきちんとしたモデルすら形成されていない。つまり、国というものを自分の帰属点として選びたい人たちというのは、常にある程度のパーセンテージで存在するでしょう。日本社会の中でも、「自分は日本人なんだ」ということに頼りたいという潜在的な願望を持つ人がいるわけです。しかし戦後、そうしたナショナル・アイデンティティへの願望を動員できてきたのは保守的な運動に限定されてきた。本来であれば、愛国心論としてしか民主主義が成り立たないところがあって、自分たちの共同体なんだから、自分たちで責任を持って、自分たちで良くしていく。それが――共和主義的な言い方になりますけれども――民主主義的な徳である、良い悪いは別にして、そういう回路が多くの国にはあります。コミュニタリアニズムも共和主義もある意味、民主主義陣営の言説であって、決して保守派の言説ばかりではないわけです。

そういう意味での共和主義的な愛国心というものを、日本の民主主義陣営はモデルとして提示できないできたわけだし、私としては、戦争責任問題をスキップしてしまったところに躓きの石があったような気がする。戦争責任を引き受ける「われわれ日本人」というものの構築をせずに、戦後の民主主義の建設を始めてしまったことの問題がここにあります。一方で、そういう形での「民主主義的な愛国心」というものが当然あることを前提にして初めて、「愛国心を持たない自由」を想定するべきかという問いが本格的な意味を持ってくるわけですが、そういう問いが成り立つ前提を欠いたままで、愛国心問題というのが出てきていることの不思議さというものを感じます。

北田　私が受けてきた数少ない平和教育を思い起こしてみても、基本的に二〇世紀型の戦争を前提とした形で行われていたように思います。一方で、湾岸戦争以降、西原さんが指摘されたように戦争の「バーチャル化」とでもいうべき事態が生じてきています。二〇世紀型の戦争は程度の差はあれ、視覚的にその悲惨さを伝えることができるわけで、平和教育というのも視覚表象に準拠した形で行うことができていた。しかし、湾岸戦争にしてもイラク戦争にしても、そうした視覚性が決定的な形で希薄化しつつある。それは視覚メディアと物語性を基本フォーマットとしてきた平和教育にとっては大きな問題だと思うんです。

これは単に「視覚メディアで伝達することが難しくなった」ということだけを意味するものではありません。戦争の対象と論理が、きわめて抽象化・バーチャル化しつつあるということに関連しています。先ほどの話とも関係することですが、イラク戦争以降盛んに喧伝された「テロリストとの戦い」というのは、戦争の対象および戦争の理由・論理の抽象化を意味します。「テロリストとの戦い」の根拠は、不可視の——つまり国家のような明確な単位性と実体を持たない——「敵」「悪」を、私たちの日常世界に対する脅威、リスク要因とみなしたうえで、そのリスクを解消しなくてはならない、というものです。資源獲得や国家の大義名分の敢行というよりは、リスク処理、セキュリティ。大義やイデオロギーはむしろセキュリティの論理に従属している。セキュリティはイデオロギーに関係なく維持されるべきものとされる。だからこそ、セキュリティの論理に駆動される戦争は、国境をいとも簡単に越えてしまうわけです。アメリカの国内セキュリティの問題は即座に世界レベルでの安全保障に短絡されていく。大義や資源的利害、イデオロギーに基づく戦争であれば、それを批判するのは比較的容易です。イデオロギーや大義の「間違い」を反省すればいい。しかしセキュリティの論理——その多くは政治的に脚色されているわけですが——を批判するのは容易ではない。そこに現代の平和教育の難しさがあるかもしれません。

たとえば、平和教育をしている先生が、「でもテロリストがいたら嫌じゃないですか」と生徒に問われたらどう答えるか。もちろん「テロリストの危険性」なるものも社会的・政治的に構築されたものなんだ、と答えることも可能ですが、ちょっと説得力に欠ける。防犯カメラの設置を推進する住人たちに、監視社会の問題を説いてもなかなか伝わらないというのと一緒です。二〇世紀型の戦争ならば、空襲や原爆の被害を伝える映像や文章を差し出し、戦争を駆動させたイデオロギーの愚かさを説諭すれば、ある程度その問題性を伝えることができる。でもそうした平和教育の方法論は現代型の戦争に直接適用することは難しい。平和教育にとって技術論的に困難な時期になっているのだと思います。

技術論的な問題のほかにも、西原さんが指摘されたように平和教育における「主体」という問題もあるでしょう。私は平和教育について実体験以上の知識を持ち合わせていないのですが、「日本人」という「主体」の問題はやはり避けて通れないことだと思います。被害者性の教育は、戦争被害の悲惨さを伝えていくことによって、ある程度達成されうる。広島、長崎の悲惨の認知は、日本という地理的・政治的単位を越えて普遍化することができるでしょう。私が受けてきた平和教育というのは、基本的にそうした「被害者性の認知を入り口とした普遍的平和主義」に基づいていたように思えます。被害者性というと閉じている感じがしますが、ここでは、ある種の普遍主義が前提とされているわけです。入り口は日本人の被害者性だけど、最終的には「日本人であれ、韓国人であれ、中国人であれ……」という普遍的な平和主義に向かっていく。

しかし一方、加害者性を伝達しようとすると、そうした普遍主義にはなかなかたどり着きえないのではないか。「現在の自分たちは戦争の直接的加害者ではないが、加害者であった日本人の子孫であり、加害についての一定の責任を持つ」という認識を持つためには、どうしても「世代を超えて連続する一つの主体としての日本人」というものを立てなくてはなりません。このあたりは、高橋哲哉さんと加藤典洋さんとの有名な論争ともかかわってくるのだと思いますが、重要なのは、加害者性を認識するためには、何らかの形で「日本人」というものを責任主体として立ち上げなくてはならない、ということです。となると、加害者性の教育は、そう簡単には普遍的な平和主義に帰着することはできない、ということになります。もちろん「加害者性の自覚をもって他者を理解する」ということは可能ですが、まずは加害者性を認識するために日本人という主体を考えなくてはならない。

ここには微妙な逆説があります。昨今のネット言論や保守言論などでは、日本人という単位性を自明視しつつ、従軍慰安婦問題などをとりあげて「加害者性ばかり教育してけしからん」などというわけですが、加害者性の認識は逆説的にも日本人という責任主体を召還せざるをえないんですね。一方、国民国家の脱構築作業に取り組む左派陣営が加害者性を真摯に受け止めようとしている。どうも「加害者性の強調＝日本人の脱構築／加害者性の否定＝日本人の堅持」という図式が、成り立ってしまっているようなんですが、実はそうではない。加害者性の認識は、責任主体としての日本人を不可避的に呼び込む。それはもちろん、想像の共同体のメンバーとしての日本人とは全く違ったものなわけですが。

戦争責任の主体としての「われわれ日本人」を構築することなく、民主主義の建設を始めてしまった、と西原さんはおっしゃいましたが、たしかにそうしたことが、現在の平和教育がおかれた困難、ねじれた状況の遠因となっているのかもしれません。

司会　仮に加害者教育をしたとしても、学校教育において平和を教えれば常に、平和意識のドグマ化という問題が起こる可能性はあるわけですよね。この辺りの問題について、西原さんのご意見を伺いたいと思います。

西原　さっきしゃべったことが、どちらかというと正しい平和教育でなかったという部分だったとするならば、じゃあ、正しい平和教育をやればそれで問題は解決するのかという部分ですね。

一つの現象として、平和教育がうまくいっているとされる地域出身の高校生が、大学に入って違う思考様式に接することによって、今まで信じていた平和信仰が壊れていく体験をするケースは、大学にいるわれわれの目からも結構見受けられるわけで、その意味では、平和を作っていこうとする意志をどう子どもたちに伝達するかというのは、ものすごく大変なことです。

それがうまくいくためには、聞いた、見た、感動したという枠組みでの感情の動員では持続的な意識は形成できないのが当然で、なぜ当時の状況で「戦争Ｎｏ！」と言えなかったのかまで掘り下げて捉え直さなければ先には進めません。そして、結局のところ、ドグマとして教えただけでは全然役になんか立たなくて、もっと懐の深い取り組みが必要になるということなわけです。北田さんがおっしゃるようにセキュリティの論理で戦争が考えられる時代だからこそ、自分たちの間で異論が出てくることを容認して、ディスカッションを通じて一人ひとりの意識を深めていく、ということしかできないのではないでしょうか。一つの平和意識に誘導しようとして行われるような教育で得られたものは、本当に自由な議論の空間に置かれた時に、えてして持ちこたえられなくなります。コミュニケーション空間を支えていた権威の権威性が問われた時に全部崩れていってしまうからです。

だから、一つの平和意識に向けた教育など、しょせんは不可能なプロジェクトです。ドグマ化の程度が強ければ強いほど、ポキッと折れる時には早い。ただ、ドグマ化せずに、「平和への意志」を伝達するというのは、おそらく最終的には無理なのでしょう。加害者責任という問題についても、責任をどう継承するのかということは、一種の熱病としてしかあり得ないことかもしれません。それに代わってできるのは、繰り返して「責任ないの？」と問いかけることですか——繰り返すたびに相対化されることを知った上でですけどね。

司会　ドイツなんかどうですか？

西原　報告されているところによれば、「批判的」ということにこだわった、ある種ものすごく組織的なインドクトリネーション（教化）になってるいるようです。ただしそれは、まさに批判的という磁場の上に乗っけていくわけですから、少なくとも大学に行ったぐらいではポキッといかないぐらいの懐の深さを身につけられるインドクトリネーションになっているということなんだと思います。

少し話を戻すと、一方でドグマ化した内実を抜きにコミュニケーションが成り立たない状況がある時に——わかりやすく言うと、民主制だとか人権保障だとかいった一定程度のドグマ性をもった基礎構造を前提にしてしか成り立たない現代国家のようなところでは——ドグマを否定する自由を社会として受け入れておくことは、いずれの立場に立っても有益だということが言えるはずです。教育の問題としても、たとえば南京大虐殺があったのかなかったのか。いずれの側も、それなりの根拠とそれなりでしかない根拠しか持ち合わせていないわけですが、その不安定な空間をどれだけ、学校に持ち込むかが問われてきます。子どもたち一人ひとりの間での意識のずれを容認したままで展開していくのか、それとも、まず結論を一つにしておくのか。いずれにしても、長期間にわたって子どもたちの意識を一元化するのは、しょせんは無理です。

要するに、子どもたちに特定の意識を持って欲しいと思うのであれば、それを持たない子どもたちがいることを容認していかないと、子どもたちはその意識を持って次のステップに進むことができないことを認識すべきです。子どもたちがみんな、大人の言うことを簡単に信じたように見える時こそ、教育がうまくいっていない証拠なんだということを、教育の主体がどう認識するかということですね。

北田　今ふと思い出したのは、先ほどもちょっとふれたメディアリテラシー教育の問題です。メディアリテラシーという言葉は、九〇年代ぐらいから日本でもよく聞かれるようになりましたが、基本的にはメディアを批判的に解釈・受容する能力、というものです。この概念は、わりと左派的な、というかメディアに批判的な立場の人たちによって積極的に導入されてきました。メディアにおける社会的偏見、ステレオタイプを批判的に捉えていく力をエンパワーしていく、というのがメディアリテラシー教育の重要課題です。

しかし、現在では、「2ちゃんねる」とかで嫌韓的な書き込みをしている人とかもよくこの言葉を使うんですね。朝日新聞のようなサヨクメディアの嘘と欺瞞を見抜くのがメディアリテラシーである、という感じで。つまり左派的な政治感覚のなかから生まれたメディアリテラシーが、左派的なものとは対極にある立場の人たちによって領有されていく。これは皮肉といえば皮肉な事態ではありますが、ある意味当然の成り行きだったようにも感じています。つまり、「メディア表象を批判的に解釈する力の涵養」というのは、それ自体としてはイデオロギーに対して「開かれて」いるんです。左派的な志向を持つ人であれば、人種やジェンダーの表象の問題性を捉え返す、という方向に向かうんでしょうが、そうではない人たちのなかには、「韓国に都合の悪いところを隠す左翼メディアの嘘を暴け」という方向に向かう人たちもいる。表象の「内容解釈」についてのある種の啓蒙主義である限り、そうしたイデオロギーにかんする脆弱性は避けられないわけです。

私が思うに、「内容解釈」に定位したメディアリテラシー教育というのは、基本的にマスメディア的なコミュニケーション様式を前提としているように思うんですね。特定の意味内容を持ったコンテンツが送り手によりエンコードされ、受け手がそれをディコードする。無批判的な受容を止めて、批判的なディコーディング能力を身につけさせよう、というのが内容解釈型のメディアリテラシー教育の基本発想です。これは、コンテンツについての「(相対的に)正しい解釈」を知る教え手が、放っておくと無批判に受容してしまう受け手を教育・啓蒙する、ということです。

しかし、こうした発想を維持することは九〇年代半ば以降、かなり難しくなってきている。九〇年代半ばぐらいから、われわれの生活世界の中で最も重要なメディアになってきているのは、マスメディアというよりは、パーソナル・モバイル・メディアですよね。これは、マスメディア的な意味でコンテンツに依存するメディアではなく、むしろ、コミュニケーションそのものを消費するメディアである。この新しいメディアに関するリテラシーを「内容解釈」に定位して教えることは難しい。

にもかかわらず、マスメディア型のメディアリテラシーを当てはめようとすると無理が出てくる。

子どもたちからケータイを取り上げるとか、フィルタリングをかけてしまえとか、そういうマスメディア－Vチップ的発想を携帯に移しただけの考え方しか出てこない。私がモバイル・メディアのリテラシー教育に関して思うことは、「内容を統制するのはもう不可能だ」「内容の啓蒙はもう不可能である」ということを前提にした上で、どうメディアと折り合いをつけていくのか、という実践知、スキルを身につけさせるべきである、内容解釈の啓蒙主義を断念すべきだ、ということです。実際こうした方向でメディアリテラシー論を展開、再構成している研究者もいます。

だいぶ前置きが長くなってしまいましたが、同じようなことが平和教育についてもいえるんじゃないか、と思うんです。つまり、特定の内容解釈・ドグマの啓蒙はもう諦める。諦めた上で、どう彼らが様々な複数ある他者のドグマ、意見、見解といったものと付き合うのかという「スキル」、意見の内容というよりは、異質な見解と付き合っていく方法論を訓練していくような教育が必要とされるのではないか。インドクトリネーションも重要なんだけど、異質な意見——他なるインドクトリネーションの所産——と遭遇して「ポキッと折れない」技術を身につけてもらうことも、重要な平和教育の課題なんじゃないでしょうか。『マンガ嫌韓流』なんて、大学に入って特定のドグマから別のドグマへと転向した、「目覚めた」子の話です。「内容の正しさ」に定位したドグマ間の移動——イデオロギー間の跳躍——ではなく、他なるドグマと付き合っていくスキル、そうしたものがこと政治的なイシューに関しては重要であるように思えます。

8 「愛国主義」との付き合い方

司会　先程、平和教育を議論した際、結局、「日本人」というものを立ち上げざるを得ないという点に、お二人とも同意なさいましたし、結局、「愛国主義は駄目」とか、「国民国家が悪い」と言って済む話ではないことについても、何となく共通の了解になっている気がします。だからと言って、愛国主義にある種の危険性があることは否定できないと思いますので、愛国心とか、愛国主義といったものとどう付き合うべきかに関して、ご議論を頂けたらと思います。

北田　ちょうど昨日、東浩紀さんと萱野稔人さんと会って話をする機会があったんですが、あらためて「国民国家批判では国家の問題は終わらない」という認識を共有していることを確認することができました。

国民国家批判は、もちろん非常に重要な論点を提供してきたのだけれど、それはごく粗くいうなら、ネイションの共同幻想に焦点を当ててネイションとステートの近代的節合関係を脱構築するものだったといえます。つまり共同幻想批判なんですね。東さんや萱野さんは、その点を問題にしている。国民国家が共同幻想だったとしても、「国家」そのものは国民国家が幻想であるというのと同じような意味で幻想であるとは言いがたい。萱野さんは、国家を特定領域内の暴力を集中化し富を奪取する装置と捉え、いかに国民国家の幻想性が暴かれたとしても、そうした暴力装置としての国家の機能は失われていない、と考える。東さんは、共同幻想、物語としてのナショナリズムを脱構築したとしても、共同幻想に還元されない「動物」的欲望のなかから立ち上がるナショナリズムには対応できないし、暴力装置としての国家が解体されることはないと考えているようにみえる。

私も似たような見解を持っていて——国家についての見方はだいぶ異なりますが——ようするに、物語として構築された、構築されたナショナリズム、国民国家像に対しては、国民国家批判は有効だけど、国家というのは、意味的・物語的な構築物に還元されるものではない、ということです。「ネーション」、「ナショナリズム」といったものは共同幻想なんだというふうにして、それを構築主義的に解体していくというやり方では、おそらくナショナリズムに対応することはできないのではないか。

もちろんだからといって、ナショナリズムの危険性を小さく見積もるつもりはありません。ただ、基調論考でも述べているように、「すべては物語だ」的な構築主義の方法論では、「ならばよりよい物語を作ってやろう」という方向性——坂本多加雄さんのように、「作る会」的な方向性で構築主義的歴史観を展開した人もいますね——を否定するのは難しい。構築主義的物語論は「よい物語と悪い物語」を識別する規準を提供できなくてはならない。でもそんな規準を提供したら、構築主義の大前提が崩れてしまい、一周回ってイデオロギー闘争へと逆戻りすることになってしまう。「共同幻想、物語としてのナショナリズム」という認識枠組みをとっているかぎり、こうしたジレンマから抜け出すことは難しい。

重要なのは、だから、共同幻想としての国民国家には還元されない「国家」のあり方を問い返すこと、そして幻想であるにもかかわらず執拗に回帰してくるナショナリズムの機能、ナショナリズムの意味内容ではなく機能を冷静に分析し、ハンドリングの手立てを考えていくこと、ということになります。どうしようもなく中途半端な愛国心エンジニアリングがそれなりの支持を得てしまう状況だからこそ、「物語としての愛国」とは異なる愛国、国家の位置づけが必要になっているんだと思います。

西原　日本の場合、日本というネーションしか、みんな考えていないわけですけれども、帰属団体というのがどこなんだろうかという問題はもっと深刻であっていい。たとえば、ドイツの連邦憲法裁判所が、いわゆるマーストリヒト判決で出した国民国家の考え方があって、国――あるいは〝自分の属する〟政治的共同体――の意思決定に参加する個人の権利というのを最初に置いて、それを受け止める受け皿はどこなのかという形でネーションを探すという考え方です。この考え方によれば、ヨーロッパはまだネーションとはいえない。なぜなら、まだヨーロッパは自分たちの共同の意思決定を、われわれの権利としてつなげていけるような場ではない。公共のメディアもなければ、意思決定の主体となれる議会もない、意思決定の空間を持っていない。だからまだやっぱり各構成国――ドイツならドイツ――が受け皿としての国民国家なんだという話になります。そのとき愛国心というのは、自分の権利の客体に対する愛着として現れてくるわけです。ただし、個人の側から見ると、受け皿がいくつか重層的に重なっていて、その中でどの受け皿に最も愛着を感じるのかは選択の問題に見えるわけです。ところが愛国心を求める動きは、重層的なものの中から一つのコミュニケーション空間を取り出し、単なる選択の対象ではない、特別な重みをもった自分の主要な帰属空間だと思いなさいという圧力として受け止められるものです。この場合でも、人々の帰属集団の選び方を標準化するためのメカニズム、つまり「国民国家というところがあんたの居場所なんだよ」という語り口はあり得るわけですが、それがある人にとって説得力を持つかどうかは別問題です。

つまり、政治的な参加の権利を基礎に置いて世俗的共同体の存在を考える場合も、政治的な権利を受け止める集約点があってもいい。ただし、その集約点がみんなにとって同じものじゃなきゃいけないのか、という問題が同時に出てくるわけです。私は、民主主義というのは「まず国があるから民主主義」という発想ではやっていけないと考えています。むしろ、個人がまず先にいて、民主主義的な参加権があるから、その受け皿としてたまたま都合のいいサイズで国も存在するという順番です。一つの共同幻想としてのネーション・ステイトというのは当然あるとしても、その上と下にそれぞれ別の共同幻想の受け皿があって、主要な受け皿としてのポジションが将来的にはどこか別の共同体に吸い上げられていくかもしれないという緊張感が漂っている。だからこそ、各レベルの公共団体で運営責任を担う人々の責任問題が非常にアクチュアリティを持つわけです。

ネーション・ステイトというのは決して当たり前のものではないわけですから、その当たり前でない現実、つまり、国民が責任を持って一つの組織を運営するという論理の中で、代表者への信託が行われ、かつ、代表者がその信託に応える責任を引き受けるという構造を繰り返し意識化させるメカニズムを作動させないと、結局は誰も集約しきれなくなってしまう危険がある。ただ現実は……何をやってるんでしょうね、現実は。先ほどの「学校をどうしたいのか」という話にあったように、政治的な指導者たちがとりあえずのパフォーマンスを狙った「改革」遊戯にふけっていように見える今、「国民全体の利益」だとか、そこに対する責任だとかいった言葉は、空虚にしか響かなくなっています。

そこで、お伺いしたいのは、その政治的な責任という問題です。そこと「私」的なものの関係ですが、私生活は民主制にとって異質な論理なのか。私生活を超えるものとして、「公共的な部分を意識せよ」というメッセージが教育の中で必要なのか、それとも、まさに私生活に基盤を置くからこそ政治的な意識を持ち得るという、その動員されない部分の「わたくし」なり「個」なりというものを重視すべきなのか。そして、そんなことは可能なのか。北田さんの『嗤う日本の「ナショナリズム」』を読んでいても、そこの部分の位置づけがいま一つよく分からないので、お伺いしたいなと思っていたんですが。

9　ネット時代の民主主義と愛国主義

司会　基調論考の結論部分でもあるし、ご著書の『嗤う日本の「ナショナリズム」』の最終章でも提起されているのですが、戦後民主主義的な言説を今のナショナリズムに対抗させるだけでは、上手くいかんだろうという思いをお持ちのようですね。にもかかわらず、「諦めない」という態度を一貫して取られてる訳ですよね。そのへんを敷衍していただくと、西原さんが提起した問題への応答になるのかなと思うのですが。

北田　そうですね。大変難しい問いです。一応社会学者の端くれとして私は、個と公という項を立ててその両項の関係を考える、という思考様式をとっていないので、西原さんの問いに正面から答えることはなかなか難しいかと思います。私が焦点を当てるのは、どうしても関係、あるいはコミュニケーションなんですね。コミュニケーションが社会の基本単位であるという発想に立つなら、「私」や「公」というのは、コミュニケーションのなかで有意味なものとして構成される契機ということになる。「公とは何か」「私はどうあるべきか」という問いではなく、「公／私の区別はコミュニケーションにおいてどう機能しているか」という問いに関心が向かってしまうんです。『嗤う日本の「ナショナリズム」』という本のなかでもそうしたスタンスがとられています。

あの本のなかで取り上げたのは、思想としてのナショナリズムの浸潤ということではなくて、ネットなどに顕著に現れているナショナリズム的な語彙を用いたコミュニケーションがどういうものか、という問題です。もちろん、「2ちゃんねる」とか嫌韓的な掲示板とかはきわめてローカルなものなわけですが、独特の存在感を獲得しつつあるようにみえる。そこで展開されるコミュニケーションがどのようなものか、ということが私の関心にありました。本のなかで強調しているのは、「2ちゃんねる」などにおいて日立つ「コミュニケーションのためのコミュニケーション」「コンサマトリーなコミュニケーション」です。つまり、内容を伝達するためにコミュニケートするのではなく、コミュニケートするためにコミュニケートする。携帯電話研究でもよく指摘されているコミュニケーションの様式です。

おそらく、ネットやケータイは、こうしたコンサマトリーなコミュニケーションのあり方を容易にし、また駆動させている。マスメディア的な情報内容伝達ではなく、伝達そのものが目的となり、むしろ内容が伝達の素材となるようなコミュニケーション空間。そうしたなかで、ナショナリズム的な、というか反マスコミ的な「内容」が、コミュニケーションの素材として多く取り上げられるようになったのではないか。つまり、イデオロギーがネット的ナショナリズムを生み出しているというよりは、ネット的な関係性の論理が、比較的使い勝手のよい素材として「反マスコミ」「ナショナリズム」を拾い上げているのではないか、ということです。重要なのは「つながり」の維持であり、「つながり」のために役立つのであれば「素材」はある意味何でもよい。「右翼」的なものにみえていたネット掲示板が、突然きわめて「左翼的」「市民的」な素材で盛り上がったりもする。「2ちゃんねる」のような掲示板が中心となって、折り鶴オフ（広島平和記念公園の折り鶴が燃やされてしまった後に、ネット上で「一四万羽折って広島へ贈ろう」という運動が立ち上がる。最終的に八〇万羽以上の折り鶴が集まったという）が盛り上がったりもする。イデオロギーの左右とはイレリバントなコミュニケーションの論

理のなかで、ネット上の「ナショナリズム」的な現象を見る必要があるのではないか、というのが私の見解です。

こうしたコミュニケーション空間のなかで、「戦後民主主義」的な語彙は、一種のネタ、コミュニケーションの素材として用いられている。ネタはあくまでもネタですので、非常にアイロニカルなコミュニケーションなんですね。折り鶴オフの標語に「グダグダ言わずに、とりあえず折れ」というのがありましたが、まさしく「つながり」が担保されるためにはイデオロギー的グダグダは不要なわけです。しかし、この非常にアイロニカルで脱イデオロギー的なコミュニケーションは、アイロニカルであるがゆえに、逆説的に非常にロマン主義的なコミットメントを呼び込んでしまう。私は「ロマン主義的シニシズム」と書きましたが、そういう、ねじれた社会性の磁場がネット上に散見されていました。それがはたして、どれほどネット外部にまで適用可能な話なのかは分かりませんが、非常に徴候的であったとはいえるんじゃないでしょうか。

私としては、こうしたコミュニケーションのあり方に一定の危惧を覚えると同時に、一定の希望も抱いているんです。よく「お前は2ちゃんを肯定しているのか、批判しているのか」と聞かれましたが、まぁ答えとしてはどちらでもあり、どちらでもない、といったところです。鈴木謙介さんは「カーニヴァル」と呼んでいますが、ネット的なコミュニケーション空間における「噴きあがり」は、イデオロギー性が希薄であるにもかかわらず／がゆえに危険であるともいえるし、同時に現代的な市民運動の可能性を指し示すものともいえます。最近すっかりなくなってしまいましたが、二〇〇三年くらいまでの「2ちゃんねる」は、どのマスメディアも政治組織も市民運動団体も不可能なぐらいの動員力をみせつけました。私たちはどこまでもその両義性に付き合っていかなくてはならないと思うんですね。

私としては、戦後民主主義という記号がこれほどまでに垢をつけられてしまっている以上、それをそのままの形では、ネット的なカーニヴァルには接続されえないと思います。戦後民主主義的な記号を否定的に捉えるコミュニケーション空間では、公／私の区別は、そのまま「お上／個人主義」の区別に重ねられてしまっています。その重なり合いをときほぐしつつ、どのようにしてカーニヴァルへと接続していくのか。西原さんの問いに対する答えになっていないかしれませんが、私が考えているのはだいたいそんなところです。「諦めない」というのも二義的で、「ネット的カーニヴァル」の形式と「戦後民主主義」の理念の両方を諦めない、ということです。

西原　インターネット空間というのは、基本的に自分が見たいサイトに行って、そこで常識としてあるものを、非常に小さな世界の中でもコミュニケーションとして受け止めて、その同じ常識を共有してる人たちとだけコミュニケーションをして、閉じた世界を構築する。ある種「2ちゃんねる」というのは特殊な世界で、自分が何を言った時に袋叩きに合うか、言ってみないと分からないという、その緊張感の中でこそ、アイロニーが遊びとして働くという特殊の空間です。そうじゃなくて、もうちょっと緊張感のないグループを構築するほうが、むしろ、インターネットの使い方としては、メインになっていくでしょうし、そうした時に、重層的な公的空間という意味から言うと、国家というものでは全くない、自分たちの共有する考え方だけで仲良くやっていってる空間というものの比重というのは、今後どんどん高まってくることが想像されるわけです。

一方で、そういう形で個人の生活自身は個別化されていって、個別集団の中に解消されていく。他方で、国家というのはグローバリゼーションの中で相対化していき、そのネット空間こそ、まさにグローバルな空間として出てくるわけです。そうなった場合に、「じゃあ、そこで、民主主義というのが意味を持ち得るものなのか」ということがそもそも問われてしまうわけです。北田さんはそれでも、何らかのことを皆で一緒に考えることに期待をつなぐんだとおっしゃった。それができる、でき続けると考える、何かのベースというのはあるんでしょうか？

北田　憲法学者のキャス・サンスティンの本の邦訳に『インターネットは民主主義の敵か』(毎日新聞社) というタイトルが付けられましたね。原典は「Republic. com」というずっと穏当なタイトルだったんですが、結果的に邦題は内容をうまく示していると思います。今はもうだいぶ興味を失いましたが、かつて私が複雑な心境にありながら、「2ちゃんねる」を面白いと感じていたのは、サンスティンが論じているような、集団分極化、とにかく見たいものだけ見て島宇宙を形成し、対立する島宇宙どうしはお互い没交渉でどんどん分極化していくというコミュニケーション様式とは、ちょっと異質なものを感じていたからです。

一定のアイロニカルなコミュニケーションの作法は共有されているのだけど、中身についてはかなり雑多で、つねに異質な意見と遭遇せざるをえない。どれだけ自分がメタレベルに立ったつもりでいても、すぐに匿名の他者によって引き摺り下ろされる。「嫌韓」を振りかざしてマスコミ板あたりで楽しくやっていても、即座に「嫌韓厨」と揶揄されてしまう。お互いを引き摺り下ろす無為なアイロニー・ゲームということもできるんだけど、一方で超越的視点をとることの不可能性を体感させるメディアともなっている。その点が気持ちよく自分たちの価値観、イデオロギーを媒介として運営されているサイト、掲示板とはちょっと違うところです。新しい書き込みがあれば目に付くところに上がってくる「スレッドフロート」型の様式も、島宇宙の自足を許さない――もちろんｓａｇｅ進行というのもあるわけですが――ものとなっている。超越的な視点をとることの難しさ、島宇宙化することの難しさ、そこらへんが、二〇〇〇年から二〇〇三年ぐらいまでの時期にはそれなりに面白く思えた。大規模オフも多発していましたし。当然正負いろんな面があるわけですが、人びとの集合的な意思形成、何らかの運動を誘発するメディアとして「2ちゃん」は興味深かった。

西原さんがおっしゃるように、今後は島宇宙的な自足的なサイトや掲示板が主流化していくと思いますが、それにしても、やはりインターネットを通じた集合的な意思形成、運動形成のプロセスには十分な注意が向けられていいと思います。特定の民主主義像、公共性概念をもとに、ネット・コミュニケーションを道徳的に批判しても仕方がない。どのようにコミュニケーションをデザインしていくか、ということに関してはネットは結構開かれた可能性を持っているわけですから、そのあたりをしっかり考えていく必要がある。様々なコミュニケーション・デザインの試行錯誤が今後も繰り広げられるだろうし、一定の成果も上げられるのではないか。「ベース」としては弱いですが、私としてはそうしたわりと楽観的な見通しを持っています。

司会　下手にインターネットの議論状況を道徳的に批判しても、それは道徳教育に消費されてしまうわけですね。インターネット上のアイロニーによって。とすると、それでも、まさにリテラシーですよね、それとの付き合い方を提起してみようという。

北田　そうですね。掲示板でもSNSでもブログ、ケータイでもいいんですが、それらはマスメディアの時代にはありえなかったような、世論形成のツールとなる可能性がある。しかしまた、ユーザーである個人にこれまでなかったようなコミュニケーション上のリスクをもたらすし、意思決定にかんしてもサンスティンがサイバーカスケードというような極端な方向性が出てくる危険性もある。そうした危険性を一挙に解消しようとするのはいかにも愚かです。重要なのは、それらのリスクとどう付き合っていくのか、ということでしょう。もちろん、「ネットが社会を変える」的な能天気な話をしているつもりはありませんが。

10　「愛国心」をどう超えるか

司会　でも、おっしゃる通り一つのデモクラシーの型でもあるわけです。デモクラシーという言葉を民主的な決定の制度だけで言うならば、そうじゃないかもしれませんけど、民意の出てき方としては、一つの在り方ですので。では、今度は、西原さん側から、「愛国主義との付き合い方」に関する一つの展望を示して頂けたらと思います。

西原　教育における愛国心的なものの扱い方については、個人的には非常に危険性を感じるというところから始まることになります。しかし、悩ましいのは、国家というのは、権力としてわれわれに君臨する部分と、民主主義の中で国家そのものをわれわれが作っていくという部分の、この二重性の中で愛国心というものをどう使っていくのか、使いこなせる主体をどう構築するのかという話なわけです。

　先程から確認してきているように、私の出発点は個人の意識の多様性なのですが、それに対して個人の意識の多様性を認めない立場もある。一つはリスク管理的な発想に基づく見方です。つまり、人々の意識の多様性そのものがリスクである。それをどう縮減していって、セキュリティーを、あるいはセーフティーを確保していくのかという考え方ですが、この考え方が国民の中から出てきた場合、自分たちの中に際限なく「敵」を見つけ出さざるを得なくなってしまいます。結局、誰のセイフティーも確保されないわけです。みんなが最終的には排除されて不幸になるとすれば、このメカニズムを相対化する必要がある。抽象的な言い方になりますが、「違い」というものを組み込みつつ生きていける社会をどう作るのか。一元的であることのほうが、むしろ気持ち悪いという、極々まっとうな、そして幸いにも現在の多くの日本人に共有されている意識をどう守り続ければいいのかという問題があると思うんです。

　愛国心への対抗的モデルを考える場合に、「違いを認め合う」ということに一種逃げ道があるとするならば、その違いというのは、ある程度、プライベートなところを前に持ってきて、皆が同じ方向を向いてなくたっていいじゃないか、感性の違いだってあるし、政治信条の違いだってあるしという形で持ってくるのが普通の思考の流れでしょう。しかし、不安なことに、それが機能するかどうかが分からない。

　一つ機能しない可能性があるのは、私的なものを軸に提起された違いは、集団としての力を最終的に持ち得ないわけだから、そういう中では、「日本人の責任」というものについての責任意識の問題が出てきた瞬間に、「私」的なものに優越する「公」という論理で既存の国家的なものに回収されるおそれがあるわけです。これが、ナショナルのレベルにおいての決断がないと対処できない問題について、最終的にそこから逃げるという方策であるとすれば、そこに展望があるのかどうかがよく分からない。

北田さんの『嗤う日本の「ナショナリズム」』の中でも強調されていることなんですけれども、たとえば、批判やアイロニー、要するに、感性の自由が自由なんだという、その言い方に対して「そうだ」ということから始めた時に、感性の違いは最終的に認めるけども、でも「戦争に行く時には皆で一緒に戦争に行こうね」という、感性を切り離して政治的なところで集約していくという戦略というのは当然予想される相手方の戦略になるわけです。その戦略に対して、まず「私的なところの自由から始めようね」と言った時には、本当にそれで対抗できるんだろうか。私生活は私生活だけど、公共のところでは皆で一緒に同じ方向に向かって戦争しましょうというところに対抗できる対抗戦略はあり得るのか。

つまり、「感性の違いはあるよね、だから、政治信条の違いもあるよね」という二つ目のステップに進むかどうかというところがアキレス腱としてあるわけで、そこのところの構造というものがよく分かりません。先ほどから強調しているように、責任を持った愛国心というものを作り上げるためには、それに対する主体的な選択がなきゃいけないし、主体的な選択の在り方というのは、たぶんいくつかある。それぞれの人がその人なりのやり方で、この帰属集団に対してこういう責任を負っているから、その準拠枠の中に組み込める責任の取り方しかできないという回路は基本的に、自由な主体というものを想定しないと、出てこないでしょう。でも、そんな「自由な主体」なんて本当に存在するのだろうか。今日、北田さんにぜひお伺いしたかったのは、「自由な主体ってあり得るの？」という問題だと思うんですね。

北田　私的な次元での価値の多元化をどんどん推し進めていって、それらをことごとく「趣味」化する、という方針はある意味で「自由」主義の拡大といえます。価値を「趣味」として捉えることによって、たとえば公的機関によって特定の価値が押し付けられることを回避する。それはたしかに一面において「自由」の拡大ではあるんですが、私的・趣味の領域と公的な領域が無媒介に分断されてしまう。少し文脈がずれちゃうかもしませんが、少し前にはやった批評タームでいえば、「ワタシ」と「セカイ」とが分断されてしまい、その間に位置し両者を媒介するはずの社会性の領野が希薄化してしまう。「ワタシ」は社会性の領野において異質な他者と出会ったり時に連帯したりして、「セカイ」と遭遇する、というのがベーシックな人格形成モデルだとすると、社会性の領野が希薄化した場合、「セカイ」と「ワタシ」は、媒介を失ってしまう。では、そうした媒介を失うことによって「セカイ」と「ワタシ」が無干渉になるかというと、そういうわけではなく、社会性の磁場を省略して、いきなり「セカイ」と「ワタシ」とが短絡されてしまう。近年「セカイ系」と名指されるマンガやアニメ、小説はだいたいそうした短絡の構図を描き出しています。『嗤う日本の「ナショナリズム」』では、壮大なナショナリズム的物語にはまる若者について同様のことを指摘していきます。他者からみれば「趣味」と映るしかない極私的な事柄と、途方も無く大きい世界観のショートサーキット。これはある種の「自由」の拡大、価値の「趣味」化の一つの帰結であるといえるでしょう。

ではこうした社会性の契機を欠いたセカイ系の主体は、自由な主体であるといえるか。自己律法による自律を自由の構成契機として捉えた場合には、当然そうはいえない。自律としての自由は、「選択」的に自己立法したといえなくては成り立たない、つまり、他者とは異なる形で一定の合理性をもって自らの格率を「選択」したといえなくてはならないわけです。この選択性を認識するためには、当然のことながら自らと異なる格率を選択する他者と出会わなくてはならない。セカイ系の主体は、そうした他者との出会いの場である社会性の磁場をスルーしてしまっているわけだから、自律としての自由を獲得しているとはいえません。

ナショナリズムに関しても、主体が、それを他者の価値と付き合わせたうえで一つの価値として「選択」してこそ、はじめて主体は自由であるといえる。ネット言論に散見される「セカイ系」的なナショナリズムへのコミットメントは、その意味で自由なものとはいえないわけです。社会性の領野はつねに、自らのコミットする価値が「選択」の対象であることを突きつけてくる。それはある種の人たちにとっては、実にわずらわしい。自らの「趣味」がそのまま「セカイ」と接続しているような語り口のほうが、居心地がいいわけです。たとえば、歴史や社会学的データをもって「家族」の歴史的・文化的相対性を指し示すような社会学的な分析を聞くよりも、自分の実感的な家族イメージに基づきつつ、「家族は左翼とフェミニストたちの陰謀によって崩壊させられている」みたいな言論に飛びついていたほうが、自分の家族像を「選択」化されずにすむので楽。嫌韓、嫌中も同様。

「ワタシ」のなんとなくの実感を、大きな世界観・物語に接続し、社会性の磁場を素通りすることができる。「趣味」を契機として似たような趣味を持つ人たちと壮大な物語を語り合える場所、つまり「ワタシ」と「セカイ」を接続する場を形成するうえで、現在の情報環境が一定の役割を果たしていることは否定できません。さっきの話とも関連しますが、ネット上では、あらゆる価値が「趣味」として存在することの自由を許される一方で、「選択」的契機、社会性の磁場を素通りすることができるために、自律としての自由が脆弱化する可能性もある。サンスティンが危惧しているのもその点ですね。

選択的契機の希薄化、というのは物理的な都市空間でも観察されることで、ゲーティッド・コミュニティなんかがそうですね。自らのライフスタイルが「選択」であることすら感じずに済むほど、徹底して他なるヒト・コト・モノを排除する。ある種のテーマパークに住んでいるようなものです。「他者との出会い」というと、何とも気恥ずかしい感じがしますが、とにかくそうした社会性の磁場が仮想空間でも物理空間でも失われつつある。愚鈍かもしれませんが、私としてはそうした事態を批判的に捉えていきたいと思うんです。

司会　私も同感です。けれども、従来の学校教育って、「他者との出会い」ということがどれだけ重要視されたか疑問はありますよね。民主的な教育を良心的にやってるつもりの先生方が、大澤真幸さんの言い方を借りれば、「不気味な他者」と出会う経験がどれだけあったかというと。どうだったのでしょうか。

西原　まさに憲法教育という場がそうだったわけです。異質な他者と出会うこと、異質な他者と出会いながら、相手を尊重しつつ、なおかつ自分の考え方に自信と責任を持つというコミュニケーション様式は日本の学校にとって、本当に稀なものだったのではないでしょうか。むしろ逆のものが制度化されてきた。政治的なもの――あるいは、人と信条的な対立が生じる問題――を排除し、それを問題にしないで一緒にやっていける限りでしか人間関係が築けない、そういうコミュニケーション様式が。

現在における大学生のコミュニケーションはかなりそういう方向にいってるわけですが、そういう形、自分が見えてしまうことの怖さという意識を作ってきたのが日本の学校という空間の示してきた一つの特徴だったわけです。

そして今の教育改革が向かっているのは、ますます個人の差異を認めない方向なのですね。学校とは一元的なコミュニケーションの場で、先生が生徒に教えるところ。それ以外の考え方は世の中には存在すべきでないもの。先生が一たす一は二だと言ったら二なんだ。国を愛すべきと言ったら国を愛すべきなんだ。そういうコミュニケーション様式をそのまま持ち続けようとしているし、むしろ強化しようとしているのです。そんな現実を見た時に、どうやったら展望が開けてくるのか、全く見通しがききません。

学校の中における、それと違うコミュニケーション様式というのは、実は過去において存在したことがなかったし、異質な他者と出合って、それとの接し方を学ぶ場は学校の中には過去においてもなかった。やっぱりそれを認めて、一九四七年の教育基本法制定時点におけるボタンのかけ違いから直していかなきゃいけないのかな、というようにも思えます。学校の中に信条の多様性を認め合う方向が現れたとすれば、二〇〇〇年・二〇〇一年が初めてだったかも知れません。「君が代」を歌うか歌わないか「皆さん一人ひとりで決めてね」という言葉が初めて先生の口から出てきた。つまり、学校として一定の指導をするけれども、受け止め方は君たち次第だよという言葉が、二〇〇〇年になって初めて出てきたわけです。でも、それはすぐさま弾圧の対象となっていって、「自分で選んでいいんだよ」という言葉こそが、懲戒処分につながりかねない禁句、という状態ができ上がっているわけです。

そうすると、結局、異質な他者と出合ってなおかつ、そこで相手を尊重してやっていける、そういう空間を意識的に作るという動きはどこにもなかったということになるのかもしれません。メディア空間においては、「2ちゃんねる」が——ある、全く逆説的な意味において——初めてのそういった場だったのかもしれません。想定上どこまでも異質な他者を相手にして、煽ったり煽られたりを楽しむ、そういう場面でもあったわけですから。もちろん、素直に考えれば、「異質な他者」を排除することによって心のセーフティーを確保しようとする動きが極まって、誰もがものすごく暴力的な排除の対象になる所まで行き着き、こうなった以上はこの煽りあいを楽しむしかないという開き直りまで突き抜けちゃった空間だったわけです。ただいずれにしても、「やーめた」と言えば抜けられる、その点では本人のリアルな生活と接合させる必要のない、徹頭徹尾、仮面のままでいられる世界でしたから、仮にあったとしても「他者との出会い」はヴァーチャルなものに過ぎなかった。

そう考えていくと、日本の社会、あるいは、世界の中にいるわれわれの「懐の深さ」というものを作っていくための仕組みというのはどうしたらいいんだろうかという点で、すごく不安な現状があるわけですね。にもかかわらず、やっぱり、異質なものと出合い、コミュニケーションし、相手も尊重しつつ、でも、自分は違うという距離の取れる、そして、自分の考え方には自分で責任を持てる、そういう意味での主体なんてもう時代遅れなんだから、そういうものを探しちゃいけないし、そういう人の権利を憲法で守ろうなんてしてもしょせん無駄なんだ、というところには、どうしても納得できないわけです。

司会　広い意味でのデモクラシーを機能させるためには、お二人が結論的におっしゃった、異質な他者と出合い、それに耐える人というんですか？　そういう人って、多分必要なんですよね。

西原　デモクラシーのために必要であっても、そういった形で成立するデモクラシーは別に、人々の集まりが機能する唯一の条件ではないでしょ。

司会　そこが難しいところですね。人々が共同生活できる条件って、多様にありますよね。たとえば、ファシズムの下でも、共同生活してるわけですから。でも、こういう議論をする時って、何か好ましい共同生活のあり方を前提にして議論してると思うんですよね。

西原　愛敬さんと私はやっぱり――それぞれ過去の人々とは違った形で自分なりに解釈しなおし、体系化しなおしたものとしての――日本国憲法という、ある種の理念体系へのコミットメントが最初からあっての議論ですから、悪い意味で立ち位置がはっきりしている。

司会　そうかもしれませんね。戦後日本においてリベラリズムというのが、実はそんなに幅を効かしたこともないし、現在においても、やはり苦境にあるという状況があって、その「苦境」が集中的に現れているのが、今日議論をした「愛国心と教育」という問題なのかもしれません。北田さんから何か発言がありましたら、お願いします。

北田　私もまたある種の自由主義、異質な他者との遭遇を介した「選択」を引き受けていく自律的な自由を指向しているという点において、お二人同様、立場がはっきりしているといえます。本気で「君が代」を歌わせたい人たちにとっては、そうした自律性を子どもが獲得することこそが一番回避すべきことなわけです。二〇〇〇年の時点で「選択」化してしまったことのやばさに気が付いたからこそ、すぐに路線を変更した。ナショナリズムについても同様で、とにかく素朴な「ワタシ」の実感的愛国心と、官製の大文字のナショナリズムを短絡させることこそが、ある種の人たちにとっては最善の策であり、間違ってもナショナリズムを選択の対象として認識させてはならない、ということになる。選択の契機をはさみいれずに、「ワタシ」と愛国・官製道徳を短絡させるためのテクノロジーが通知表での愛国評価であったり、『心のノート』であったりするんでしょうけれども、なんとも中途半端なエンジニアリングになっているように感じます。

改正基本法の問題もあり、事態として切迫しているという意見もあるかと思いますが、私はもう少し違う印象を持っているんですね。中途半端なエンジニアリングでは「かれら」の目標は達成されえないだろうし、君が代の場合と同様、愛国心の重要性をいえばいうほどその選択性というものも伝達せざるをえなくなる。「テロとの戦い」論法がアメリカで支持を失っていることを考えると、リスクを煽っての道徳教育の正当化、という方法論も早晩行き詰まっていくのではないか。基本法改正の後、逆説的にナショナリズム的言論の威勢が削げたという見方もあります。現在はまさしくナショナリズムの選択性をめぐるせめぎあいの時期なんだと思うんです。集団主義的な民主主義でも、ナイーブなコミュニタリアニズムでも、あるいは趣味としての「自由」主義でもなく、自律としての自由を子どもたちが享受しうるような制度とコミュニケーションを、楽観せず、それでいて絶望もせずデザインしていくこと。はなはだ抽象的ではありますが、そうしたスタンスが今必要とされているように思います。

【第Ⅲ部】自由と福祉

基調論考

自由と福祉——統合原理としてのリベラリズムの再定義

井上達夫

「自由と福祉」というテーマは積年の論争主題である。いままたこれが浮上してきたのは、なによりもまず、小泉政権以来、政府によって規制緩和・規制改革が強力に推進され、社会保障が切り詰められてきているという危機感が昂ってきているからだろう。さらに言えば、グローバル化した市場経済の競争圧力により、政府自体の経済政策・社会政策のカードも切り詰められてきているという危機感もあるだろう。経済活動への社会的規制の強化や企業の社会保障コスト負担の増加は、日本経済の国際競争力の低下や資本逃避をもたらし、富の縮小や雇用の喪失を招く結果、社会保障のための政府の財政基盤自体もさらに悪化するというディレンマが問題になってきている。

しかし、自由と福祉との葛藤は経済的自由に関してのみ問題になるわけではない。人格的自由や政治的自由もまた福祉との間に緊張関係を孕んでいる。人格的自由は、自己の人生観・人生設計にしたがって自律的に生きる主体として個人を尊重することを要請するが、個人が自己の生き方を自ら決定しうるということは、みずから選択した生き方の帰結に対する責任も負うことを含意する。福祉国家は人格的自由の物的基盤を保障することによりその実効化を図るという理念に本来は立脚していたが、現実問題としては、経済的・精神的・身体的な破綻に導くような仕方で人格的自由を行使する人々が増え、彼らを救済・支援するための施策のコストが増大し財政破綻をきたす恐れが出てくると、諸個人の生き方に「転ばぬ先の杖」的に介入するパターナリズムを何らかの程度において実行する必要に迫られてくる。たとえば、高齢化社会で医療・介護関係の支出が膨張すると、「健康なライフ・スタイル」を肯定し促進する政策傾向が浮上してくる。他方、「高福祉・高負担」政策で財政破綻を回避しようとすると、税・社会保険料等の負担の機会費用も増大し、福祉支援でカヴァーされる範囲を超えた人生目標の追求に割り当てうる人々の資源が減少する。

福祉国家が孕むパターナリズムへの傾斜の危険性は政治的自由（政治過程に能動的に参与する積極的自由）を腐食させるような仕方でも現れうる。福祉国家の経済政策・

TATSUO INOUE

いのうえ・たつお　1954年生，東京大学法学部卒。現職：東京大学大学院法学政治学研究科教授。専攻：法哲学。主要著書：『現代の貧困』（岩波書店，2001年），『普遍の再生』（岩波書店，2003年），『法という企て』（東京大学出版会，2003年）。

社会政策の策定や評価は高度の専門知識に依存する部分が大きく、政策形成過程や政策査定に一般市民が実効的に参与するのは容易ではない。一般市民の側でも相応に福祉サーヴィスを受益できさえすれば、難しい政策形成は賢明な専門家に委ねるという姿勢になりやすい。その結果、「人民による統治」に代えて「人民のための統治」を遂行すると標榜する専門家支配（technocracy）や官僚支配（bureaucracy）が跋扈する傾向、いわば「政治的自由の知的衰弱」が生じる。他方、強い政治的組織力をもつ人々は、組織票を梃子に彼らの利益代表たる政治家（族議員など）を使って官僚集団を取り込みつつ統制し、未組織大衆にコスト転嫁して自集団の特殊権益・独占権益を享受するために福祉国家的な給付・補助・規制システムを利用する傾向がある。利益集団政治のこの悪弊は「政治的自由の倫理的頽落」とも言うべきものである。未組織大衆の政治的無関心化は政治過程に対する組織的利益集団の支配力を強化し、その結果、未組織大衆は無力感からさらに政治的無関心を高めるという悪循環を生む形で、政治的自由の知的衰弱と倫理的頽落は相乗作用する。

自由と福祉とのこのような葛藤・緊張の問題を的確に解決するには、具体的な政策論議だけでなく、政策選択の倫理的正当性と政治的正統性の判断根拠となるべき思想原理の再考が必要である。憲法学との関係で言えば、二九条の財産権規定や他の自由権的諸規定と二五条の生存権規定とを統合する解釈指針となる思想原理は何かが問題になる。「個人の尊重」と「生命、自由及び幸福追求に対する国民の権利」を謳う一三条を、かかる統合原理を表現する包括的人権規定として位置づけたとしても、それに規範的指針としての内実を与える思想原理が解明されなければならない。

近時の思想界は、市場原理主義を掲げる「ネオ・リベラリズム」の政策形成への影響力の増大とそれへの反発の高まりにより、「福祉より自由」と「自由より福祉」への思想の両極分解の傾向が見られる。自由と福祉を再統合する思想原理の探求の必要性はそれだけ一層高い。単に経済的自由と福祉との統合だけでなく、経済的自由と福祉との対立に目を奪われる人々が忘却しやすい人格的自由・政治的自由と福祉との葛藤の解決をも視野にいれた思想原理の探求が必要なのである。かかる探求の最善の方途は、リベラリズムに対する様々な誤解・歪曲・単純化を正してこの思想を再定義する営為のうちにあると私は考える。かかる営為の意義を理解するために最低限必要な基本的論点だけをここで示したい。

第一に、「ネオ・リベラリズム」という表現の現代的慣用は、「福祉を切り捨てる経済的自由至上主義」にリベラリズムを還元する理解を広めているが、これは誤りである。ニューディール以降の米国では「リベラリズム」はむしろ人種的平等や社会経済的弱者救済にコミットした福祉国家擁護の政治的・思想的立場を意味しており、「ネオ・リベラリズム」の「ネオ」という接頭辞は、米国におけるリベラリズムのこの伝統的コミットメントを断ち切るために導入されたこと、さらに、思想史的な概念としての New Liberalism は、一九世紀末以降の英国において、ヘーゲル左派の影響を受けたT・H・グリーン、L・T・ホッブハウスらを代表的論客として台頭した思想運動を意味し、この立場は現在のネオ・リベラリズムとは逆に、自由の社会経済的基盤を確保するためにマクロな経済管理と福祉国家的施策の必要を強調したことが、ここで改めて想起される必要がある。

第二に、上記の点をふまえた上で、自由を実質化するための社会福祉という視点だけでは充分ではないことも自覚されなければならない。自由と福祉のトレード・オフを迫るような厳しい現実的問題状況に直面すると、目的としての自由が手段としての福祉に優先するとして「福祉切捨ての自由至上主義」に突進するか、福祉と直結する「貧困からの自由」のみが真の自由であるとして、経済的破綻のみならず人格的・政治的自由の侵食をもももたらす福祉国家の肥大化の問題性に目をつぶるかという、不毛な二者択一に回帰することになりかねない。自由と福祉をともに生かし、かつ双方の濫用を正すような仕方で両者を原理的に統合するためには、この二つの価値を、それらに通底する一層根源的な規範的理念の規律に服せしめて再編する必要がある。これは、この二つの価値への志向性を内包してきたリベラリズムの基底的理念が何であるかの再考を要請する。

第三に、かかる再考の出発点は、リベラリズムの基底的理念が、「自由主義」という定訳が示唆するところに反して、「自由」ではないという認識にある。自由は「自己力能化（self-empowerment）」の欲求を内包し、これは他者支配への欲動に容易に転化するが、この転化の歯止めとなる規範原理は自由そのもののうちにはない。自己の自由と他者の自由との相剋を調整する原理は自由を超えた何かである。この「何か」を見出すためには、リベラリズムの思想伝統の反省的再構成が必要である。因習の鉄鎖からの理性による個人の解放をめざす「啓蒙」のプロジェクトと、宗教改革とそれへの反動がもたらした凄惨な宗教戦争の克服の企てに端を発する「寛容」のプロジェクトがリベラリズムの思想伝統の二大契機をなすが、両プロジェクトはいずれも明暗両面をあわせもつ。「啓蒙」は自己の理性を絶対化して他者を抑圧する独断的合理主義という暗部と、自己の独断からの覚醒をめざす批判的自己変革という光明との対立を内包し、「寛容」は自己の勢力が優越すれば破棄できる戦略的妥協としての「暫定協定（modus vivendi）」や、諸集団がそれぞれの自閉的独断と内部的抑圧とを相互承認して共存する「棲み分け」のような暗部と、異質な他者の接遇による自己変容・自己豊饒化をめざす精神の開放性という光明との拮抗を孕んでいる。「啓蒙」と「寛容」それぞれの暗部を克服し、それらの光明を統合することによってリベラリズムを再生させる基底的理念は「正義」である。ここでいう正義とは功利主義、リバタリアニズム、種々の平等思想というような対立競合する正義の特殊構想の一つではなく、それらに通底する共通の規制理念としての普遍主義的正義概念であり、普遍化不可能な差別の排除の要請を核心とする。これは自己の他者に対する要求が自他の視点を反転させたとしてもなお受容しうべき理由によって正当化可能か否かの批判的自己吟味を、すなわち自閉的独断を超えた公共的正当化理由の探求を自他双方に要請する。正義理念が内包するこのような「他者に対する公正性」の規律に服してはじめて、啓蒙の正の遺産としての批判的自己変革と寛容の正の遺産としての他者接遇を統合することが可能になる。

第四に、普遍主義的正義理念を基底原理として再定義されたリベラリズムは、自由と福祉をともに「他者に対する公正性」の配慮の規律（自己の自由行使・福祉享受のコストを最終的に帰着させられる他者の視点からの正当化可能性のテスト）に服せしめることにより、それぞれの放縦化を排して両者を接合する。このことの規範的・制度的含意を詳述する紙幅はないが、骨子は以下の通りである。

①経済的自由については、人格的・政治的自由と不可分に結合する面においてその価値が重視され、その観点から経済的自由保障を精神的自由保障に劣位させる二重の基準論が批判的に再検討される一方、私的独占に対する統制の厳格化だけでなく競争資源の初期分配の公正化をも要請するものとして公正競争原理の規範的意義が再解釈・強化され、競争の勝者と敗者の地位の転換可能性の実質的担保により市場経済システムの正統性（敗者の視点からの受容可能性）を確保することが要請される。

②人格的・政治的自由については、政治的に無力な個人・少数者の基本的人権の保障は司法の違憲審査機能の強化等により貫徹する一方、組織的利益集団の強固な政治的拒否権は切り崩し、政治的答責性の明確化と政権交代の活性化により未組織大衆の政治過程に対する批判的統制力を強化し、主権者たる人民自身の試行錯誤的な政治的学習による批判的自己変革を促進する「批判的民主主義」への転換を図る。

③福祉については、(a)分配指標問題に関し、資源の価値を選好充足度や能力実現度のような資源享有主体にとっての効果で測る「選好本位主義（welfarism）」やA・

センの「能力本位主義（capability-based approach）」ではなく、資源享有主体以外の他者が負わされる機会費用によって測る「資源本位主義（resource-based approach）」が「他者に対する公正性」をより的確に配慮するとともに、配当資源使用の自己責任を確立して人格的自由を侵食するパターナリズムに歯止めをかけうる立場として支持され、(b)分配基準問題に関し、ロールズの格差原理が最不遇層の境遇の最善化のみを考え、そのコストの他の社会層の間での分配の公正の問題を捨象する点で、効用集計値の最大化のみを考え分配の公正に固有の価値を認めない功利主義と同じ誤謬を犯しているものとして斥けられ、「人格的品位保持のための必要最小限生活水準保障（decent minimum）」の原理が他者に対する公正性の要請によりよく合致し、①の競争資源初期分配公正化のための再分配を補完するものとして支持される。また、(c)制度設計問題に関し、受益可能性が政治的組織力に左右され特殊権益保護に堕し易い競争制限規制に代えて、政治的組織力の有無強弱に依存せずに万人に保障される普遍主義的公平性をもった市場外再分配措置により、(b)の生活保障と①の競争資源初期分配公正化を図ることが要請される。

まとめよう。単に自由の保持増進か、福祉の保持増進かという二項対立的発想を超えて、自己の自由行使が他者の福祉のみならず自由を阻害し、自己の福祉享受が他者の自由のみならず福祉も阻害する効果をもちうるという現実を直視して、自己の自由行使と福祉享受が、自己の視点のみならず、かかる阻害効果に対して異議申立てをする他者の視点からも受容しうべき理由によって正当化可能か否かを反省的に吟味する必要がある。かかる批判的自己吟味の責任を人々が引き受けたとき、自由と福祉の葛藤問題をめぐる対立を解消しえないまでも誠実に調停する道がはじめて開かれる。正義理念を基底にしたリベラリズムは、かかる責任を万人に課すことにより、多様な対立競合する価値と利益を追求する人々の公正な共生枠組みを確立する企てである。

＊本稿の論点を敷衍するものとして、以下の拙著・拙稿を参照されたい。
『他者への自由——公共性の哲学としてのリベラリズム』創文社、一九九九年、第六、七章。

『現代の貧困』（岩波書店、二〇〇一年）第三部。

『法という企て』（東京大学出版会、二〇〇三年）第六、七、九章。

『哲学塾　自由論』岩波書店、二〇〇八年
「何のための司法改革か――日本の構造改革における司法の位置」井上達夫・河合幹雄編『体制改革としての司法改革――日本型意思決定システムの構造転換と司法の役割』（信山社、二〇〇一年）。

「リベラリズムの再定義」『思想』二〇〇四年九月号。

「リベラル・フェミニズムの二つの視点」『法哲学年報二〇〇三　ジェンダー、セクシュアリティと法』（有斐閣、二〇〇四年）。

「公共性とは何か」井上達夫編『公共性の法哲学』（ナカニシヤ出版、二〇〇六年）。

基調論考

自由の相互承認としての憲法

齋藤純一

「自由」と「福祉」は、憲法においてそれぞれどのような位置を占め、互いにどのような関係にあるだろうか。ここでは、主にI・カントの議論を参照しながら、憲法は「自由の相互承認」を表す政治社会の根本規範であり、福祉（社会保障）は人々の市民的・政治的自由を可能にし、それを促すための制度であることをあらためて確認したい。

近年「フリーター」や「ワーキングプア」といった言葉が人口に膾炙している。不安定な職を転々とせざるをえない人々やフルタイムで働きながらも収入が生活保護水準に達しない人々を指す言葉である。明日の生活への不安を払拭できない、将来の「生の展望」（life prospect）を開くことができないという切実な問題は、政治社会における承認の毀損というより根本的な問題を映しだしているように思われる。彼／彼女らは、「使い棄て」の労働力として、あたかも手段であるかのように扱われる経験に日々曝されている。ある人々が自らの属する政治社会によって公正に処遇されていると感じることができない状態は、社会の正統性に深刻な疑問を投げかけるものである。

周知のように、カントは、その道徳哲学において、すべての人間（「人格のうちなる人間性」）はたんに手段としてのみ扱われてはならず、つねに同時に目的としても扱われねばならないと論じた（『人倫の形而上学の基礎づけ』A429）。各人は、感性的存在者であると同時に、自己立法する理性的存在者、つまり「自由の原因性」たる自律的存在者でもあると位置づけられるからである。カントによれば、他者の意思によって他律的に——たんなる

JUNICHI SAITO

さいとう・じゅんいち　1958年生，早稲田大学大学院政治学研究科博士課程中退。現職：早稲田大学政治経済学術院教授。専攻：政治理論・政治思想史。主要著書：『公共性』（岩波書店，2000年），『自由』（岩波書店，2005年），『政治と複数性』（岩波書店，近刊）。

「物件」であるかのように――扱われないという自由への権利こそが人間にとっての根源的な権利（「人間性の権利」）である（『人倫の形而上学』A238）。そのような相互の自由を両立させるために，それぞれの外的自由を法にしたがって相互に制限することが各人にとっての義務となる。自由は一方的にではなく相互的に成立しなければならない，これがカントの示した「根源的契約」の理念であり，憲法＝国制（Verfassung）はそうした「自由の相互承認」を原理とするものとしてとらえられる（『理論と実践』A297）。

「自由の相互承認」は，カントにおいて，法の正統性の試金石たる最も根本的な規範であり，互いを自由な存在者として認め，その尊厳に尊敬を払う――他者の自尊を損なわない――関係性を市民の間に構築し，それを維持することが憲法には求められる。この規範に照らすなら，ある市民が，他の市民によって，あるいは政治社会によってたんなる手段としてのみ扱われるとき，そうした「自由の相互承認」は損なわれていると判断されることになる。

「自由の相互承認」には二つの意味合いがある。それは，まず，他のようにあり，他のようにあろうとする他者の生の自律を尊重し，承認しあうという含意をもつ。それは，自分の生き方を自分で決める自由の相互承認である（他者の定義する幸福にしたがって生きることは他律を意味する）。カントは，国家によるパターナリズムを厳しく批判しながら，憲法の意義は，市民に，幸福を保障することではなく，自由を保障することにあると強調した（『理論と実践』A290f.）。自由は相互的なものでなければならない以上，自らが定義した幸福，善き生の構想を強要することは他者からその自律を奪うことになる。

「自由の相互承認」は、第二に、自らが立法した法にのみ従う政治的自由を相互に承認しあうという含意をもつ（他者によって制定された法に従うことは文字通り他律を意味する）。共和制を支持する憲法は、自らの自由を拘束する法を自己立法する政治的自由をすべての市民に保障し、誰であれ、共同立法者たる市民が法を制定する政治的な意思形成・意思決定の過程から排除されないことを求める。

このようにカントの議論に沿って考えるとき、憲法は、二つの意味での自由の相互承認を表していることが分かる。市民的自由および政治的自由、すなわち、他から強制されることなく自らの生を生きる自由（私的自由）および他の市民とともに法の共同起草者として行動する自由（公共的自由）である。市民は、憲法が保障するこれらの自由を実効的に享受しうるときに、他の市民や政治社会によって、たんなる手段としてではなく目的そのものとして扱われていると判断される。

「自由の相互承認」は現実には損なわれやすいものである。まず市民的自由について言えば、それが国家権力の濫用によって脅かされるという認識は依然として重要である。国家の統治は、近年、帰責対象を曖昧にする方向に変容しつつあるからである（「統治の統治」）。ただし、それだけでは不十分であり、市民的自由は、国家（公的権力）のみならず、経済的・社会的権力（私的権力）によっても脅威に曝されるという認識も不可欠であろう。公的、私的を問わず、自由を奪う支配（domination）の可能性に対する安全性を市民に保障することが求められるのである（恣意的な搾取に対する安全性を確立するためには最低賃金の規制が、DVに対する安全性を確保するためには関係の解消を容易にするための支援が必要である）。

共和主義が強調するように、人々が市民的自由を等しく享受しうるためには、司法による保護に加え、政治的自由を積極的に行使することが不可欠である。しかしながら、経済的・社会的に格差の大きな社会では政治的自由を行使するための資源も著しく対称性を欠くことがあり、経済的・社会的な排除が政治的な排除に連動しがちである。「公共的理由」の吟味によって理性的な意思形成・意思決定をはかろうとする討議デモクラシーも、そうした非対称的な条件のもとでは、実質的に多数派の生活防衛の道具として機能することが避けられない。政治的な意思形成・意思決定の過程に法の起草者として参加しうる自由が一部の市民から継続的に剝奪される場合には、民主的な意思決定の正統性を疑わざるをえないだろう。J・ロールズのいう「政治的自由の公正な価値」、つまり政治的自由の実質的な平等が憲法それ自体によって保障されなければならないのはこうした事情のためである。

さて、人々が憲法のもとで市民的自由・政治的自由を実効的に享受しうるためには、その社会的条件が確保されていなければならない。福祉（社会保障）は、人々の市民的・政治的自由を可能にし、それを下支えするものとしてとらえ返されるべきだろう。というのも、福祉国家をめぐる従来の議論においては、福祉はもっぱら事後的な救済の制度として理解されてきたからである（いわゆる「セイフティネット」の思想もその延長線上にある）。「自由の相互承認」という観点からすれば、重要なのは、社会保障を、事後的な保護（protection）に終始する――それはしばしば人々にスティグマを与え、自尊の感情を損なう――ものとしてではなく、事前に広く資源を分配することによって誰もが「生の展望」を開いていくことを可能にする、自由の促進（promotion）としてとらえなおすことである（この点で、十全な社会保障を擁護する根拠を憲法二五条のみならず憲法一三条にも求める議論は妥当である）。

十分にその議論を展開することがなかったとはいえ、カントは、人々の自由（道徳的自律）が窮乏という物質的条件によっても損なわれる場合があることを重視し、他者の自由を阻む障害を取り除くための支援が必要であるとも論じた（『人倫の形而上学の基礎づけ』A339）。社会保障は、人々の自由を阻害するさまざまな偶然性――才能などの自然的偶然性、出身階層などの社会的偶然性、そして疾病や災害など予見しがたい偶然性――に対処し、社会的資源の再分配を通じて、それらが人々の実質的な自由に及ぼす否定的な効果をできるだけ緩和しようとする制度である。「自由の相互承認」は、人々の生はいかんともしがたい偶然性に曝されているという生の脆弱性（vulnerability）に対する認識をうちに含んでおり、互いの自由を可能にするためにその物質的な条件を支え合う社会的連帯を求める。近年、国家の存在理由として「法と秩序」、つまり治安の確保を挙げる議論が力を得ているが、セキュリティは、人々の自由を脅かす諸々のリスク（支配の可能性）に抗して制度的に構築される安全性というより広い意味にとらえ返されるべきであるように思われる。

最後に、憲法とデモクラシーの関係について付言したい。いま見てきたように、憲法原理の核心が「自由の相互承認」にあるとすれば、その原理を再解釈する政治的実践は、人々が損なわれていると自ら判断する相互承認を取り戻すための闘い――何が正当な権利の要求であり、何がそうでないかの規準を再設定していく闘い――として理解することができる。憲法が権力制限規範であることを強調する議論は、それが市民に対する行為規範ではないことを指摘する点では正当であるが、残念ながら、憲法とデモクラシーの結びつきを回復する方向づけを欠いている。「多数派の暴政」に抗して少数派の権利を保護する司法過程のはたらきはもとより重要であるが、憲法原理の解釈実践は司法過程にのみ委ねられてはいない。「未完のプロジェクト」としての憲法という視点に立てば、それは、民主的な政治過程における「承認をめぐる闘争」にも十分に開かれていなければならないはずである。

対論

自由と福祉

井上達夫 × 齋藤純一

司会：愛敬浩二

1 「自由」をめぐって

司会　九〇年代諸改革の「成果」として、最近では「格差」どころか、「貧困問題」を語るべきとさえ言われるようになりました。にもかかわらず、改憲構想の中には、社会権規定の弱体化を目論むものがあります。社会権から人権としての性格を奪おうとした「自民党・憲法改正草案大綱（たたき台）」（二〇〇四年一一月）などはその一例です。また、改憲問題を明文改憲の問題に限定せず、広く国家社会の基本的あり方の変化と捉えるならば、日本には確かに、「自由vs福祉」という問題が存在しているように思われます。

他方、現在の改憲論議において、「公共性」の過剰という問題があります。先ほど言及した「草案大綱」でも、「家族や共同体が『公共』の基本をなすものとして位置付けられるものでなければならない」との提言があります。

「福祉」が弱められる一方で、「公共性」の過剰が生まれている状況がある。この政治状況を念頭に置きつつ、「自由と公共」の問題について、お二人のお考えをお聞きするのが、今回の対論のテーマです。では、まず「自由」をめぐって、井上先生の方から、問題提起をして頂ければと思います。

井上　愛敬さんが描き出した問題状況の中で、社会権を切り詰める側のことを「ネオ・リベラル」と呼びますね。「リベラリズム」イコール「自由競争」、「自己責任」というイメージです。しかし、これはかなり古臭いイメージです。私が擁護する「リベラリズム」はそういうものではありません。ですから、ちょっと挑発的な言い方ですが、「リベラリズムは自由主義ではない」と言っておきたい。

基調論考で概説したとおりですが、私の考えるリベラリズムというのは、正しい政策は何かという問題だけではなく、もっと基底的な政治的正統性の原理に関わるものです。要するに、リバタリアンが選挙で勝とうが、イーガリタリアン（平等主義者）が選挙に勝とうが、選挙の敗者に対して正統性を主張できる条件は何か。このことを考えるのが本来のリベラリズムのねらいであったと考えています。

リベラリズムの歴史的淵源には二つのものがあります。「啓蒙のプロジェクト」と「宗教改革のプロジェクト」です。前者は、権威に盲従せずに、批判的にそれを吟味し、そのことによって、自分の精神を解放していくというイメージです。後者は、宗教改革以降起こった凄惨な宗教戦争の結果、異なったものがお互いの差異を認知しつつ、多様性が確保されていくといったイメージです。この二つのプロジェクトがリベラリズムの淵源にあるわけですが、それぞれに影の面を持っています。

啓蒙のプロジェクトの影の面は言うまでもなく、独断的合理主義です。自分の理性を絶対化して、自分の描いた理性的な社会改革の青写真に合わないものは全部切り捨てていく。フランス革命期のロベスピエールをその典型例として挙げておきましょう。宗教改革のプロジェクトにも光と影の面があります。生態学的な相利関係のイメージとしての「共棲（symbiosis）」や、単なる暫定協定としての「寛容」ではなく、「共生 conviviality」の場として社会が理解されて始めて、このプロジェクトの光の面が現れます。啓蒙のプロジェクトの批判的自己変革と、宗教改革のプロジェクトの中の共生（conviviality）。この二つを統制・統合していくのがリベラル・プロジェクトのあるべき再構成の方向で、それを私は「他者への自由」と呼んでいます。

「自由」というと思い出すのは、アイザィア・バーリンの「二つの自由」ですが、「権力からの自由」としての消極的自由と「権力への自由」としての積極的自由という二項対立的把握は、リベラリズムに対する誤解を招くものだったと思います。消極的自由、権力や他者からの干渉の自由こそ、リベラリズムの核心だとのイメージを広めてしまったからです。しかし、この議論は、自由の保障手段の問題と、自由の意味の規定の問題を混同している。他者の干渉からの自由とか、権力からの自由というのは、自由の保障手段であって、そのような他者の干渉や権力から一体何を保障しようとしているのか、保障されるべき自由の意味そのものは、消極的自由の概念は何も規定しない。

他方、積極的自由は、最も統一的な規定が「自己支配 self-mastery」ですから、こちらは自由の意味を与えてはいるわけです。しかし、何のための自己支配かという問題に答えていない。それは、自分のプロジェクトにしたがって、この世界を形成していくためには、そのプロジェクトを貫徹するためのディシプリンが自分にも必要とされるからです。だから、世界支配のための自己支配なのです。さらに重要なことですが、自分で自分の運命をコントロールできるということは、自分が住んでいる世界に自分が翻弄されちゃならないわけですから、自分が住んでいる世界をも、したがってまた他者をもコントロールできなければ、自分自身をコントロールできないわけです。そういう意味で、自分をエンパワーしていくというのが自由の根本的なところです。

もし、この意味での自由がリベラリズムの最も根本的な価値だと考えられると、それは他者支配への欲動に簡単に転化してしまうというのが私の主張なんです。ですから、リベラリズムを「自由主義」と呼ぶべきじゃない、自由主義と言っちゃうと、自由を根本的な価値理念と考えてしまう。私はリベラリズムの根本的価値理念は正義であると考えています。この正義の規律のもとに自由を服せしめてはじめて自由はまともなものになる。他者を支配するか、あるいは、それができなければ排除するかという「他者からの自由」じゃなくて、異質な他者と接遇することによる自己変容をあえて引き受けるという意味で自由になるためには、「自由」ではなくて、「正義」の概念がリベラリズムの基底に置かれなければならないというのが私の主張です。

レヴィナスやデリダのように現代思想の中にも、「他者」の接遇を正義と結合させて重視する議論がありますが、彼らは正義を他者との人称的対面性や実存的跳躍に還元し、普遍主義的な正義理念を無視ないし敵視している。しかし、普遍主義的な正義理念を斥ければ、「私」は他者への無限の責務を一方的かつ無根拠に負うことになり、自他関係が非対称化される。他者と自己をこういう形で非対称的に扱うと、一見、他者を高みにおきながら、他者は自己の慈恵の客体とされ、自己は無限の慈恵を神的な愛によって施す主体として再神格化されることにより、結局自己を他者より高次の存在に祭り上げる形で自他関係を逆転してしまうのです。重要なことは、自己と他者とを非対称化しないで、他者を自己と対等な規範的討議のパートナーとして扱うということです。そこで、その討議を律する理念として普遍主義正義理念が必要なんだということを言ってきたわけです。

この自己中心的価値としての自由の基底性から他者志向的価値としての正義の基底性へというねらいのもとに、私自身、今まで、正義の基底性という言葉を、リベラリズムを特徴づける原理として使ってきたんですが、その意味が私の中でも少し変わってきました。当初は、初期ロールズが強調したような反卓越主義的な原理として、善き生の特殊構想に対する正義構想の基底性を中心に考えていました。しかし、最近では、この反卓越主義的原理の基盤に、より根源的なものがあるということに気づきました。善き生の特殊構想に対する正義構想の基底性よりもっと根源的なもので、正義の特殊構想に対する普遍主義的正義概念の基底性です。

「普遍化不可能な差別の排除」という意味での普遍主義正義概念が、対立競合する正義構想の共通の概念核になっています。共通の概念核であるということは、正義構想を標榜する以上は、この普遍主義的正義概念を共通の制約原理として引き受けなければいけない。そうでなければ、いくら正義を名乗っていても、それは真摯な正義の主張とは言えないという制約原理として働いてくる。この「普遍化不可能な差別の排除」から、自己と他者との視点の反転可能性テストということが出てきます。「俺にとっては自明だから、言うことを聞け」というのではダメですね。他者にとっては自明じゃないわけですから。

この視点の反転可能性要請は、特異な自己の信念体系に自閉したものしか理解できないような理由を超えた、公共的理由による正当化要請を含意しています。それが善き生の構想が多元的に分裂した多元的社会においては、善き生の特殊構想に対する正義構想の独立性とか可能性や制約性の要請を含意する。そういう考え方なんです。宗教だけじゃなくて、いろんな人生観が分裂していく中で、宗教的寛容にしろ何にしろ、それを別の観点から言うと、自分の宗教と違った宗教、その他を信じている人の視点から見ても、理解し受容するべき理由によって、自分のその人に対する要求が正当化できるかどうかということです。

齋藤　私はリベラリズムに対してはある時期まで、あまりよいイメージを持っていませんでした。価値観が違う者同士は棲み分けたほうが共存できるんだ、そういう暫定協定型の関係性をリベラリズムは擁護する、という理解からです。しかし、井上さんのリベラリズムは、「他者への自由」、私の言葉で言えば他者との相互交渉の重要性を強調します。世界観や価値観を異にする他者を交渉不可能な相手として、あるいは交渉の必要のない相手として排除するのではなく、絶えざる交渉の相手として位置づける考え方ですね。他者との相互交渉を維持していく徳性としての「civility（市民性）」

の意義が最近注目されていますが、井上さんも、暫定協定型のリベラリズムとは違ったリベラリズムの理解を示していると思います。

井上さんの考え方には共鳴するところが多いのですが、あえていくつかの疑問点をあげるとすれば、まず一つは、「公共的理由による正当化要請」と井上さんが言うとき、その公共的理由をどのように示すのかに関わります。たしかに、世界観が分化する多元的社会において自分の主張を正当化しようとするなら、人は、自分に固有の言語（理由）ではなく、他者が理解し、受容することのできる言語（理由）を語らなければならない。井上さんは、『公共性の法哲学』（ナカニシヤ出版、二〇〇六年）の論文で、公共性とは「理由の公共性」であり、公共的な言語に自分の言語を翻訳するという要請を相互に課すべきだと強調されています。しかし、ハーバーマスのロールズに対する批判を踏まえて言えば、公共的な言語に自らの言語を翻訳するうえで人びとは対称的な立場にあるわけではなく、自分で翻訳しろという強い要請はある人びとの発言を萎縮させる効果を持つのではないでしょうか。公共的な対話の前にあらかじめ翻訳を求めるのではなく、対話のなかで翻訳が行われればよいのだと私は思いますが。

アーレント的な観点から言えば、公共的なコミュニケーションにおいては、「私は他者の視点には立てない」ということが重要だと思います。人びとは互いに代替不可能なパースペクティブを持っており、その相異なるパースペクティヴを相互に交換し合うなかではじめて公共的なパースペクティブを形成していくことが可能になる。パースペクティヴが一つひとつ異なっているがゆえに、それを交換することに意味がある。井上さんのおっしゃる「他者の観点からの反転可能性」は、最終的には、「私は他者の観点を所有することはではない」という制約の下にある。公共的な対話は、誰もが自分自身の言葉で語ることに対して最大限開かれている必要があるのではないかと思います。

第三に、先ほどバーリンの消極的自由の話が出ましたが、リベラリズムにおいて「自由」という概念をどう規定するかという問題があります。これは、フィリップ・ペティットという共和主義者が主張していることですが、他者による実際の干渉がないとしても、他者による支配（domination）の可能性はある。他者の一方的な意思の下に置かれる場合には人は実質的に自由であるとは言えない。支配の恐れのある関係性からの退出の可能性（離脱の選択肢 exit option）が公共的に保障されていないと、人は自由であるとは言えない。離婚の問題を考えてみても、離婚すると「アンダークラス」に転落する恐れがあるとき、離婚せずに自分を支配的な関係の下につなぎ止めておくということが現実にあります。あるいは、最低賃金規制がなければ、いかに過酷な職場でも、そこで働かざるを得ないでしょう。支配に対する自由、あるいは退出オプションを実効的なものとして保障するためには、公共的な規制が必要になってくるという観点が重要なのではないか。リベラリズムは、「干渉からの自由」ではなく「支配からの自由」をどのように理論のなかに組み込むことができるでしょうか。

最後にもう一つ。これは、ジョン・グレイの暫定協定型のリベラリズムを厳しく批判する井上さんのご意見をうかがいたいということですが、ご存じのように、ジュディス・シュクラーは、人間に加えられる「残酷さ」という最高悪、共通悪をいかに回避できるか、それを探る思想こそがリベラリズムなのだと言います。彼女のもとで学んだマイケル・イグナティエフも、リベラリズムは課題を背負い込み過ぎてはならず、共通悪や最高悪の回避すらも実現できていないのが実情である以上、リベラリズムの課題をそこに限定すべきと論じています。こういう議論は、他者との相互交渉を重視し、支配の可能性に対するセキュリティを確立しようとするリベラリズムとは逆の方向に向かうわけですが、これだけ残虐と言っていい暴力がはびこる社会だと、一定の説得力を持っているのかもしれません。自由を保障するということについて、リベラリズムの射程をどう見定めればよいのか、ご意見をうかがえればと思います。

井上　四つの問題が提起されました。第一点ですが、公共的正当化を要請するのは、庶民には過酷じゃないか。ハイブラウすぎるのではないかと。第二点は、他者の観点に立とうとしても、所詮他者はわからないという話。この第一点と第二点は、僕は矛盾しているんじゃないかなという気がするんです。第一点は公共的正当化遂行能力における知識人・エリートと庶民の「格差」を指摘しているのに対し、第二点は誰もそんな能力をもたないと言っているわけですから。第三点は、離脱の選択肢を実効的にするためには、公共的な規制が必要であるということですね。第四点は、リベラリズムは、あまり欲張っちゃいけない、ミニマムな悪の回避に限定せよということですが、僕は第三点と第四点も、実は矛盾しているんじゃないかと思うんですね。第三点は公共的規制の拡大を、第四点はその限定を要請しているわけですから。

第一点については、日本のヤマギシズムでも、アメリカのアーミッシュ（その中でもかなり伝統的な世俗化されていない宗派ですが）でもいいんですが、ああいうふうに自分たちを社会から隔離してやる分には構わないわけです。公共的な言葉で語らなくてもいい。ただ、自分たちの生活要求であれ、宗教的な価値の追求であれ、それを実現するために、社会の資源配分を要求するとか、他者にコスト負担や何らかの外部的な負の効果をもたらすような要求を掲げて、その実現を目指し運動をする場合には、自分たちと違う他者に対して、それを正当化しなきゃいけないわけです。自分たちの要求や運動の負の帰結を負わされる、そういう他者に対して、正当化することを要求することは、その運動をする人たちが誰であれ、僕は必要なことだと思います。

とくに重要なのは、いわゆる原理主義という運動はほとんど、ポピュリズムです。アメリカも、ヨーロッパも、イスラム圏でもそうです。トルコは世俗的な共和主義政体をずっと維持してきたにもかかわらず、最近、原理主義運動が出てくるのは、やっぱり、グラスルーツの運動なんです。それを何とか抑えているのは、皮肉なことにケマリスト的な軍人組織です。こういう状況がある時に、庶民の草の根の運動をする人たちに、他者を配慮した公共的正当化を要請するのは、過酷すぎるというのは、どうでしょうか。彼らがまさに他者に対して権力を行使しようとするならば、権力行使は、当然、責任を伴うんです。そういう公共的正当化責任は負いたくない、でも権力は行使したい、他者にコストを転嫁したい、ということは誰であれ許しちゃいけないと思うんですね。

第二点については、私も、本当の意味で他者を知ることはできないと思います。私は異質な他者人格との接遇というのは、まさに他者は不透明で完全にわからないから重要だと思っているわけです。しばしば私の普遍化不可能な差別の排除としての普遍主義正義概念という主張に対して、「他者の視点などわかりっこない」とか「結局は自分の視点を他者に押しつけているだけだ」という批判がなされます。

僕はこれに対して、次のように答えているんです。『公共性の法哲学』の中でも触れていますけれど、「われわれは自己と他者の断絶を超えることはできない。他者の視点を配慮せよといっても、それは自分の視点の外部に立てということではなく、自分の視点だけを考える自分の視点から、他者の視点を配慮する自分の視点へ、自分の視点そのものを変容させることだ」という応答です。自分の痛みしか考えない自分の視点と、自分が他者に加えているかもしれない他者の痛みを、じかに痛むことはできなくても、自分が痛むことのできない痛みを他者が痛んでいるということを配慮する自分視点との間には、同じ自分の視点だけど、決定的な倫理的質の差がある。自分の視点の中に倫理的重層構造がある。

アダム・スミスの『道徳感情論』における「公平な観察者」というのも、傍観者たる現実の他者と同じではない。スミスは「公平な観察者」も所詮、他者を配慮する自分の視点に過ぎないことを自覚して、これを自己の「内なる高次の人」と呼び、自己の視点を倫理的に重層化している。この「内なる高次の人」は自己中心的な自己に対してだけでなく、しばしば独善と偏狭に陥いる現実の他者に対しても批判的距離を保持しています。

ルソーの一般意志と特殊意志の区別も、同じことを問題にしているのだと思います。ルソーは、「一般意志は全体意志ではない。特殊意志の総和が一般意志になるわけではない」と言う。その趣旨はよくわからないと言われてきたわけですが、要は、特殊意志も一般意志も自分の意志なんです。一般意志というのは、意志の対象の一般性であって、自己の特殊利害を志向しえない。他者との共通利害を志向するということです。でも、他者との共通利害が何であるか、本当にわかるのかという問題があるわけですけれども、彼は要するに、他者に課した条件に自分も従うことができるかどうかというテストで、それを考えようとするわけです。だから、ルソーは、僕のような言い方をしなかったけれども、他者を完全に理解するというのは不可能だし、自己と他者の断絶は乗り越えられないけれども、にもかかわらずというか、だからこそ、そのような自分にとって不透明な他者のことを常に意識している自分と、それをまったく無視してやろうとする自分との間にある重要な倫理的な違いを意志の主体の数や構成によってではなく、意志の質の区別によって、同じく自己の意志である特殊意志と一般意志の区別によって捉えようとしたわけです。自我の牢獄を誰も乗り越えることができないけれども、自我の牢獄の中での絶えざる自己変容を迫る理念として、普遍主義的な正義概念を考えたいわけです。

第三点ですが、「離脱」のためには、ただ形式的に、「イヤだったら、離脱すればいいよ」、「イヤだったら、会社を辞めればいいよ」というだけではダメで、その後の受け皿まで用意しなきゃいけない。それはその通りなんですね。これは、離脱の自由だけでなく、自由一般について問題になることで、ロールズが、初期に、「自由の値打ち（the worth of liberty）」と言い方で、遺作となった『公正としての正義　再説』では、「自由の公正な価値（fair value of liberty）」という言い方で提唱している論点です。単に憲法で自由を保障してもらっても、それを実際どの程度使えるかは人によって違うわけで、自由を現実に享受しうるレベルというのも重要だというんですね。

ただし、ロールズが慎重なのは、「自由の値打ち」や「自由の公正な価値」を語るのは、あくまでも政治的自由についてなんですね。参政権を平等に与えられても実効的に使える人とそうでない人があるわけで、それだと民主主義といっても意味がない。しかし、それを超えて、すべての自由について、自由の価値を公正化せよと主張することに関しては、ロールズ自身は非常に慎重です。なぜかというと、宗教的自由といっても、人によって、宗教的自由の享受の仕方は違うからです。たとえば、ものすごく広大な敷地の中でいろんな設備も作らないと自分たちの信仰上の価値が実現できない宗教もあるかもしれないし、アーミッシュのような自給自足で細々と暮らす宗教もあるかもしれない。ものすごく多くの資源を要求するような宗教をたまたま信奉した人は、そうじゃない人に比べて、自分たちの宗教的自由の実現度は相対的に低いから、それを保全してくれなんて要求することはできるかというと、それはできないということですね。

だから、そこで難しいのは、自由を実質的に保障することを要求するのは当然だけれど、そのためには、資源の再分配が必要ですから、それは他者に必ず機会費用を課すわけです。こちらの人たちの自由を実効化するためにある資源を分配すれば、他の目的のために使えた資源が使えなくなる。そうすると、そのことによって、損失を被る、機会費用を負わされてしまう人たちもいるわけです。ですから、ここでは、普遍主義正義理念の制約は効いてこなければいけない。その負の帰結を負わされる人たちに対して、資源のそのような使い方が正当化できるのかどうかということですね。

単に、「離脱の自由」を実効化するためというだけだったら、全般的な分配的正義の問題のひとつの帰結として扱うべきであって、その問題だけを特化すべきじゃないと思うんです。私たちはいろんな自由を持っているけれど、その自由をどの程度、実際に実現できるかは、人によって様々なんですね。しかし、すべての自分の自由について、それを自分の望むように行使できる条件を実質的に保障せよと言ったら、社会はパンクします。個別的な自由の価値よりは、トータルなリソースの分配の公正化を図った上で、各自の公正なリソースの分け前の中で、どの自由を実効化するためにそのリソースを投資するかは、各人に任せるというのがよいと僕は思っているんです。

最後の問題、「リベラリズムは共通悪の除去に課題を限定すべきだ」という問題ですが、何がミニマムなのかということが実は難しい。それを同定する原理は何なのか。シュクラーの「恐怖のリベラリズム」の議論は、暴力にさらされると自由が萎縮してしまうから、「法の支配」もアリストテレス以来の「理性の支配」のモデルではなく、暴力の恣意性を統制するモンテスキュー的な制限政府論のモデルに限定しようとしますね。でも、そのように限定された「法の支配」だって堕落して、制度化された暴力の支配になる可能性だってあるわけですから、やはり単にミニマムな悪だとか、恐怖だとか、残酷さだとか、心理学的なタームで済ますんじゃなくて、ある規範的な原理によって、何がミニマムな悪なのか、恣意的暴力を統制する制限政府は不正な差別の現状を維持するイデオロギーに堕していないかを絶えず批判的に再吟味することが必要だろうと思っているんです。そうすると、結局は正義の問題に戻ってくるだろうと思っています。

2 「公共」をめぐって

司会　先ほど井上先生の方から、日本で流布している「自由主義」と、井上先生が擁護する「リベラリズム」とは違うという問題提起がありましたが、今度は、齋藤先生の方から、先生が擁護しようとなさっている「公共」と、日本で現在流布している「公共」とはどこが違っているのか、今、「公共」について語るのであれば、何が大切なのかといったことについてお話をして頂けたらと思います。

齋藤　いまの憲法改定をめぐる議論のなかでは、「公共」は二つの場面で問題になっています。第一に、自民党の「憲法草案大綱（たたき台）」にも見られるように、「公共の福祉」を「公共の利益と公の秩序」に書き換えようとする動きです。「福祉」という言葉を憲法から消したい、公共的なものを秩序維持、いわゆる"law and order"の方に関係づけたいという意図が読み取れます。国家は社会保障からは少しずつ手を引いて、生活保障を各人が自分の手で私的に構築すべきものとして位置づけていく。その代わり、国家は軍事‐警察的なセキュリティのほうに自分の存在理由を見いだしていく、という流れですね。

やはり自民党の新憲法起草委員会が「広く公共の福祉に尽力する」ということを強調しています。気になるのは、「公共」が実体化して語られ、よき市民はその「公共」のために貢献しなければならないとされていることです。実際、社会に対して負荷をかけてはいけないという要求が法制化されてきています。たとえば、医療コストをかけないように生活習慣を改善せよという老人保健法の新しいプログラムがその典型です。健康増進法や食育基本法などにも、健全でまともな市民になれという要求をみてとることができる。これは、シティズンシップにおいて、権利の側面というよりも、義務や社会貢献の側面、少なくとも社会に対して負の貢献をしてはならないという側面を押し出していく、そういう動向を表していると思います。こういう言説では「公共」は、市民が貢献すべき何かとして語られているのではないでしょうか。

こういう語り方を批判するためには、「公共」というのは、私たちを超えた、あるいは私たちを包摂する実体的なものではなく私たちの「間」に形成されるものだという見方が重要だと思います。「レス・プブリカ res pubulica」というときの「レス」は、「事柄」と「関心」という二つの意味を持っていますが、私たちの間にある事柄、私たちが相互に関心を共有する事柄が「公共」だと思います。この場合、何が私たちが共有すべき公共的な規範であり、公共的な価値であるかはけっして自明ではない。それを定義し、再定義する意思形成‐意思決定の過程それ自体も、閉じられていない、排除がないという意味で公共的でなければならない。「公共」というのは、その意味で、相互性のあるコミュニケーションのなかでそのつど再定義されていくものだと言えます。

そういう意思形成‐意思決定は、もちろん、公共的理由を挙げて、それを吟味しあう討議の過程において行われる。討議デモクラシーの過程ですね。ただし、その場合、「公共的なもの」イコール「ディスコース（言説）」というふうに限定するのはまずい。ディスコースだけに公共性を限ってしまうと、ディスコースそれ自体の閉鎖性が分からなくなってしまう。にわかには他者に受容されない言葉、聞かれない言葉もあります。公共的な意思形成は、ディスコースだけではなくディスプレイの要素、たとえば直接行動によってアピールするという要素も間違いなく必要としている。

先ほどの井上さんの議論との関係でいえば、公共的な事柄について意思形成‐意思決定を行う際に、他者が受容しうる言葉によってそれぞれの主張が根拠づけられなければならないという点については、私も同感です。しかし、公共的理由への翻訳を各自が必ずしも自分でやる必要はないのではないか。私が言おうとしていることが、ある人によって受け止められ、それが公共的な言語に翻訳されればよいのではないか。井上さんは、無責任だとおっしゃるかもしれませんが、討議のプロセスの中での間でそうした翻訳が行われればいいわけであって、あらかじめ、何かを主張したかったら公共的な言語をもって語れというのは公共的な討議空間を狭める効果をもつのではないかと思うのです。

そう思うのは、たとえば長谷部恭男さんの議論に違和感があるからです。長谷部さんは、公共は特定の世界観、私的な「善の構想」に依拠してはいけないということを強調しています。憲法九条との関係でいえば、絶対平和主義はそうした私的な善の構想の一つと見なされ、公共の議論から斥けられる。公共的な議論は、ブルース・アッカーマンのいう「中立的対話」、価値対立を引き起こすかもしれない主題をあらじめ排除する対話に近づいていく。そうすると、異なった価値観、世界観の間での相互の交渉は公共のものとしては生じなくなります。

宗教的価値観の周辺化・私事化というジョン・ロック的な戦略は成功してきたのか、そもそもこの世界観を私事化するという戦略は妥当だったのかとあらためて問い返す必要もあると思います。ある種の世界観を「原理主義」とか「セクト」と名付けて、交渉可能なものの範囲から締めだしていく公共的なものの閉鎖こそ問題だという気がします。危険そうな世界観を市民社会からあらかじめ排除しようとする思想と行動は、日本でも、たびたび眼にしてきたものです。さまざまな世界観をそれぞれ絶対的なものとしてとらえるのではなく、それらが相互を脱‐中心化しあう動きを重視する。そういう意味で、さまざまな世界観が公共的な空間に現われるのを促すという考え方をあえて強調したいと思います。公共的な意思決定が特定の価値観に依拠してはいけないということと、公共的な意見形成‐意思形成がさまざまな価値観相互の交渉に開かれているということは矛盾することではありません。

もう一点付け加えます。異なった価値を生きる人々が社会的に協働することの意味合いについてです。リベラリズムが肯定するさまざまな生き方が可能であるためには、食うや食わずの状況でいいはずはない。人がそれぞれの価値を生きていくために、何を社会に求めることができるのか。もちろん、資源には限りがある以上、社会的な支援には限界がある。けれども、それぞれの生き方をプロモートしていくためにどのような支援が可能なのか、ということをもっと積極的に描いていく必要があると思います。私たちは互いの生をサポートし合うことによって、自分が所有しえない価値を享受することができる。それが社会的協働における相互性の意味だと思います。公共的なものは、それぞれの生き方を互いに承認するとともに、互いの生活を支え合うという相互承認を原理としている。そして、憲法は、そういう相互の承認関係を表現しているのだと思います。

公共的なものを実体化された共同的なものとする見方に対しては、共同的なものをできるだけ相互性に分節化して、国家は、人びとの相互承認関係を維持し、実現するための活動を行うものであるという見方を示したい。

井上　最初におっしゃった、いまの公共性言説のうさん臭さということについては、全面的に齋藤さんと同感です。ただし、その状況とどう対決していくのかというところで、齋藤さんと僕のスタンスが違うのかなと思います。

第一に、「公共」というのは私たちの「間」にあるものだという見方ですが、その含意がどのようなものであるかが気になりました。たとえば、ハーバーマスが、コミュニケーション権力は主体なき権力だ、人々の間の関係性なんだと言う。でも、これは、政治的な答責性を曖昧にする非常に危険な考え方であると僕は思います。市民運動といったって、誰か特定の人が必ず担っているわけです。私は右に対しても、左に対してもイヤなことを言うから、どちらからも嫌われるんだけど、例えば、最近の国立マンション紛争の原告団のような、一部の者の私的眺望利益を「景観」の名で保守しようとする自称「市民運動」も、「右の運動」とみなされているかつての元号法制化運動も、その要求・主張には公共的正当化可能性がないと考えています。高層マンション反対運動は市民の関係的コミュニケーションによって形成された世論を反映しているが、元号法制化運動は「体制」側が動員したものだというような対比は間違っている。どちらも特殊な利害・価値関心をもつ特定集団が運動の主体になっている。むしろ、元号法制化に消極的な自民党大平政権に、「下からのナショナリズム」ともいうべき草の根保守運動で地方から圧力をかけ要求を実現した元号法制化運動の方が、運動主体の広範性・国民的浸透性という点で勝ってさえいる。国立マンション紛争は「住民」対「悪徳不動産業者」という図式で語られているけれど、原告団の中核は隣接の某学園とそのOBたる弁護士・建築家等の専門家集団であり、マンション建設の利益を受けるのは不動産業者だけでなく、そこに移り住む予定の一般市民、顧客増を期待する近隣商店街なども含みます。マンションが景観を損なうか否かについても人々の間には賛否両論あります。この紛争は市民対業者という単純なものではなく、法人対法人、住民対住民、市民対市民という複雑な対立が絡まっているのです。だから、関係性というのはいいんですが、他者から見て異論の余地のある特殊な利害・価値関心を追求する特定の運動集団の主体的な責任を不明確化したり、誰の利益が誰にコスト転嫁されて実現されるのかという問題をごまかしたりする形で使われないように気をつけて欲しいと思います。

もう一つ、それと関係するんですが、自分で公共的な正当化をできなきゃダメだというのは要求が厳し過ぎる、萎縮効果があるという先程の論点がもう一度出されたと思います。その際、自分でできなくても、まずは「顕現」させてあげればいいじゃないか、自分の要求を公共的な言語に翻訳する人は他者であっても構わないというんですけれども、他者に翻訳を委ねることは、マニピュレーション（操縦）をも生むわけです。齋藤さんが「他者の翻訳」でもよいというのであれば、このマニピュレーションの問題をどう考えるのか、お聞きしたいと思います。

最後におっしゃった、「公共性と共同性は違う、共同

性を相互性に分節化すべきだ」との議論に、僕も基本的に賛成なんですが、齋藤さんの語り口は、国家が公共性を独占すると、共同性への公共性の堕落を生むみたいなイメージだったと思うんです。それはちょっと違うんじゃないかと思うんですね。しかも、最初に齋藤さんがおっしゃった問題意識とも緊張関係にあるんじゃないかと。「離脱」の問題をおっしゃったでしょう。夫婦のような親密圏もそうだし、会社の雇用関係もそうですが、ある共同性がものすごく抑圧的に働く場合がある。こういうものから離脱させるために、どうしたらいいのか。他の共同体に行ったら、他の共同体にまた絡め取られるだけかもしれませんよね。僕は国家のインパーソナリティ（非人称性・匿名性）というのは、こういうときに必要だと思います。福祉国家が提供する社会保障やセーフティーネットの存在理由は、共同体の中の様々な相互扶助のネットワークでは救済されない人々はもちろん、そこで救済されようと思ったら、抑圧に耐えなきゃいけない人々がそこから離脱したときに、それでも生存することを可能にすることだと思うんです。

僕は「中間共同体の専制」という言葉を使っていますが、中間共同体の専制に対するチェックとしてマーケットもあるけど、マーケットにも「マーケットの専制」があるわけで、それに対して、国家が持っている共同体を超えた普遍主義的な社会保障のセーフティーネットというものが持つ意義というのは、むしろ重視されるべきなんじゃないかと思います。

齋藤　誤解を招いたかもしれません。公共的なものが実体化されて、それに貢献をしたり、それに負荷をかけてはいけない何ものかとして語られる傾向に対して、共同性を相互性に分節化する必要を言いました。家族であれ、中間共同体であれ、市場であれ、誰かが支配にさらされるとき、国家はそうした支配に抗するセキュリティを個人に与える役割を当然果たすべきだと私も思います。

司会　お二人にお聞きしたいのですが、アーレントに対するお二人の評価がかなり異なる気がします。「公共」を語るうえで現在、法哲学でも、政治哲学でも、アーレントの存在は重要視されていると思いますので、この点についてご議論を頂ければと思うのですが。

齋藤　アーレントのいう公共的空間は、異なった者が互いに言葉や行為において出会うミーティング・プレイスです。人びとは、それぞれ世界に対して異なったパースペクティヴをいだいており、世界とは同じ側面を二人の人に示さない、そういうパースペクティヴの代替不可能性、意見のラディカルな複数性の擁護が、彼女の公共性論のベースにあります。

アーレントはユダヤ人で、無国籍者の経験があります。自分の語った言葉とか、行ったこととは無関係に他者から処遇されるという否定的な経験が、彼女の公共性論を方向づけている。ユダヤ人であるとか、黒人であるとか、女であるとか、老人であるとか、そういう集合的表象のもつ暴力性を批判した、あるいは批判できる考え方を提起した人だと私は思っています。それぞれの言葉や行為における「現われ」というのは閉ざされやすい。それに抗して、互いの政治的な存在者としての「現われ」を促しあう、言葉や行為における「現われ」をサポートしあうことなしには公共性は封鎖されてしまうという考えですね。そのあたりに魅力を感じます。

井上　今おっしゃったことに基本的には賛成なのですが、異議があるのは、その「現われ」がかなり卓越主義的なアゴニスティック・スピリット（闘争的精神）を持っている点です。要するに苛烈な闘争を通じて自己を顕現させていくとなると、そういう「自己証示力」のそれほど強くない人はどうなるのかという問題が出てくるわけです。齋藤さんは闘技精神を、アーレントがギリシャ思想をやっていたことに由来する不純な混合物と解釈するのですが、僕にはそうは読めない。彼女の議論では、自己証示するしかないんですよ。他者に代理でそれをやってもらえないんですよ。

もちろん、自分の声を抑えられている、あるいは、餓死寸前で声も出せない、そういう人たちに対して、アーレントの議論は何らかの助けとなるかもしれない。でも、「弱いから、自分では言えません。代わりに言ってください」なんて言う気概なき者に対して、アーレントは全く共感しないと思うんですね。自分を匿名化して、公共の資源からぶん取ってくるとか、そういうものに対する軽蔑というか、怒りがものすごくあると思うんです。その点は、僕も賛成するんだけれど、それを卓越主義的なものじゃなくて、普遍主義的な正義原理に基づいた公共的正当化可能性ということと結び付けて考えたい。あまり唯一性ということをいうことにこだわってほしくないというのが、アーレントに対する考えなんです。

関連して言えば、野崎綾子さんに指摘されたんですが、僕の平等論はアーレント的平等とぶつかる可能性がある。僕は「等しきは等しく」というペレルマンが形式的正義理念と呼んだ公式を普遍主義的理念として再解釈をしたのですが、アーレントは「等しきは等しく」じゃなくて、「等しくないものを等しく」というのが本来の平等だというんです。僕は要するに言い方の違いだと思っているんですが、「等しからざるものを等しく」と言ったって、レレヴァントな差異もイレレヴァントな差異も一切無視して、無差別対等に扱えという主張であるはずがない。病気の人にも健康な人にも同じだけ医療資源を与えろというのはナンセンスでしょ。アーレントはレトリックの天才だから、われわれはついついレトリックに引きずり込まれるんだけど、危険性もある。彼女の主張をもし活かすとするなら、僕自身は個体的同一性における自他の解消不可能な差異を承認しつつ、それを自他の差別の正当化根拠とすることを禁じるという普遍主義的正義理念の言葉で翻訳して利用すべきだと思うんですけれど。

齋藤　非政治的な点では等しくなくても政治的には等しく扱えというのがアーレントの言いたいことです。おっしゃるように、アーレントの議論には、ヒロイックな卓越主義の要素もあることはあるんです。ただし、個人主義的な卓越性を競うアゴーン（闘い）は、ギリシア・ポリスを論じた文脈で限定的に書かれていることです。『全体主義の起原』やパーリア論を含めてアーレントのテキスト全体を見ると、彼女が強調しているのは、政治的な現われを閉ざされることに抵抗するアゴーン、闘いです。政治的なパワーは、互いに協調して行為する人びとの「間」に生じます。井上さんが批判する卓越主義がアーレントの思想の一つの要素としてあることを否定しませんが、むしろ、正義を可能にするために、閉ざされている政治的空間を切り開いていくところに「現われ」の政治的意義はあると思うんです。

3　「福祉」をめぐって

司会　これまでは、どちらかというとかなり原理論のレベルで、「自由と公共」という問題について、お二人のご意見をお聞きしてきました。では次に、「福祉」をテーマにして、「自由と公共」の問題をもう少し具体的なレベルで議論して頂けたらと思います。

齋藤　愛敬さんの問題提起にもありましたが、改正論議との関係でいうと、社会権から基本権としての性格を消そうとする動きが出てきていますね。ヨーロッパにおける「包摂」政策についても言えますが、福祉への権利を条件つきのものに変えていく動きです。失業保険をもらう時には職業訓練に通わなければならないとか、自己改善のパフォーマンスを要求する。しかし、何らかの責務を果たしてはじめて福祉にアクセスできるという考え方は危険です。それは権利の観念を相対化し、「あなたが自分を改善しようとするパフォーマンスを見せれば、福祉サービスを与えよう」という一種の契約に変えてしまう。その際、責務や貢献を誰がどのように判断するのかという問題をまず指摘したいと思います。

多くの人が論じているように、社会保障による生活保障は非常に貧弱で、それを公共事業などによる雇用保障でカバーしてきたというのが日本の生活保障システムの特徴です。そして、この雇用保障が崩壊するとともに、社会保障の方もさらに後退しているというのが現状だと思います。では、ズタズタになった生活保障を建て直すために、従来の福祉国家を取り戻せばいいのかというと、いくつかの疑問があります。

まず、セーフティーネットという思想は両義的だと思います。もちろん、全然ネットがない状態は避けられるべきですが、セーフティーネットという言葉は事後的な保障という含意を最初から持ってしまっている。それは、経済システムにおいて、自らの労働によって自立することが基本であり、社会保障システムはそれを補完する従属的なものにすぎないという考え方を再生産しています。

詳しい説明は省きますが、この二つシステムの関係を組み換え、社会保障を事後的なものではなく、事前の生活保障に変えていくべきだと私は思っています。そう思うのは、一つには、アンダークラスの問題に注目しているからです。

雑誌『論座』の二〇〇六年一月号に赤木智弘さんという方が、「『丸山眞男』をひっぱたきたい」という文章を書いています。彼は就職氷河期の「フリーター」の一人で、こんな議論をしています。自分は社会に見棄てられている感じがする。働いていても屈辱を被っている感じがする。社会は、もっぱら安定労働者に眼を向けていて、私のようなフリーターには関心を払っていない。将来を展望しようにも、もし親が死んだら生きていけそうにないというのがリアルな見通しだ。しかし、もし戦争になれば、安定した雇用に就いてる者と私は同じ立場にたてる。少なくとも、戦争は、私に対して別の評価軸を与えてくれる。国のために命を捧げる者という、労働市場とは別の評価軸を与えてくれる、と。

提起されている問題は、「見棄てられた状態」が社会によってつくりだされている、ということです。アンダークラス問題を理解するためのポイントは、単に物質的に貧しいということだけではなく、精神的にも社会に対する「内心の反逆」をいだいているということだと思います。これは、ヘーゲルが示した「窮民（ペーベル）」の定義です。いわゆる「格差社会」という言葉には、社会全体の統合が維持されるなかで格差が拡がっているというニュアンスがありますが、アンダークラスは、社会そのものが分断化されている、社会統合の外部が生じているということを示している。この問題は、おそらく冷戦の終焉とグローバル化にともなって、国民統合の必要性が低下していることを示しているのではないか。政治的には総動員の必要性はなくなったし、経済的にも輸出入や利ザヤで儲ければよく、生産者・消費者として大切な国民という観念も相対的に薄れていく。そういうなかで社会秩序の再編が社会を統合するというのではなく、社会の分断を前提としたうえで、秩序を維持していくという方向に変わってきているのではないでしょうか。そのリスクを管理できるなら、「四分の一」や「三分の一」は社会というものの外部にあっても構わない、という方向に。

福祉、社会保障の問題に話を戻します。事後的な生活保障ではなく事前の生活保障をどのようにイメージすることができるのか。ロールズの平等論はドゥオーキンによってさえ「結果の平等」と評価されますが、彼は、「生の見通し」における平等に関心を持っています。「最も不利な状況にある人びと」と言うときにも、セーフティネットによる事後的な救済ではなく、社会が「生の見通し」の改善を進めるときにまず眼を向けるべき社会層を表しています。生の展望が閉ざされることによって、最初から萎縮した願望しかもてないというのはまずい。そうした人びとの生の展望を開いていくために、事前に資源の再分配を行おうというのがロールズの議論です。教育の機会など、事前に広義の生産手段を広範に分散させるという「財産所有型民主主義 property owing democracy」の構想は、事前の生活保障を考えるうえで有益だと思います。実際に制度的にどう具体化するかについてはかなりの検討が必要ですが。

そのためにも、経済システムが主で社会保障システムが従、就労による自立が基本で福祉は自立できない人のためのものという馴れ親しんだ考え方を一度見直してみる必要があるのではないでしょうか。生活保障がまずベースにあって、その上に、より多くの所得を得たいという人にとっての労働市場があるというように発想を転換してみてもいいのではないか。これは、制度としてはベーシック・インカム（基本所得）につながっていく発想です。身体を生きている私たちは損なわれやすい生き物であり、他者や社会に依存することなしには、自由、自律を享受することができない。相互承認には、人格の自律性、生の自由の相互承認と同時に互いの生の脆弱性・有限性を承認し合うという次元が含まれていると思うんです。

生まれ持った才能や子ども時代の家庭環境など、本人の責任を問うことができない「生の根本的な偶然性」は、将来生じるリスクではなくて、既に生じてしまっているものであり、その偶然性が私たちの生活や生き方を既に左右してしまっている。そうした偶然性ゆえに自由を実効的に享受できない人に社会的資源を重点的に配分して、自由を享受できるようにしていくというのが福祉、社会保障のあるべき姿だと思います。

井上　齋藤さんとさほど最終的帰着点を異にするわけではないと思いますが、少し違った観点から考えてみたいと思います。僕のやり方は、リバタリアン的な市場中心主義か、平等主義的な福祉国家中心主義かという発想じゃなくって、この二つを同じ理念で統合したい。その同じ理念というのは、やはり、普遍主義的正義概念であるということを言いたいのです。具体的な話の展開として、まず、福祉国家概念の再定位、市場概念の再定位、に触れて、そして、両者の統合という話を最後にしたいと思います。

まず、福祉国家概念の再定位という話ですが、私自身は「welfare state without welfarism（厚生主義なき福祉国家）」という言い方をするのですが、厚生主義で福祉国家を基礎付けてはならない。

人々がどの程度、満足しているかという観点から福祉国家の成功・失敗を図るというのはナンセンスです。福祉国家は人びとを幸福にするためにあるわけではない。国家が人々を幸福にしてやる、人々の選好を実現をしてやるというのは、すぐパターナリズムになってしまうので、そこが大問題です。だから、私はリソース（資源）主義です。資源分配の公正さを確保した上で、公正な資源の分け前をどう使うかは自己責任でやりなさいという議論です。その点ではロールズと同じなんですが、どこが違うかというと、僕はディーセント・ミニマムを取ります。ロールズのような格差原理じゃないんです。最下層の人の地位を最善化するという立場じゃないんですね。

ロールズは、この点について非常にややこしい展開をしているんです。彼の議論の展開過程の説明は省きますが、遺作となった『公正としての正義・再説』では、『政治的リベラリズム』で正義の政治的構想の核たる立憲的精髄から除いた格差原理を改めて正義の政治的構想に位置づけ直そうとしています。しかし、それが中途半端なんです。「格差原理は特定の包括的教説に依存しない正義の政治構想の一部である」と言いながらも、「格差原理は憲法的精髄の一部ではない」とする『政治的リベラリズム』の立場を維持している。だから、「格差原理を憲法で定めるのはよくないから、立法段階でやるべきだ」という議論になっていると解するしかない。でも、立法段階の話ならば、格差原理に合致した分配政策を取る政党が選挙に負ければ、それでお仕舞いです。だから、実際上は格差原理の保障を政治的正統性の条件としては放棄している。

ロールズのこのヌエ的態度は、格差原理の根本的な欠陥を彼が克服できてないことから来ている。つまり、この原理は最も恵まれない層の人々の地位を最善化することだけに関心があって、そのためのコストを社会の他の層の人々がどう分配するかに無関心なんです。格差原理は最下層の人々と他の人々の間だけでなく、他の人々（最下層よりわずかにましな下層から最上層まで）の間での分配の公正に無関心な原理なので、この原理は憲法の中に取り込めるだけの正統性を持ってないと私は思います。だから、私は「ディーセント・ミニマムの原理」がいいと思っています。リバタリアンも認めるセーフティーネットというのは、飢え死にしなきゃいいだろうというレベルのセーフティーネットだけれど、僕のいうディーセント・ミニマムはそうじゃなくて、「人間としての品位を保つのに充分な程度」という原理です。もちろん、具体的に最低所得保障がどの程度かというのは、その社会の経済的発展の水準にもよります。

憲法二五条の的確な解釈としても、ディーセント・ミニマムが支持されます。この原理の立憲主義的保障のいい点は、政治的組織力の有無や強弱にかかわりなく、誰しもが、このレベル以上は保障されるという点で、普遍主義的な公平性が確保されることです。経済的弱者保護を立法的・行政的規制による競争制限や補助金でやると、政治的組織力のある人々は特権を享受するけれども、そういう組織力のない人たちはコストを転嫁されるだけで救われないという不公平が生じるわけですね。

最近の議論では、厚生主義への批判は広く行き渡っていますが、では、代替的立場として、リソースをベースにするのか、基本的諸能力（ケイパビリティ capability）の実現度をベースにするのかという対立があります。ロールズとドゥオーキンはリソース主義で、アマルティア・センがケイパビリティ論です。先ほど申し上げたとおり、私はリソース主義者です。

私は、厚生主義とケイパビリティ論というのは、同じ根本的な問題を抱えていると思います。両者はリソースの価値を、リソースを享受する主体にとっての、そのリソースのインパクトで測るわけです。厚生主義はリソースを享受する主体の選好をリソースがどの程度実現したかで測るし、ケイパビリティ主義は、そのリソースを享受する主体の基本的諸能力をどの程度実現したかで測るわけです。ところが、リソース主義はそうじゃない。リソース主義はリソースを享受する主体にとってリソースがどの程度のインパクトを持つかではなくて、自分がそのリソースを享受することによって、他者にどんなインパクトを与えているか、「他者に課す機会費用」がどれくらいかで、リソースの価値を測るわけですね。私はこっちのほうが、他者の視点の配慮という普遍主義的正義理念と合致したアプローチだと思っています。

だから、リソースをベースにしたディーセント・ミニマム原理というのがあるべき分配的正義の原理で、憲法二五条もこの観点から解釈すべきと考えます。では、この原理をどう具体化するかという問題ですが、競争政策と再分配政策の体系的区別というものが必要です。この点、ミルトン・フリードマンが提唱している「負の所得税」という方法は参考になる。所得が一定以下の人は、負の所得税を払う、すなわち、適正レベルまで上げるために給付金もらうわけですが、なぜそういうことがいいかと言うと、これは政治力の有無強弱にかかわりなく、誰しもが無差別公正に一定の所得下限を保障されるからです。

ただし、彼はリバタリアンですから、保障のレベルは低い。ぎりぎり生存のレベルです。これは上げたい。しかし、たとえば、住居の保障についても、借地借家法による規制よりは、家賃補助のほうがいい。既存の借地人・借家人を保護する規制は、そのコストを新規の借地人・借家人に転嫁することになる。これは不公平です。しかし、家賃補助は借家契約に政府が介入するんじゃなくて、市場外での再分配措置なのでこの問題は生じない。さらに、家賃補助を一般的な所得保障の中に組み込み、家賃にどの程度所得を使うかは、人々の自己決定に委ねるという方式が、人々の多様なライフ・スタイルを尊重する点ですぐれているでしょう。

以上が社会保障システムの再定位に関する私の考えです。要するに、「政治力による利益誘導から、普遍主義的公平性を持つセーフティーネットへ」ということを共通の理念とした政策体系に変えなきゃいけないということです。次に市場概念の再定位の問題ですが、まず認知枠組みの転換が必要です。要するに「市場は道具だ」ということです。

市場というのは、自然的システムでも何でもなくて、制度的に構築されたものである。憲法学者のキャス・サンスティンも指摘していますが、政府規制の前に自然的所与として所有の配分があって、市場への政府規制はそれを攪乱するものだという、わりとよくある市場理解は間違っています。市場は制度的に構築されたものだから、設計の仕方はいろいろある。市場をいかに設計すべきかを考えるには市場が奉仕すべき価値を同定しなければならない。いろんな評価の視点があると思いますけども、私は、社会の正統性の保障という点で、市場が持っている意味を考えたいんですね。

これは市場の規範枠組みの転換の問題に関わります。つまり、政治的競争の場合と全く同じで、正統性というのは、その敗者から見て、結果が受容し得るかどうかに依存する。経済的競争で勝った者が現状に満足するのは当たり前なんです。経済的競争の敗者から見ても、その結果が公正として受け入れられるかどうか。これが市場の正統性の問題です。市場的競争の敗者から見ても、結果がフェアーだと言えるためには、競争の条件が公正でなきゃいけない。この点が重要であって、結果それ自体が平等かどうかではない。その点では、極端な平等主義者は間違っています。

他方、いわゆるリバタリアンは形式的な参入機会が保障されてさえいればいいという。これもおかしいわけで、競争条件の公正さというのは、競争資源の初期配分の不公平さの是正を含むべきです。たとえば、肉体労働者の息子で学歴も何もない者と、成功したビジネスマンの息子で銀行家等々にもコネがあるし、ものすごい資産も親から継承している者が一緒に競争した場合、どっちが勝つか、目に見えてるわけです。こういう競争で、負けても参入の機会があったんだから、文句は言えないよと言えるか。それは言えないわけです。競争条件を公正化するためには、競争資源に最初から圧倒的格差があれば、誰が勝つかほとんど決まっているわけですから、それを是正した上でないと、競争の結果、自分が負けても文句言えないよとは言えない。この発想は、ロールズの「財産所有型民主主義」の中での事前のエンパワーメントともつながります。

ロールズは「財産所有型民主主義」を従来の福祉国家論と対立させるんですけど、福祉国家の再編という問題設定ではなく、市場システムの再編の問題、「市場的競争における公正競争とは何か」という問題として考えていくべきだと思います。だから、事前のエンパワーメントというのは、あくまでも、競争条件を公正にするということに関わっているんです。それとは別に、やっぱり事後的救済が必要で、これは福祉国家の役割です。事前のエンパワーメントと、それにもかかわらず、失敗して、零落した人に対しては、ディーセント・ミニマムを保障するという、両方が必要です。

両方必要だけど、それらを福祉国家の問題に両方吸収させるんじゃなくて、市場それ自体が正統性を持ちうる条件とそれに還元できない福祉国家の任務とを識別する必要がある。

次に、原理的結合ということですが、福祉国家と市場が結合しているというのは、二つの面があると思うんです。モラルハザードということを、よく福祉国家批判者は言うわけです。あまり手厚く保護すると、労働のインセンティブなくなるとか、依存体質が強まるとか。「安逸による惰眠」というのは、もちろんあり得ますが、実際、それがあり得るのは本当に最低位の人というよりは、利益誘導ができるだけの政治力のある人々ではないかと思います。他面で、別のモラルハザードがある。それは、市場的な競争の失敗のリスクがあまりにも大き過ぎると、企業家精神自体に萎縮効果が働く。これは市場にとってもマイナスなんですね。

セーフティーネットという言い方は、元々、サーカスからきたわけです。綱渡りとか、空中ブランコで、危険な技をやって、もし失敗したら、落っこちて死ぬしかないというんだったら、大胆な技ができるかというと、できないわけです。大胆な企業家精神というのも、やはり、セーフティーネットが張られていて始めて可能になる。失敗したら一家心中するしかないというのであれば、ベンチャーをやれと言われても、それは難しいだろうということです。

その意味で、まず福祉国家と市場は重なっているわけですし、また、さっき言ったことですが、事前のエンパワーメントと事後的救済を二者択一的に対立させるのは適切ではないと思うんです。僕は「やり直しのきく社会」という言い方を『法という企て』の最終章の論文の中でしました。「やり直し」のためには、自尊の基盤が非常に重要なんですね。つまり、失敗のリスクやコストを減らすと同時に、セーフティーネットが「ただ死なないよ」のレベルでは駄目で、人間の品位（decency）を失わせない程度までのものが必要だろうということです。また、貧窮者でも努力すれば高等教育まで受けられるという支援は福祉国家のディーセント・ミニマム保障に部分的に関わると同時に、競争資源分配の不公正の是正にもつながってくるという意味で、福祉国家の再編と市場システムの再編は機能的に重なる面もあります。

以上が一般的理論的な問題です。ただ、特殊日本的な問題として、一言だけ触れておきたい問題があります。日本は英米と異なり、「大きな政府」を克服できなかったから、経済不振の続く「失われた一〇年」を味わったという議論です。しかし、これはおかしい。多くの人が指摘していますが、日本の社会保障支出の歳出に占める比率は、レーガン政権期のアメリカと比べても少ないんですね。要するに、正規の社会保障については、「小さな政府」だった、ということです。でも、日本は「大きな政府」だという。これはなぜかというと、ごく簡単に言えば、公共事業の垂れ流しですよね。要するに、日本的なセーフティーネットというのは、極めてインフォーマルなセーフティーネットだった。

注意すべきなのは、大企業のような強力な中間団体だけではなく、当の集団は弱者だとの意識を持っているけれども、一定の閾値以上の政治的組織力を持っていて、組織票を使って補助金を誘導したり、公共事業を誘致したりすることが行われてきたことです。典型的に言うと、税収では三割自治だったが、支出では七割自治だった。公共事業の多くはだいたい地方で実施されたんですね。そこで談合が行われて、不必要な公共事業が行われる。地元業者が談合で落として、ゼネコンにそれを「上請け」させるようなこともある。このやり方で、過疎化している地域で、一応の雇用はできたりするけれども、それによって利益を受けられるのは、一握りの土建屋さんと、若干の関連業者ぐらいで、広く地方の住民全体が利益受けているかというと、そうじゃない。地方といえども、公共事業のコストを一部を負担しなきゃいけませんから、住民はコストを負担させられる。しかし、そういう公共事業依存体質のために、自立的な経済的発展がなかなかできない。

都市住民について言えば、自営業者については政治的利益誘導の問題が農村と同様にあるし、サラリーマンについてはいわゆる「会社主義」の一環として、企業の福利厚生を税制面で優遇していたわけですね。しかも、「終身雇用」というのは嘘ですが、長期雇用慣行がありました。転職率が高いといっても、系列会社に出向させてもらえたわけですから。こういう会社主義の保護膜に包まれた中・大企業の男子正社員にとっては、「小さな政府」でも良かったんです。

こういうインフォーマルなセーフティーネットの問題点は何かというと、一つは地方の場合はまさに、利益集団組織の中に入ってりゃいいけど、そうでない人たちは救われないという点ですね。都市でも、「基幹労働力」とされる中・大企業の男子正社員ならいいけど、「縁辺労働者」、たとえば、パートとか、最近だと派遣社員だとか、偽装請負とかの人たち、あるいは外国人労働者だとか、こういった人たちは、その恩恵に浴さないどころか、むしろ、そういう恩恵に浴している人たちに、恩恵を提供するためのコストを負担させられている。相対的に恵まれた弱者は保護されるけど、そのコストはより無力な弱者に転嫁される。こういった問題が日本にはずっとあったと思うんです。

だから、中間共同体の専制を排除して、談合は止める。地方に税源も移管する。その代わり地方に財政的自己規律を要求する。僕はこれはいい方向だと思うんです。それに加えてマーケットの公正競争も確立するために競争資源分配の公正化を図り、ディーセント・ミニマム保障を普遍主義的公平性をもって実現する福祉国家システムというのを作っていかなきゃいけない。

しかし、小泉政権以降の政府がやろうとしているのは、インフォーマルなセーフティーネットに代わる福祉国家を確立するどころか、それをさらに弱めていって、市場だけ強くしていくというもので、これは全くビジョンを欠いた改革だと思います。これだと、社会の正統性の喪失はますます深刻になっていくでしょう。

齋藤　いろいろ重要な論点がありましたが、大きく一つに絞ります。まず確認ですが、私も、社会保障において事前と事後を抽象的に対立させようとしているわけではありません。事後的な保障ももちろん不可欠ですし、それについては憲法によるディーセント・ミニマム保障がベストだと思います。ただし、事前の保障を競争資源の公正な初期分配に限定し、市場での競争に方向づけるというお考えには違和感があります。事前の保障は、それぞれの自由な生き方を可能にし、それを促すためのもので、それを労働市場での公正な競争のためのものとしてあらかじめ限定すべきではないと思います。

井上さんとどこが違うのかなと考えると、違うのはやはり市場に与える役割ですね。私は市場での労働、就労による自立に絶対的な価値を置くべきではないと思いますし、経験的に見ても、産業構造の変化によって、スキルを磨いても雇用されない「雇用なき就労可能性」というものが現実のものとなっている。労働市場のキャパシティは小さくなってきていて、就労を積極的に促す政策もその壁にぶつからざるをえない。「やり直し」のための条件を整えることは重要です。けれども、やり直してもそれが雇用につながる保障はまったくありません。だとすると、何が何でも就労自立というのではなく、むしろ、労働市場に参加しない生き方をも肯定していく必要がある。ケアや市民活動に対して所得を保障するという考え方（参加所得）もありますが、自由な生き方、さまざまな生き方を促していくという点ではベーシック・インカムの方が一貫しています。所得は低いが詩を書いたり、俳句をひねるという生き方を選択する人もいるし、労働市場で働いて基本所得以上のものを得ようとする人も当然いる。

市場が人を自由にするとよく言われますが、市場による価値評価の幅はあくまでも限られたものです。市場が人びとの生き方を多元化するとは言えない。市場の価値要求に応じることが求められるわけですから。自由を擁護するという点から言えば、市場の果たしうる役割は限られていると思います。

井上　詩人でも、ただ趣味としてやるんじゃなくて、詩作して、細々とでも詩集を出版社で出してもらう。あるいは自分で詩の朗読会を開いて自分の詩作活動を支える寄付を募る。それだったら、私はいいと思うんですよ。一切そういうことしないで、「自分はただ自分の好きな趣味だけやっていま す。所得を得るための労働は一切したくない」という人たちに対して、それでも、生活保護でディーセント・ミニマムを保障するというのは、ちょっとアンフェアじゃないかという気持ちがするんですよ。自分の趣味活動の時間を削って稼ぐ仕事をしている人たちにコスト転嫁しているわけだし、誰もが趣味だけに没頭したら、福祉国家の財政基盤は崩壊するでしょうから。

齋藤さんと僕では、わりと市場観が違うんですね。僕は市場というのは、もっと多様なものだと思っているんです。市場は別に不特定多数を相手にしなくてもいいんですよ。たとえば、人口の一万分の一でも、それ以下でも、そのニーズを掘り出し、その人々にちゃんと販売するネットワークができれば、ちゃんと成り立つ商売というのは無数にあるんですよね。そのときに、市場で生き残れるのは強い人たちだけだ、という思い込みは必要ないと思うんですね。

たとえば、元銀行員で菅直人の選挙参謀を昔やっていた人で、片岡勝さんという人がいるのですが、彼は「もう市民運動は古い」という考え方なんですね。要するに行政を突き上げて、いろいろ規制をやらせたり、補助金を取ったりとかは、もうしない。それより、市民事業だと。自分たちがやっていることがホントに価値があるんだったら、他者にそれを評価してもらわなければいけないし、評価してもらえるならば、事業として成り立つはずだと。

具体的な例を挙げると、たとえば、お年寄りにお弁当を配るなんてことを、自治体がやっているわけです。主婦が、ほんの僅か自治体からお給金をもらって半ボランティア的にやっているんだけど、自治体でやると、決まったお弁当を、決まった時間に、どのお年寄りにも、ということになる。でも、お年寄りによって好き嫌いはあるし、昼食の時間だって違う。そのニーズに応じるために、その主婦たち何人かで、自分たちのお弁当会社を作っちゃったんです。そのために元手が要る。そのために市民バンクがお金を貸すわけです。担保は原則として取らない。担保はあなたの事業計画がしっかりしているかどうか。もちろん、定期的なチェックはする。採算が成り立たないならば止めてもらいますと。これだと、失敗のリスクもそう高くない。もともと元手は少ないから失うものは少ない。失敗したのは、お年寄りの需要を的確にくみ取ってなかったからで、自分のやり方を考え直しなさいということになる。もういっぺん事業計画を組み直して、それが良かったらまた投資しますと。たとえば、そういう市場のあり方ですね。

僕は、市場というものは、官僚機構では汲みとれない人々の多様な必要に応答していく上で様々な可能性を秘めているので、あまり市場について紋切り型のイメージを持たないほうがいいんじゃないかと思いますね。市場もその意味では道具なんだ。市場が人間を道具化してきたけれども、これからは市場を人間の道具としてどこまで使えるかということを、もっと考えていいんじゃないかと思います。

司会　ローカルな市場というのは、そういう魅力的な市場もあり得ると思うんですが、グローバルな市場の力が強まっているという状況がありますよね。その辺に関してはどうでしょうか。

井上　マーケットのグローバル化の結果として、福祉や社会保障とかをやっても企業が逃げちゃう、雇用が逃げちゃうというのですね。キャピタル・フライト（資本の逃避）は国内法的制裁では抑えられない。これについては、まさに、瞬時にして大量のキャピタル・フライトを許したのは、国際金融システムですから、それを変えていく必要があると思います。しかし、国内的な政策としてもできることはないわけじゃなくて、ドゥオーキンが近著の『ここで民主主義は可能か？ Is Democracy Possible Here ?』の中で言っているけど、企業の課税方式については、アメリカに本社を置く企業については、外国で稼いだ分についても、全部本社からとるとか、いろいろと制度設計のしようはあると思います。これはプラグマティックな問題なので、制度設計としてどういう方法が最善かということは、試行錯誤的に探究していくしかない。

確かにグローバル化した市場の圧力があるけれど、だからといって、先ほど齋藤さんが言及されたことですが、ナショナリズムと福祉国家の結合みたいな戦略は危険です。デヴィット・ミラーの議論などが典型ですけど、福祉国家的な再分配というのは、われわれの仲間だという意識、要するにナショナル・アイデンティティがないと、誰もそのコストを引き受ける気がしないだろうという議論をするんですね。そうすると、グローバリズムに対する反発から、福祉国家を再建するために、もっとナショナルなアイデンティティを強化しましょうという話になってしまう。そういう方向にならないためにも、国境を超えた移動の自由を認めながら、にもかかわらず、社会保障システムを壊さないための国内的な制度設計の知恵と、国際的な協調を考えていかなきゃいけないと思います。

齋藤　「ウェルフェア・ショービズム（福祉排外主義）」という言葉がありますね。ヨーロッパでは、グローバル化のために社会国家が動揺をきたしている状況のなかで、移民を排斥すれば手厚い社会保障を再建できるんだとのアピールが右翼によって行われている。それが中流下層には結構効いている。「われわれ」とそうでない者との間に境界線を引いて、「われわれ」の内部最適化を狙う。また、先ほど社会の分断に言及しましたが、九〇年代半ばのアメリカのように、「勤勉な人」と「勤勉な人に依存する人」との間に境界線を引いて、後者を叩くというルサンチマンを動員する政治もしばしば行われる。生活保障の後退は、それを惹き起こしている問題をたとえば国際協調によって制御するという方向にではなく、残念ながら、誰かを排除する、誰かを叩くという政治を巻き起こしてしまっている。排除しやすいものを排除し、叩きやすいところ叩く。問題がずらされて行くわけですね。政治的に見れば、社会の分断線がどのように引かれようとしているのかがやはり決定的に重要です。

そういう場合に、資源を奪われようとする者にチャンスはあるのだから市場に参入するガッツを持てというのは、どういう効果をもつのかを考える必要があります。

井上　その場合の資源というのは、ガッツがあるかないかをも決定してしまうものですか。

齋藤　ガッツを持ちうるのかどうかにも影響するでしょうね。

司会　その点は、先ほど井上先生が批判的に言及された、センのいうケイパビリティ論と関わるのではないでしょうか。リソースをもらっても、使いこなせないという状況に置かれている人間もいるかもしれないという問題ですよね。

井上　能力一般の問題というよりむしろ、努力とか、勤勉への傾向性とかいうものをどの次元で捉え、どう評価するかということですね。それが親の資産や躾とかという自分ではコントロールできない過去の偶然の事情に影響される面もあるのかもしれないけど、だからといって将来に向かってずっと勤勉でないままでもいいのかという問題があります。私が能力があるにもかかわらず勤勉に働かず、好きなことだけやって生きていながら、それでもベーシック・インカムを保障されるならば、そのための資源を生み出すために勤勉に働いている他の人々に対して、どう正当化するのかという問題がやはりあると僕は思うんですよ。

アリとキリギリスの逆の話で、レオ・レオーニというイタリア系アメリカ人の絵本作家が書いた『フレデリック』というお話があるんです。これはネズミたちが、夏の間、ものすごく忙しく働いてて、冬に備えて食糧を一生懸命、穴蔵に貯めたんです。しかし、フレデリックというネズミだけは働かない。皆が一生懸命働いているときに、いろいろ妄想したり、詩作にふけったりしてるわけです。ところが、冬になって穴に籠もったときに皆が蓄えた食糧を食べていき、だんだんエサがなくなってくると、イライラして、ケンカしはじめるんです。そういったときに、フレデリックが、ふと夏とか春の美しい景観とかを詩で語るんですね。そうしたら、今までいがみあっていたネズミたちが心を癒されホッとする、という話なんです。だから、貢献の仕方は様々あるということだと思います。しかし、重要なのは、フレデリックのイマジネーションが皆を癒してくれると評価するのは、彼の代わりに働いていた他のネズミだという点です。

ところが、一日中サーフィンをやっていて、インストラクターの仕事もしない。誰からも評価されることをしていない。それにもかかわらず、強制的な再分配で俺を養え、ということを、働いている人たちとの関係で正当化できるのか。サーフィン三昧の生活には、勤労の負荷に耐えている人たちが理解するような正当化の仕方が存在しないとまで、僕は断言しないけれど、正当化の理由を提供する責任はあるんじゃないか。ただ、「私にはガッツがないから」と言うだけじゃ、許されないと思うんですよね。

齋藤 社会的な協働、相互貢献を一つの物差しで測らないという意味で、フレデリックの話は面白いですね。ベーシック・インカムという制度は働く人の存在をあてにしていますし、働くことへのインセンティヴを否定しているわけではありません。最終的には、何らかの評価に値する貢献をなしたかどうかと存在そのものの承認とを切り離すことができるかどうかにポイントはあると思います。

4 「制度」の構想をめぐって

司会 個人の勤勉さがどう評価されるかという問題を市場に委ねてしまえば、簡単な話かもしれませんけれども、井上先生が先ほど出された「ネズミのフレデリック」の話は、個人の行為の価値を関係者が評価するという寓話としても理解できますから、デモクラシーの問題にもかかってくるのではないかと思うわけです。

そこで、今まで「自由」、「公共」、「福祉」という問題に関して、かなり原理的な話をしてきましたが、それを実際に具体的な制度の中で、どう日本社会の中で、それを実現していくことができるのかについてお話を頂けたらと思います。

では、井上先生から、かなり原理的なレベルでいろいろ語ってくださったことを、今の日本の政治状況・社会状況の中で具体化するためには、まず、何を考えるべきかというあたりからお話しをお願いできますでしょうか。

井上　先程、福祉国家と市場経済というのは対立するものじゃなくて、セットになっているということを話しました。日本は市場経済も福祉国家もまともにはなかった。じゃあ、何があったかというと、中間共同体の専制だと。その中間共同体の専制はそれなりに、保護機能を持っていたけれども、その保護の恩恵に与れるのは、まさに、一定の閾値以上の組織力を持つ集団の構成員に限られる。簡単に言うと、地方の土建業者とか、知事とコネがある人とか、政治家の後援組織をやってる人たちだとか、中・大企業の男子正社員といった人たちに限られる。そういう問題点があった。

それは政治過程における影響力の分配の不公正さということに関わっています。私は、「批判的民主主義」というものを「反映的民主主義」との対比で提唱してきたんですが、一般的な民主政の在り方としても、批判的民

主主義のほうがいいという立場でありますけども、とりわけ、日本の現在の問題状況、中間共同体の専制といったことを克服していくためには、日本において、批判的民主主義が非常に必要だと思っているんですね。二つの民主政モデルについての立ち入った説明は時間がないのでやりませんが。

簡単に言うと、反映的民主主義というのは、人々が政治的討議以前に持っている選好を最大限反映させるのが民主的制度の存在理由であるとする。その前提には、価値相対主義的な見方、人びとの選好の総和を超えて何か公共的価値があるわけじゃない、という考え方がある。功利主義と価値相対主義の混合物といったほうがいいかもしれませんが、それがある。それに対して、批判的民主主義というのは、こう考えます。神様はいないし、プラトン的な哲人政治は不可能だ。誰しも間違える、主権者国民といえども間違う。だからこそ、失敗から学ぶことが必要なんだと。そのために民主制があるんだと考える。つまり、失政の責任を明らかにして、失政の責任主体たる政治勢力を政権の座から追放して新たな政策実験を行う党派に政権を担当させるというのが批判的民主主義のねらいで、それは価値相対主義じゃなくて、可謬主義ですね。

反映的民主主義は、既存の諸選好を反映させるとなると、どうしても、利益集団多元主義になりやすい。批判的民主主義は政治過程を利益調整ではなく政策競争の場に転換する。その観点からウェストミンスター型議会政を再構成して摂取します。たとえば、対立する二大政党の党首の間の討論というのがありますけど、あれは調整するためにやってるわけじゃなくて、それぞれの政策理念を有権者に提示しているのです。いま与党はこの法案を通そうとしてる、その政策理念はこうであると法案を与党党首が擁護すると、それに対して野党側の党首は徹底的にそれを批判する。でも、与党は妥協せずに政策を実現する。その結果を見て、あとで有権者が判断できるというシステム。悪しき為政者の首を切るというシステムを活性化させるところに、ウェストミンスター型（小選挙区・二大政党制）の良さがある。

ウェストミンスター型というのは、無原則な妥協はしなくていい、その代わり、政治的責任の所在を明確化して、政権交代を活性化させる、自分の失政の責任を他者に転嫁することを許さないというのが魅力なんですね。この魅力とデリバラティブ・デモクラシー（熟議民主主義 deliberative democracy）を統合する必要がある。デリバラティブ・デモクラシーを提唱する人々は政治的決定に至るまでの事前の熟議に今まで焦点を置いてきたんですね。でも、人間がいくら一生懸命、熟議したとしても、哲人はどこにもいないんですから、失敗するわけです。だから、事後的なアセスメントが必ず必要なんですが、今までのデリバラティブ・デモクラシーは、事後的アセスメントの重要性ということを無視してるわけじゃないんだけど、ハッキリとは言わなかった。あくまでも、政治的決定に到達する前のデリバレーションを一生懸命やりましょうね、という話だったんです。

でも、それじゃダメで、もっと通時的な試行錯誤のプロセスを経て学習するということを考えていかなきゃいけない。そういう観点から、僕はウェストミンスター型が持っているデリバラティブ・ポテンシャルというのをもっと評価すべきだと思うんです。このポテンシャルを具体化するためには、まず政治的意思決定システムを変えなければいけない。そのためには、コンセンサス型じゃダメなんです。コンセンサス型の場合には、結局、少数派であったとしても、一定の閾値以上の組織力を持っていればキャスティングボートが握れるんです。民主的政治過程の中で政治的拒否権の発動ができてしまう。それが少数者の基本的人権の保障に限定されればいいけど、それを超えた不当な特殊権益を既得権として享受することまで許してしまうことになる。他方で、そのような闘値以上の組織力を持たない人びと、浮動票と呼ばれる未組織大衆は政治過程から疎外され、組織されてない少数者はもっと酷い目にあうという問題がある。

もちろん、ウェストミンスター・モデルにも、問題がある。一つの問題は、やはり、「ウイナー・テイクス・オール winner takes all」で、比較第一党が単独で政権を担当しますから時に専制化する危険がある。それに対する拒否権を民主的政治過程の中では対抗政党は持ってない。そうすると危ないですね。だから、それに対する安全装置が必要で、違憲立法審査制によるチェックというのはそのためにあるのです。これまで対立するとみなされてきたウェストミンスター型議会政と違憲立法審査制とは、実は込みになっていることを批判的民主主義は強調します。政治過程における少数者の拒否権を剥奪する代償装置として、政治過程の外で、司法過程で少数者保護のためのメカニズムを確保することが要請され、違憲審査制がその役割を果たす。司法過程の中での拒否権は民主的政治過程の外で発動されるため、私は外的拒否権と呼んでいるんですが、政治過程の内部で発動する内的拒否権と外的拒否権の区別というのが、非常に重要だと思ってるんです。

批判的民主主義の理念を実現するには制度構想の問題も重要です。例えば選挙制度については、それぞれ内的整合性をもった代替的政策体系を追求する政党間の政権交代を活性化させるためには小選挙区制が望ましい。比例代表だと多党連立政権になって、一定の、たとえば一〇%の票を持っている勢力も政局を仕切ることができ、原理的整合性のない妥協により、政治的答責性が主体的にも主題的にも曖昧化されるという問題がある。それは避けなければいけない。それだけじゃなくて、二院制をどう考えるべきかとか、いろんな問題があります。それを言い出すと長くなるので、一般的な説明はこれくらいにしておきます。

日本についての話に戻ると、日本の戦後憲法は、基本的に僕の考える、批判的民主主義の建前になっているんですね。議院内閣制というウェストミンスター型システムをイギリスの国制から継承して、違憲立法審査制をアメリカ憲法から継承した。別の国からそれぞれの制度を輸入したのはおかしいという人もいるけど、そうではありません。私は批判的民主主義の理念で一貫していると思います。参議院の権限が強すぎて、内的拒否権になる危険があるという問題はありますが、これは良き慣行を発展させて解決することが不可能ではない。詳細は省きますが、アメリカの憲法学者のブルース・アッカーマンも、「新しい権力分立」という論文の中で、アメリカの制度は民主的な政治部門（大統領と議会）が二重構造化して政治責任の分散が行われているという問題があり、他方、違憲審査制を持たないイギリスの議院内閣制は危険だとして、違憲審査制によって制約された議院内閣制がよいと言っています。私も同感ですし、そういう意味で、日本国憲法の建前は立派だと思うんです。

ところが、戦後の日本の民主政治の実態はどうだったかというと、まずウェストミンスター型じゃなかった。コンセンサス型で運営されていた。五五年体制下で自民党一党政権が長く続いたというけれども、自民党はそれ自体がイデオロギーや政策を異にする多様な勢力の寄合所帯であるだけでなく社会党、民社党、公明党（共産党は排除されていましたが）などの野党との交渉・調整も、「国対政治」とか「裏国対政治」とかで行い、コンセンサス型でやっていたんですよね。たまに、それを無視してやった時には、「強行採決」と非難されるわけですが、そんな非難がなされるのも、それが非常に例外的な事態だったからです。

政治過程はそういう意味でコンセンサス型だったんですが、他方、違憲審査制はどうだったかというと、ご存知のように、伝家の宝刀である違憲審査権を行使することに対して裁判所は極めて消極的だった。そういう意味で実態は批判的民主主義と逆になっているので、民主政の実態を、憲法が前提とする批判的民主主義の理念に適合するよう変革すべきだと私は考えています。この点については、私は護憲派なんです。従来の護憲論は九条に主眼を置いているけれど、本来の意味での護憲というのは、民主政治の実態を憲法に合わせよ、ということですね。

関連して、日本の裁判所は司法消極主義だと言いましたが、「日本型司法積極主義」の問題にも注意しなければならない。これはアメリカの比較法学者で日本法をやっている人たち（フランク・アッパムやダニエル・フット）が指摘したことです。違憲審査権の行使について、日本の裁判所は非常に消極的だけども、違憲判断を伴わない形でなら本来は民主的立法に委ねるべき問題についても、民法の一般条項などの解釈という方法で政策形成的なことを裁判所は積極的にやってきた。これは一定の政治的組織力を持った運動集団が民主的立法過程をバイパスして、司法を自分たちの要求実現の武器として使うことを許すことになってしまうんですね。

その一つの例が、先程の国立マンション訴訟なんですけど。あれは、「二〇米を超える九階以上を取り壊せ」という一審判決が出て、これを「進歩的判決」と歓迎する向きも多いですが、私は大きな疑問を感じています。あの判決でさえ、建築基準法の遡及禁止規定に当たるというわけで、景観条例の適用は認めなかったんですね。にもかかわらず、民法の不法行為を使った救済を与えた。

景観条例が適用できないから不法行為という民事的手段でやってしまうというのも問題ですが、当の景観条例の制定過程も民主的正統性という見地から問題が多い。景観条例は複雑な利害対立に関わりますから、通常は七年とか、場合によってはそれ以上に長い時間をかけて議論をつめた上で制定されるものですが、この場合は景観保護運動組織をバックにして当選した新市長が、当該マンションを標的にして何がなんでも止めさせようと、地区計画案公告後一月あまり、実質三ヶ月で景観条例を通しちゃったんです。やり方もすごい。市議会の議長と日程調整する慣行を無視して臨時議会を招集しただけでなく、議長が病気など事故の時にしか認められない仮議長を与党に立てさせ、正副議長不在のままごり押しで決めちゃった。しかも、あの一審判決すら認めるように遡及法禁止原則に抵触するような仕方で適用しようとした。

こんな風に民主的熟議過程をないがしろにして自己の要求をごり押しする手段として司法が利用されてはまずいと思うんです。僕は司法積極主義者だと思われているんですが、司法積極主義で守るべきなのは、本当に普遍主義的に正当化できる、政治的組織力の有無強弱にかかわらず、これだけは保障されなければならないという基本的人権に限定すべきであって、それを超えた特殊な利益・価値の主張というのは、民主的政治過程の中で揉まれないと、公共性の名を騙った私的利益主張や独善的な要求が他者・社会にコスト転嫁して実現されてしまう。そういう民主的な政治過程をバイパスする武器に司法が使われてはいけないと思うんですね。

先の一審判決は上級審で覆されましたが、一般に日本の戦後の司法の実態は、違憲審査権の発動には非常に消極的で、普遍主義的人権保障の砦の役割はあんまりやらないのに、特殊権益をあたかも、それが新しい人権だとか進歩的であるかのように擁護することについては、決して消極的ではなかった。この歪みもあると思うんです。民主政の歪みと同時に司法の歪みですね。それを両方直していく必要があるんじゃないかと思っています。

齋藤　まず、批判的民主主義を反映的民主主義に対して擁護していくという方向性については、私も賛成です。政治学の言葉で言うと、反映的民主主義が「利益集約モデル」、批判的民主主義が「討議モデル」に近い。民主主義を利益を集約したり、多元的な利益を調停する政治過程とは見るべきではない、それは公共的価値を実現するために、それを定義したり、それを批判的に定義し直していく過程として見るべきだというお考えに異論はありません。

ただ、少数派については意見が分かれるかもしれません。井上さんは、ノイジー・マイノリティ（うるさい少数派 noisy minority）、一定以上の交渉能力を持っていて拒否権を発動しうるような少数派の問題性を強調されます。しかし、マイノリティには、公共圏から締め出される形で政治的に周辺化されている人々も当然含まれます。交渉能力に乏しい少数派は集団を形成していないことも多い。そうすると、少数派の声にさらされずに民主的な討議が行われ得る可能性があるし、実際にそうなってきている。討議的なプロセスでさえ、多数派の生活防衛の道具として機能してしまうことがある。討議デモクラシーが公共的価値ではなく多数派の価値に方向づけられる危険性が現実のものになっているとすれば、少数派の意見や主張が実際に表現される制度的な回路をどう確保するかが重要です。その点を最も真剣に考えたのは、昨年（二〇〇六年）亡くなったアイリス・マリオン・ヤングです。彼女が強調したのは、百万遍くらい少数派の声を聞かせる、それも強制的に聞かせる制度がないと、多数派は少数派の声に耳を傾けたりはしないということです。

井上さんは、通時的な多様性を確保するための政権交代、それを促しやすい小選挙区制に好意的ですが、小選挙区制によって二大政党制が機能するとしても、両政党が関心を持つ社会層はどこかという問題があります。中の下を含む中流以上の社会層に政策のターゲットを絞っていると言ってよいでしょう。いわば「三分の二社会」の暗黙のコンセンサスのもとで、少数派が無視される恐れがある。政治的意見の多様性の確保を重視するのであれば、やはり比例代表の下で、多数派が諸々の少数派の異論・反論に繰り返しさらされる、そういう機会を設けることのほうが重要なのではないかと思います。

第二に、討議的な意思形成への参加は言うまでもなく重要だとして、自由時間を含めて私たちが実際に使える政治的資源を考えると、討議にじっくり携わることのできる機会は少ない。だから、アッカーマンとフィシュキンは、普段は無理だとしても、政治的市民として討議に参加できる機会を、政治的な祝祭日、「討議の日 deliberation day」によって開こうと構想している。このアイディアは魅力的ですが、同時に、日々の政治プロセスにおいても、私たちが、パートタイマーとして、政治的シティズンシップを発揮しうる可能性を探る必要があります。

「観客民主主義」というのは揶揄の言葉ですが、「スペクテイター（観客・観察者）」というのは、直接の利害や価値の対立からある程度距離を取っている人を指しますね。そういう観察者が、たとえば、ＤＶは良くないよねというふうに、何らかの規範的な判断を形成し、それを定着させていく。観察者による規範的判断の表明や受容は必ずしも討議という形をとるわけではない。しかし、観察者は、ある規範的な言語を受容したり、ある規範的な判断を支持する仕方で政治文化の再形成にコミットするという非常に重要な役割を現に果たしている。観客と言ってしまうと受動的な側面、政治シンボルによって操作されやすい側面のみに眼がいってしまいますが、観客は同時に観察者でもあるという点に注目する必要があると思います。私たちが、スペクテイターとして関与しうるデモクラシーのかたちを展望していきたい。

もちろん、観察者には観察者としての力量を身につけることが不可欠で、そのためには政治教育を充実させていく必要がある。イギリスはシティズンシップ教育をすでに義務づけていますが、日本でも、経済産業省やＮＩＲＡがシティズンシップ教育についての提言を出しています。それに注文をつければ、政治的なリテラシーのための教育をもっと重視して欲しい。アメリカでは、冷戦期に、ソ連がＮＡＴＯ側かどうかも知らないという人がかなりの数にのぼったということですが。

井上　ＥＵのこと知らない人が過半数いるんだそうですよ。

齋藤　その程度の政治的リテラシーでは、観察者としてまともに判断することはできませんね。日本も、アメリカよりはマシかもしれないけれども、十分とは思えません。ドイツも、政治教育を授業の中に組み入れて、模擬投票したり、投票の結果をお互いに批評し合うというプログラムをもっています。六時間ほどですが、それでも効果は大きいとのことです。先に井上さんが紹介された本で、ドゥオーキンも、中等教育レベルでの政治教育の必要性を力説しています。

井上　そう。二つプログラムがあるんです。現実の政治のイッシューについて討議させると同時に、若干の政治思想を教えるプログラムですね。

齋藤　政治思想のプログラムでは、トマス・アクィナス、ロック、カントなんかを教えたらと言っていますね。問題の理解を深め、解釈の力量を身につけていくためには政治思想の教育がぜひとも必要だということで、政治思想業界にとってはたいへんありがたい話です。それは措くとしても、政治的判断のベースとなる教育は日本でもぜひ制度化すべきですね。

自由というのは、リベラリズムの思想が強調するように国家権力の脅威にさらされるだけではなく、経済的・社会的な権力によっても脅威にさらされます。そうした経済的・社会的な権力に対して、どこで対抗できるのか。それは、言うまでもなく政治的な過程、民主的な過程ですね。そこで、たとえば、最低賃金の水準を上げよ、少なくとも労働力の再生産が可能な賃金を払えといった要求が提起されていく。私的な自由を守るためにも、政治的自由が実効的に行使できるような条件を確保する必要がある。ハーバーマスは、私的自律と政治的自律が相互を支え合う関係にあることを強調しますが、そのとおりだと思います。

井上　社会的・経済的無力者のエンパワーメントに関して、手段が目的を裏切るという問題がいくつかあります。最低賃金規制は企業に雇用総数を縮減させ、最も無力な労働者から雇用を奪う効果を経済的にもちます。市場介入規制より市場外再分配措置の方が真の弱者に公正であるという前に述べた論点の例証の一つがここにあります。また関連して、前の発言に戻りますが、少数者の意見に常にさらされている必要がある、そのためには比例代表がいいと言われたんですけれど、僕は必ずしもそうは思わないですね。つまり、比例代表でも、完全に獲得投票率に応じた配分をするわけではなく、すべてが代表されるということはないわけですよ。過度の小党乱立を避けるとか、無責任政党をふり落とすとか、種々の考慮から、三％以上か五％以上かいろいろあるけれども、一定の最低得票率に達した政党にしか議席を配分しないですよね。比例代表制でエンパワーされる少数派というのは既に一定の閾値以上の組織力・政治的資源を保有するものに限られるわけです。また、萱野茂さんみたいに、アイヌ民族がたった一人だけ議員を出したとしても、それでアイヌ政策が変わるかといえば、どうなんだろう。かえって、お前たちの代表を当選させたんだから、多数派の決定に従えって感じで、後の正統性の調達に利用されちゃうところもあるんですね。実際、齋藤さんが問題にされたアンダークラスみたいに本当にマージナルなものは、比例代表制のもとでも、有効な閾値に到達できないと思いますね。

齋藤　比例代表制の下で、各政党の候補者名簿に少数派の掲載を義務づけるというやり方はどうですか。

井上　でも、政党に候補者クォータを課す制度だったら、これは、小選挙区制でもできるわけですよ。各政党の中で党内民主主義を徹底するために、女性の候補者や少数民族の出身者候補者の比率の適正化を図らせる規制をする。それは比例代表制か小選挙区制かに関係なく、政党はいわば半ば公的機関であるという自覚のもとに、それをやっていくというのは、あり得るんでしょうね。それを強制できないとしたら、それをやらない政党に対しては、政党補助金を与えないとか、減らすとか、間接的な誘導もあり得ると思います。

僕がなぜ、比例代表制やコンセンサス型意思決定原理で民主的政治過程の中で、少数派に強固な拒否権を与えることに消極的かというと、ここは性悪説なんですよ。少数派が、一定程度の政治的組織力をもてば一定数の議席を持続的に確保でき、恒常的に拒否権を発動できるとなると、その批判的統制が難しくなる。人間というのは、誰であれ、統制されない権力を与えられると、横暴化しますよ。得票率一〇％でも、キャスティング・ボートを握れたら、キングメーカーとしてふんぞり返ってしまう。このような内的拒否権を外的拒否権で置換する批判的民主主義においては、この種のキングメーカーは除去できるし、政権を担当する比較第一党の地位は流動化する。しかも単独で政権を担当する多数党といえども、司法の違憲審査でチェックされる。

司法過程というのは、原理的にはたった一人でも、戦える場であるはずなんですね。ただ、司法へのアクセスが限られているというような問題は、それはそれで解決していかなきゃいけないわけです。訴訟扶助制度だとか、公設弁護士事務所だとかいろいろやんなきゃいけないと思いますけど、たった一人の無力な日雇労働者だって戦える場というのが司法なんですね。本当のアンダークラスとかを救済しようと思ったら、僕は、比例代表はあまりにも無力で、かえって、彼らを不可視化してしまうと思います。

最後の論点ですが、政治教育の問題ですね。その点でも司法過程の重要性というのはあって、トクヴィルが古典的に言ってることで、陪審制度というのは政治的制度だと。事実認定を正しくする云々という以上に、要するにシビック・ヴァーチュー（civic virtue 公民的徳性）を陶冶する場だと。ところが、いまの陪審制度はだんだん機能しなくなったのかな。だから、学校で教えるという話になるのでしょう。しかし、僕には、学校でシビック・ヴァーチューを教えられるとはとても思えない。ドゥオーキンも自分の提案には危険性もあることを認めていますよね。教師にとっても非常に難しい。その点で司法過程は重要で、二つのことを言いたいんです。

第一に、司法の公共性形成機能というと、陪審のような国民の司法参加か、現代型訴訟とか政策形成訴訟がこれまで注目されてきましたけれど、通常の民事訴訟でさえ、公共性を形成する場であることを再認識する必要があります。これを示す古典的議論が、イェーリングの『権利のための闘争』ですね。イギリスの旅行者が宿に泊まって、宿泊賃を不当に多く取られたと。それを取り返すために、滞在期間を延ばして訴訟を起こす。係争利益をはるかに上回るだけのコストを払って、権利のために闘う。「こいつバカじゃないか」と思いたくなりますよね。民事訴訟を私権の回復のためだけだと考えたら、まさにそのとおりだけど、ここで彼がやっている主観的意味におけるレヒト（権利）のための闘いは同時に、客観的な意味におけるレヒト、すなわち公共的な法秩序の維持発展に貢献するという市民の責任を自ら果たす行為でもあると考えると、はじめてその意義が理解可能になる。

訴訟は不効率だから、ＡＤＲでやればいい云々という発想でいくと、通常の民事訴訟それ自体が持っている公共性形成機能というのは見えてこないと思います。

第二に、今般の司法制度改革で導入された裁判員制度ですね、あれが、どういう機能を持ち得るか。僕は司法研修所の裁判官の講習で二回ぐらい、この問題を議論したんです。裁判官のみなさんが心配しているのは、はっきりと言えば「わが国の民度は低いから、大丈夫か」ということですね。僕は、まさにシビック・ヴァーチューが充分あるからできるんじゃなくて、ないからこそ、それを陶冶する場として裁判員制度のようなものが必要なんだと言っているわけです。O・J・シンプソンの裁判が典型例だと思うけれども、アメリカだって陪審制度には様々な問題がある。にもかかわらず、長い目で見れば、ああいう場を通じて、公共性形成ができるわけです。

僕は、裁判員制度について言えば、いきなり刑事の重大事件から実施することに不安も感じないわけではないけれど、法システムのあり方に対する「主権者国民」の責任意識を向上させる効果をもつだろうと期待もしています。たとえば、人々が死刑制度の是非を真摯に考える切っ掛けを提供するかもしれない。死刑制度について、抑止効果や応報等々の理由で国民の大多数は支持しています。死刑制度のメリットとされるものについて異論の余地が大きいことは別としても、死刑を支持する国民多数派がその「メリット」ばかり見て、死刑の持っている残酷さ、冤罪による処刑のリスクなどの重大な倫理的コストを直視しないできたため、その「メリット」がかかる重大な倫理的コストを払うに値するほどのものかを不問に付してきたわけです。ところが、自分自身が、まさに裁判官と並んで、死刑判決も下しうる、下さなきゃいけない立場に置かれるわけです。自分の手を汚さなきゃいけないわけですよね。そうすると、死刑制度が孕む倫理的葛藤の問題をもっと真面目に考えていくだろうと思います。

僕は、これを、「クリーンハンドの原則」に対して、「ダーティハンドの原則」と呼んでいるんです。自分で手を汚さないと、モラル・コストを他者に転嫁して、自分はきれい事だけ言って、おいしいところだけ頂戴するということになる。価値の相剋を直視し、責任ある判断をするのは、シビアで辛いんです。たとえば、団藤重光さんのような刑事法学の権威でさえ、最高裁の裁判官になって自ら死刑判決に関与したとき、傍聴席から「人殺し」と言われて、死刑廃止運動に本格的にコミットするようになっていったんですね。権力を行使することに伴う責任感というのを陶冶する場に、もしかしたら裁判員制度はなるかもしれない。

司会　井上先生に、お尋ねしたい点が、二点あります。一つは、最近、司法過程だと、結局、権利の討議になってしまうので、かえって、パブリック・リーズンの負荷が大きいので困るという議論がありますよね。もう一つは、井上先生は、民主過程に関しては、批判的民主主義という形で問題提起して下さいましたが、今の司法の状況をどう変えていけるのかということに関する展望についてはどうなんでしょうか。

井上　最初の点については、公共的正当化の負荷を負いたくないけど政治的な権力・影響力だけは行使したいというのは、もっと困る。市民運動家であれ誰であれ、そんな無責任な横暴は許されないということです。第二点の司法の状況について言えば、裁判官自身のキャリア養成シ

ステムの問題点ですね。それが一つ。もう一つは、「日の丸・君が代」で処分された教師たちもそうですが、訴訟は一度負けても、繰り返し繰り返しやらなきゃ駄目ですから、そのための司法へのアクセスを開くためにいろんな支援をしなければいけないということですね。

さらに司法消極主義の原因として、僕がいちばん根本的だと思うのは、違憲審査制の民主的正統性基盤への自信が裁判官に乏しいことです。違憲立法審査権の発動は民主的な政治過程の決定を覆すんだから、民主主義の観点からは本来は望ましいものではないという意識なんですね。単に裁判官は保守的な人たちが多いからというのではなくて、民主主義への敬譲の建前に束縛されている面があると思うんですね。この建前の拘束感が強いものだから、その反動として、建前に触れなきゃ積極的法形成をやってもいいじゃないかという日本型司法積極主義が出てくるのではないか。批判的民主主義という構想を私が出したのは、外的拒否権という形で、司法過程において少数者保護をきっちりやることが、実は民主的政治過程を健全化するんだということを司法部に対しても強調したいという狙いがあります。違憲審査権を充全に発動させることは、民主主義をむしろ元気にするんだという意識を裁判官たちがもっと強く持ったら、事態は大きく変わってくるだろうと思います。

もちろん、裁判官に対する人事統制の問題も無視できません。そのことの統計的な証明は、マーク・ラムザイヤーさんたちが出していて、例えば明らかに青法協（青年法律家協会）メンバーがキャリア・システムの中で差別されている。もちろん身分保障はありますよ。それは減給したり、首にしたりはできないということですけれど。昇進・昇給と任地をどこにするかというところでは、いくらでも差別できるんですよ、最高裁事務総局は。

この弊害をなくすために日弁連は「法曹一元をやれ、キャリア・システムは駄目だ」と言うんだけど、これにも大きな疑問があります。キャリア・システムの問題ではない。日本では、小刻みの定期的な人事異動をやっているから駄目なんです。同じキャリア・システムでも、ドイツは定期的な人事異動は基本的になく、裁判官はずっと同じ部署にいるんです。その人が辞めた後、空きが出たら公募するわけです。日本みたいに定期的に小刻みな人事異動があると、ちょっと睨まれるような判決を出すと、僻地に飛ばされるとか、昇給・昇進が遅れる。裁判官も人の子ですから、そういったことを恐れてしまいます。だから、問題はキャリア・システムそれ自体ではなく、その在り方ですね。

逆に、法曹一元にして弁護士から採るといっても、日本の場合、いまのような法曹養成システムだと僕は駄目だと思いますね。ものすごく総量規制がきついですから。弁護士になっている人はほとんどエリートですよ、社会の出身層が。これから、ロースクールで教育投資がもっとかかるようになると、ますますそうなってくる。日雇労働者の子が弁護士になる可能性はゼロじゃないけれど、極めて小さいですね。社会の多様な層の人たちが弁護士階級の供給源に十分になっているんだったらいいですよ。高い教育投資をする資力と動機を親がもつ恵まれた社会層の出身者がほとんどで、幼児期から青年期まで他人を蹴落す受験勉強にあけくれ、難関の司法試験に合格して資格を取得した後は、参入規制に守られた独占権益の上にあぐらをかく、そういう弁護士の人たちが、自分たちこそ、キャリア裁判官よりも市民の目線で見られるとか、社会の底辺であえぐ人々、しいたげられた人々の人権を尊重するモチベーションを高く持っているとか言うんだけど、「本当ですか」という感じですね。弁護士を本当に人権保障の担い手にするには、司法試験を資格試験化して総量規制を撤廃するといった抜本的な改革、弁護士たちにとっても厳しい改革を慣徹する必要があり、それなくして法科大学院など作ってもあまり意味はないと私は思っています。合格者を三〇〇〇人に増やすという不十分な既定方針すら覆して一五〇〇人にとどめようとする鳩山法相の反動的提案を歓迎する弁護士が多いのは、まったく情無い話です。

齋藤　井上さんは、司法過程と政治過程との緊張ある相互関係と言われました。この緊張関係を維持していくためには、司法が権利保障に対して敏感であるように圧力を加える必要があるわけですね。外的拒否権といっても、それは制度上のものであって、裁判官の司法判断が権利保障にとって有効であると、あらかじめ保証されているわけでない。だとすると、広い意味での政治的過程で基本権をはじめとする憲法原理の解釈が行われ、その解釈に司法過程が不断にさらされるような環境がないと、少数派の権利保護ですら有効にはたらかなくなると思うんです。たとえば、どうしてゲイやレズビアンには婚姻資格が認められないのかという異議申立てが執拗に繰り返されるなかで、ようやくそれを認めるマサチューセッツの判決がでてきた。司法過程の政治過程からの自律はもちろん必要ですが、その自律はあくまでも相対的なものではないでしょうか。

井上　その点は、アッカーマンのコンスティチューショナル・ポリティックス（constitutional politics）、ぼくは「創憲政治」と訳していますが、それと関係があります。例えばニューディールまでアメリカは保守的司法積極主義だったわけでしょう。いわゆる「ロックナー時代」において、百何件以上の社会規制立法を次々と裁判所は違憲としてきたんですね。ローズベルトが圧倒的な支持を受けて再選・再々選されニューディールを裁判所の抵抗にもかかわらず推進するにつれてこの状況が変わる。最高裁は社会規制立法を違憲とはしなくなりました。アッカーマンは、ここで「我ら人民 We the People」が出てきて、憲法原理自体を変える選択をしたと論ずるわけですが、その際に興味深いのは、アッカーマンが、そう簡単には従来の態度を変えなかった裁判所の態度も肯定的に評価している点です。その時々、一回の選挙でニューディール派が勝ったぐらいで裁判所がころころ変わってしまったら、憲法と立法の区別がなくなっちゃうわけで、ある種の執拗さ、高いハードルを司法が課すわけです。本当に憲法原理の解釈を変えたければ、このハードルを超えてみろという。それを彼は党派政治的意味における「保守主義（conservatism）」と区別して「保存主義（プリザベイショナリズム preservationalism）」と言った。

憲法価値だけでなく法価値一般の司法的な発展に対して裁判所がハードルを課すことは、これらの価値の発展を妨げるというより、新たな価値をめぐる民主的熟議の深化と拡大を促すものです。民主的熟議をバイパスして「新しい権利」の要求を手っとり早く実現する手段として司法を利用する「日本型司法積極主義」を前に批判しましたが、これは今の問題と関わっています。

齋藤 超えなければならないハードルがあるということはよく分かります。政治学から見ると、下級審と上級審で司法判断が分かれることがあるという現象は面白い。司法判断がけっして一枚岩ではなく、同じ問題についての異なった解釈、異なった判断が示される。法解釈のインテグリティを重視する専門家の間でも解釈や判断が争われていると、なぜそうなのかということに対する関心が喚び起こされ、批評が可能になりますから。司法判断が一般の、素人の批評に曝されているということそれ自体は悪いことではないと思いますが。

井上　社会の中の新しい価値主張に比較的早く反応する下級審に上級審がハードルを課し、新しい下級審判決が続出していくうちに上級審も変わるという形で、さきほど触れたハードル構造は司法内部にも見られます。司法の役割についてここでまとめますと、違憲審査権については、日本の司法はこれを毅然と発動すべきなのに、その役割を怠ってきた。他方で憲法的人権とまでは言えない生活利益要求については、民主的立法過程をバイパスして実現させる日本型司法積極主義が民主的熟議を通じた公共性形成実践の成熟を妨げる一要因となってきた。しかし、日本の学者たちも、この種の司法積極主義を政策形成訴訟だとか、現代型訴訟だとか呼んで、むしろ擁護しているところがある。しかも、その人たちは自分たちを民主主義のイデオローグだと思っている。僕はそこに矛盾を感じているんです。

5　憲法を論じる視点

司会　それでは、以上の議論を踏まえて、憲法を論ずる視点として何を強調する必要があるのか。あるいは、いまの憲法論に何が欠けているかというあたりについて、それぞれのご意見をいただきたいと思うんですけれども。

井上　いま、憲法というと、すぐ九条論になっちゃうんですけど、私は九条に焦点がいってしまったことが日本の立憲主義の在り方を歪めたという立場なんです。その観点から改憲派に対しても護憲派に対しても、わりと厳しいことを言ってきました。私自身は、九条は本来、立憲主義固有の問題ではない、あれは立法的イシューであるという立場です。憲法がやるべきことは、仮に日本が自衛隊でなく国民軍を持ち、徴兵制を布《し》くようなことになったとしても、良心的拒否の権利は必ず憲法で保障するとか、あるいは徴兵義務負担の社会的・経済的地位による差別を排除するとか、軍隊に対するシヴィリアン・コントロールを貫徹するといったことです。

だから、安全保障の問題に関しては、憲法の中で定める問題と、立法過程に委ねる問題というのは分けるべきだと思います。僕は改憲派についても批判しましたけど、護憲派について批判したのは、「九条」という象徴の存続に自己満足して自衛隊・安保の現実への依存を欺瞞的に隠蔽しているという点です。早い話がアメリカの核の傘に守ってもらいながら、北朝鮮の核武装を批判するという構図ですね。この甘えの構造が、安全保障問題について誠実かつ責任ある議論が日本で進展しないことの大きな要因になっていると思います。

さらに、重大な国民的欺瞞だと思うのは、自衛隊頼みが孕む階層差別の問題を隠していることです。階層間移動が止まってきた、アンダークラスが増えて固定化し格差社会になってきたと言われますけど、誰が日本で今、自衛隊に入っているかというと、多くは大学に行けない、せいぜい高卒どまりの人です。共時的な格差が拡がってきて、かつ、階層間移動がなく、格差が通時的に固定化されると、社会的な正統性の問題が非常に深刻になってくる。そのことを前提にして、自衛隊に行くのは誰かということを問題にすべきです。恵まれた家庭の人が行くケースも希にはあるかもしれないけど、多くは下の階層の人です。

これはアメリカについてもベトナム戦争のときに起こったことなんです。ベンジャミン・バーバーが『ストロング・デモクラシー』の中で論じていますが、志願兵だった時には黒人とプアー・ホワイトだけが兵士としてベトナムに行った。そんなときは、ほとんどのアメリカ国民は反戦運動に関心を示さなかった。ところが、戦争がドロ沼化して、白人中産階級の子弟が徴兵されていくようになったら、全国的な規模で反戦運動が起こった。僕はこのことを、他人事だと思えないんですね。自衛隊任せで、しかも、自衛隊に入るのは、社会の下層の人々。マジョリティであるミドルクラスは、自分たちは安全地帯に身を置いて、九条改憲に反対する人も、多くは「いまくらいの自衛隊なら合憲」と言う。こういう状況で自衛隊の海外軍事活動のなしくずし的拡大に対して反対運動が国民的規模で発展するとは思えません。

それはともかくとして、根本的な問題は、何が立憲的イシューで、何が通常の立法的プロセスに任せるべきことなのかについて、ここでもう一度考えたほうがいいんじゃないかということです。それには立憲主義とは何かという原理的反省が必要だと思うんです。今、日本国憲法でいちばん守られるべきものは何かというと、護憲派は九条を真先に掲げる。私自身は九条の精神は守られるべきだけど、憲法の規定として残すべきではないと思っているので、そういう意味で削除論だけど、私にとって、守られるべき最大の憲法価値は、まさに立憲民主主義体制ですね。

先程言ったように、日本の憲法というのは、批判的民主主義を制度上は基本的に体現しているんです。にもかかわらず、実態は違う。だから、これについて私は、民主政治の実態を憲法の理念に合致させる方向に変革することが本来の「護憲運動」であると思っています。

立憲民主主義は一体何のためにあるかといえば、それは「法の支配」の貫徹であって、「力の支配」に対立するものですね。「法の支配」というアイディアは、「勝てば官軍」という考え方と相容れません。憲法だって政治的闘争の産物で生まれるわけですから、憲法を改正すれば勝ちだというのは、おかしい。他方、占領期にできた今の憲法がたまたま自分たちの政治的選好に合ってるから、一切、改憲プロセスを発動させない、それを凍結させる、というスタンスも、僕は一種の「勝てば官軍」の態度だと思う。だから、民主主義の闘技場で誰もが自分たちが負けるリスクを皆負わなきゃいけないし、しかし、負けた場合にも、最低限のベースラインを引く。これが守られてないと、正統性は認めないぞ、というベースラインがどこにあるかということを、私は考えるべきだと思うんです。

そういうものとして、「法の支配」の理念の再構築というのを、批判的民主主義のような、あるべき立憲民主体制の特定の構想という形で展開するだけでなく、もっと抽象度の高いレベルで考える必要があると思います。『岩波講座　憲法1　立憲主義の哲学的問題地平』に載せた私の論文「憲法の公共性はいかにして可能か」でも、立憲政治の闘争過程における敗者がいかにして、その産物たる憲法の正統性を受け入れることが可能なのか、という問題を提起してみたわけです。この問題意識を僕はもっと持って頂きたいと思うんです。一般国民も、憲法学者も、政治学者も、法哲学者もみなこの自覚が必要です。自分の政治的倫理的理想から見た憲法の「正当性」だけでなく、そのような理想を異にする人々が承認しうべき憲法の「正統性」の問題にもっと目を向けるべきだと思います。

齋藤　憲法九条について一言だけいうと、九条は戦争違法化の原理を独自の仕方で憲法典に表現したものとして、したがってその原理がこれからも擁護するに値する普遍的なものかどうかという観点から論じられるべき、と思っています。その点で九条を削除することには反対ですが、これまでの九条への言及の仕方が戦争と平和についての真剣な議論を遠ざける効果をもってきたということについてはご意見に賛成です。

現在の憲法論議において、九条に焦点が当たり過ぎているという点についても同感です。国家の存在理由がどこにあるかといえば、その重要な理由が生命・生活の安全の保障にあることは確かですが、その場合、安全、セキュリティにはいろいろな側面があって国防（ナショナル・セキュリティ）はその一つにすぎないですし、それをただちに軍事的ないし警察的なセキュリティに還元してしまう考え方は明らかに間違っています。

最近、中国からの輸入食材などの安全性や救急医療の不備が話題になっています。それから、いい加減にやっていると本当に危ないと思いますが、SARSや温暖化によるマラリア上陸などの危険性に対する安全性の構築も重要な課題でしょう。そういう生活の安全保障のあくまでも一部をなすものとして、軍事的あるいは警察的なセキュリティを相対化する視点を持つべきだと思う。社会保障については繰り返しませんが、国家は人々のセキュリティのどのような側面に対してどのように責任を負うべきなのかについてもっと真剣に議論しないと、医療など生活保障の重要な側面がなしくずしに私事化されていってしまうのではないかという気がします。

正統性の問題については、法は、相互の行動を縛るために法の起草者たる市民が制定するものだと理解しています。自らが立てた法に自ら従うという正統性の根拠には相互性が含まれていなければならない。このところの傾向として、そうした相互性を欠く法制化、ある特定の人々を縛るための法制化が増えてきているのではないでしょうか。ドイツの法哲学者、クラウス・ギュンターも指摘していますが、形式的には一般法のかたちをとりながらもターゲットは最初から決まっているということになると、法は実質上多数派による支配の道具として機能してしまうことになる。宗教的なセクトとか生活習慣上問題があるとされる人をターゲットとする法律などがそうですね。互いを縛るというのではなく、誰かを縛るための法制化ということになると、法の正統性は損なわれるのではないでしょうか。相互性を欠いた法制化、あらかじめある人々を法の適用対象として実質的に特定するような法制化の傾向については、法学者にもっと議論していただきたいのですが、どうなのでしょう。

井上　それを避けるために何か立憲的なデザインがあるんですか。

齋藤　立憲的デザインですか？

井上　たとえば立法の自己拘束性を実質的に強化するということですね。

司会　憲法学のレベルでいうと、憲法四一条の法律の一般性をもう一回再構成しようというものもありますよね。従来の学説は、措置法を認めるような解釈をしてきたわけですから、行政法学を中心に。ですから、齋藤先生の期待に応えるだけの議論が憲法学にあるわけではありませんが、理屈のレベルでは関心を持っている方は現れてきているんじゃないでしょうか。

齋藤　注目していきたいですね。最後に憲法と政治との関係について少し言いますと、憲法原理の解釈は、実際に日々の政治過程で行われているということにもっと目を向けるべきではないでしょうか。改憲というと、アッカーマンのいう「憲法政治」のような、「ハレ」の日のハイ・ポリティックスをイメージしがちですが、普通の「ケ」の日においても、憲法原理の解釈、再解釈は行われている。日常の政治過程の中で基本権についての再解釈が行われているし、その中で新しい権利の解釈も生まれている。そういう「ケ」の日の憲法解釈、たえずズレをはらんだ再解釈の動態的なプロセスにもっと注目するなら、憲法典を書き換えるといったハイ・ポリティクスをことさら強調する必要はないのではないか。

井上　正規の憲法改正プロセスを発動するということじゃない、ということですか？

齋藤　憲法改正が必要になることはあるでしょうが、むしろその前に日々の憲法解釈の実践が重要だという意味です。

井上　それは裁判所じゃなくて、市民がですか？

齋藤　市民もですね。

井上　具体的なイメージがよくわからないんですよ。立憲政治を日常化するということと、そこにおける裁判所の役割、議会の役割、一般の市民運動家の役割が、具体的にどういうことを指しているのか。それをもうちょっと……。

齋藤　たとえば、二四条の婚姻の問題についても、今のところ、両性の合意となっているので異性愛のカップルに限られてしまう。異性愛主義と単婚主義が前提とされている。それに対する異議申立てや婚姻という制度そのものに対する問題化が行われている。また、外国人定住者の参政権やビラ配りにまつわる表現の自由などの問題もありますね。こういうことは、市民によって行われる憲法原理をめぐる解釈実践だと思いますが。

井上　それって、やっぱり、違憲訴訟を市民が起こすことでしょう。リベラルな立憲主義が民主的政治過程のアジェンダから一定のイシューを外すのは良くないというんだけど、それをやっているからこそ、違憲訴訟ができるわけでしょう。だから、違憲訴訟を通じて、「ハレ」の場だけじゃない、「ケ」の日常的な立憲政治に市民が参加できるとしたら、それはむしろ、歓迎すべきことじゃないのかな。齋藤さんの立場もそうなんだけど、人権保障を司法に委ねるのは良くない、もっと民主的な普通の市民自身の憲法解釈実践を重視すべきという議論にどうも違和感がある。市民自身がそういう憲法をめぐるフォーラムをどこで作れるのか。違憲審査権を持った裁判所で訴訟を起こすことで、初めて作れるのではないか。たとえば、「日の丸・君が代」問題で処分された教師たちが、今の立法過程で救ってもらえるかというと、共産党や社民党など一握りの勢力は支持してくれるかもしれないけど、他はほとんど無理でしょ。だったら、やっぱり、司法を使うしかないんじゃないか。

齋藤　私は司法の役割や多数派の意思に左右されないところで基本権を保障する立憲的な枠組みを批判するつもりはありません。ただ、井上さんの政治過程の捉え方は狭すぎるような気がします。「ケ」の憲法政治と言うとき、それは、議会や違憲訴訟などのフォーマルな公共圏だけではなく、インフォーマルな公共圏においても行われます。「日の丸・君が代」についても、十分とは言えないにしても、インフォーマルな公共圏では問題が真剣に受けとめられ、議論が交わされている。憲法原理をめぐる問題提起や問題発見に応じる仕方で、ときには明確な意思形成が行われることもある。そういう意思形成が司法過程だけではなく、立法過程に接続していくこともある。いずれにしても重要なのは、そういう政治的な公共性のレベルで時間をかけて規範的な判断の再形成が行われること、ドゥオーキンの言葉を使えば、「原理」が広い法コミュニティのなかで修正されていくことだと思います。それが、司法の判断にも影響を及ぼしていく。

井上　ただ、一握りの集会の参加者たちの間だけでそれをやって、どこまで拡がるのだろうか。

齋藤　時間はかかるにしても拡がらないとは言えないでしょう。公共性というのは一部の人の集会というより、意見形成 - 意思形成のネットワークですから。

井上　僕は、日本型司法積極主義には批判的ですが、憲法的人権に関わる公的な問題提起をする場としては、司法の存在は大きいと思うんです。それがあるから、もっとインフォーマルな場でもいろいろ議論が拡がっていく。市民運動の中でも、自分たちで盛り上がっても、自己満足では仕方ないと思うんです。その時に、公的な権力への媒介をするルートが必要になってくるわけで、それとまったく切り離されたところで、インフォーマルな場で何かやって、何か変わるのかといった時に、やっぱり、無力感から運動は停滞していくような気がするんですね。

司会　ナンシー・フレイザーが提起した「対抗的公共圏」という問題がありますよね。ある種、ぬるま湯な関係、自分のことを承認してくれる環境の中で発言をするうちに、自らがアイデンティファイされていって、もっと広い公共圏に出ていくという、そういう空間って、デモクラシーにとって重要だという見方もありうると思うんですけれど。

井上　僕も、その可能性は認めていますよ。「対抗的公共圏」ということでは、立法や行政に頼らずに自分たちで資源を組織化して問題を解決してゆく実践も重要だと思います。

私は別の本で公共性について論じた時に、「この指とまれの公共性」という例を挙げたんです。谷津干潟の問題です。あるタクシーの運転手さんが、自分が幼いとき遊んだこの美しかった干潟が、あるとき、埋め立て予定地に指定されて、そして、みんなゴミを捨て始めて、ものすごく汚くなったことを知った。大人になってから、そこへ行ったらビックリしちゃったわけです。埋め立て計画は結局中止されたのですが、もう破壊されたままで。最初、彼は干潟をきれいにするよう自治体などに働きかけて、署名を求めたり運動をしたわけです。でも、みんな誰も相手にしてくれない。そこで、彼は一人でゴミを拾った。タクシーの仕事がない時に。

ところが、最初は拾ってきたゴミをどこも受け取ってくれない。国に持って行ったら、ゴミは自治体の管轄だと。自治体に持って行ったら、あれは国有地だから、われわれは関係ないと。困って、近くの団地のゴミ捨て場に置いたら、団地の住民から怒られた。にもかかわらず、彼はゴミ拾いを一人で、黙々と続けたんです。数年経つと、今まで遠巻きに冷やかに見ていた人たちの中に、毎回は手伝えないけど、何回かに一回ぐらい手伝ってもいいよと言ってくれる人がちらほら出はじめた。それから少しずつ支持が広まって、今、自然の自己修復機能で、生態系が復活する程度にまでゴミはなくなってきたらしいですね。

これは、別に条例を作って何とかとか、法律を作って何とかじゃなくって、まさに実践を通じてやれることで、僕はこれは大いにやったほうがいいと思っています。インフォーマルな対抗的公共性というと、僕のイメージではこういうものなんです。

齋藤　インフォーマルな公共圏と市民を拘束する意思決定に対して責任を負うフォーマルな公共圏とをつなげることが大事だと思います。両者を切断してしまうと、立法にしろ司法にしろフォーマルな公共圏が貧しくなってしまうのではないでしょうか。それに、インフォーマルな公共圏というのはボーダーを持たないので、他の社会の実例が国境を越えて範例として受けとめられるという接続の仕方もありますね。マサチューセッツの裁判は他の社会のゲイやレズビアンに成功例として受けとめられているのではないでしょうか。

私は司法についてネガティブな言い方をしたのかもしれませんが、法廷が公共的な問題提起の場として重要だというのは、井上さんがおっしゃるとおりです。司法過程は、討議デモクラシーの一環をなしているという理解も十分に可能だと思います。裁判闘争によって問題が広く知られるというパブリシティの効果はもちろんですが、それだけではなく、裁判所がその司法判断を通して問題の理解を示したり、新しいパースペクティブを示すことによって討議デモクラシーにおける議論を深めていくのに寄与するという効果もあると思います。政治過程と司法過程の緊張関係を維持しながらも、裁判官や裁判所を民主的な意思形成にコミットするアクターとしてもとらえることができると思います。

エピローグ

愛敬浩二

1 「対論」を振り返って

三つの「対論」を読み終えたあなたは、「憲法を考えること」、そして、「憲法から考えること」が存外、ラディカルな知的営みであることを実感できたのではないだろうか。それぞれの「対論」は各論者の広く深い識見と相互触発に充ちている。二人の論者が繰り広げる議論それ自体が、私たちに思いがけない視点を提示し、私たちの思考を刺激する。だから、「対論」の結果を知ることが重要なのではない。「対論」のプロセスそのものに寄り添いながら、自分が第三の論者になったつもりで思考する。これが重要である。ならば、「対論」の内容を要約することほど、野暮なことはないだろう。そこで、ここでは、それぞれの「対論」が別の「対論」との間でも、「対論」をしている論点を取り上げつつ、一読者の立場から、若干の感想を述べてみたい。

第Ⅰ部で私が最も興味深かったのは、杉田敦氏が、「自分たちが適切に代表されていない」、「政治が自分たちのものになっていない」という「国民の飢餓感」が、改憲問題の背景にあるのではないかと問題提起をしている部分である。そして、樋口陽一氏の基調論考にも言及しつつ、日本がアメリカ独立革命やフランス革命の経験を持ち得なかったこと、すなわち、人民が自ら権力を掌握する経験を持ち得なかったことの意味を、杉田氏は問い直す。他方、樋口氏は、政治家の一部（現代の坂本龍馬たち）が「飢餓感」を埋めるために、既存の制度を「ぶっ壊す」というのは、政治家の職業倫理に反するのではないかと応じ、さらに、一般の人々の間に本当にそんな「飢餓感」が蔓延しているのか、と疑問を提起する。そして、今さら、日本において市民革命を再現する必要はないという趣旨の発言をする。

私にとって、この「対論」が興味深いのは、両氏の攻守が逆転しているようにみえるからである。杉田氏の著作を読めば、杉田氏は「革命」や「社会契約」など、憲法の基礎を何らかの「起源」に基礎付ける思考を批判し、「プラクティスとしての憲法」を擁護してきたことが分かる。[1] 他方、樋口氏は、フランス革命の世界史的意義を説き、フランス革命の法的論理である「中間団体の排除＝個人と国家の二極対立」を日本社会も「追体験」すべきと論じてきた論者である。[2] ところが、今回の「対論」では、樋口氏が「プラクティス」を擁護し、杉田氏が「革命」の経験に拘ってみせる。

もう一つ、攻守が交代しているようにみえる「対論」がある。杉田氏は「境界」を問うことで、「国民国家」の自明性を相対化してきた論者である。他方、樋口氏は「近代国民国家」の意義を積極的に説いてきた論者である。ところが、「対論」では、杉田氏のほうが、「戦争責任」などを語るのであれば、「歴史を共有する国民」というフィクションを立ち上げざるをえないのではないかと問題を提起すると、樋口氏は、「自分は戦争責任を負わないが、戦前・戦中の日本を肯定する政治家を選んでいることへの責任はある」と応ずることで、「国民」が立ち上がるのを慎重に防ごうとする。

ところで、「戦争責任」（特に加害者責任）との関係で「国民」を立ち上げざるをえないのではないかという問題は、第Ⅱ部の西原博史氏と北田暁大氏との「対論」でも議論されている。そして、平和教育を継続・発展させる上で「加害責任」の問題を重視するならば、「歴史を共有する我ら日本国民」というものを構築せざるをえないという点で、両氏の意見が一致する。ここには、第Ⅰ部と第Ⅱ部の枠を超えて、四人の論者による「対論」がある。また、北田氏が、「戦後民主主義は批判者にとっては、非常に独善的で主知主義的に見える」との認識を示した上で、「主知主義によるパッションの抑圧に耐えられない人々」が少なくないという政治的事実を軽視すべきではないと論ずるが、これも、第Ⅰ部の杉田氏による「国民の飢餓感」という問題提起と一定の関連性を有している。よって、ここには、樋口氏と北田氏の「対論」が存在していることになる。

北田氏の議論に応じて西原氏は、憲法学の民主制論においては本来、パッションの居場所はないはずなのに、「戦後憲法学」は公共空間を超えて、市民社会の隅々まで「民主化」をしようとした点で、民主制にパッションを持ち込んだのではないかと論ずる。この議論は、四七年教育基本法と〇六年教育基本法の子どもに向ける眼差しにどれだけの違いがあるのか、とあえて疑ってみせた西原氏のスタンスと通底している。そして、〇六年法の制定が、多くの国民にとって「革命」と理解されなかったのは、四七年法とその下での「戦後民主主義教育」も、子どもを何らかの目的（この場合は「民主的社会の実現」）のための「道具」として扱うものだったからではないかと、西原氏は問題提起を行う。北田氏はこの問題提起に対して、実感として「学校」には「正しさに基づく集団主義の息苦しさ」があったと応じた上で、「権力に抵抗する反権力という権力」（「滝山コミューン」的なるもの）という問題を提起し、「ネット右翼」等が「サヨク」や「戦後民主主義」と呼んで感情的に批判するのは、このような権力のイメージなのではないかと論じている。

この「権力に抵抗する反権力という権力」への不信感は、第Ⅲ部の井上達夫氏の発言の中にも読み取ることができる。「国立マンション紛争」における「市民運動」側への厳しい批判は、その一例である。井上氏が特に問題視するのは、大企業との関係で自分たちは弱者だとの自己認識を持ちながらも、実際には一定以上の政治的組織力を持っている中間団体（中小企業や地方の土建屋など）の存在である。井上氏は、「弱者保護」の名の下に、相対的には「強者」である「弱者」が不相応な政治的・経済的・社会的権力を行使してきた日本社会の有様を問題視しているようにみえる。他方、齋藤純一氏は、下手をすると公共空間から排除されかねない「アンダークラス」の問題に注目することで、井上氏のリベラリズムとは異なる「共生」の形を追求しようとしている。その際、齋藤氏は、マイノリティにかかる「理由の公共性」の負荷を弱めて、彼らが「自分の言語」で語ることを許容せよと論じ、また、ベーシック・インカムで満足するならば、市場労働をせずに「俳句をひねっている」生き方も許されるべきだと論じる。井上氏は他者に負担を課す場合には、その他者が納得できる説明を提供できなければならないという同氏の基本的立場から、齋藤氏の提言を批判する。

一読すると、齋藤氏はマイノリティに対して「甘すぎる」ようにみえるかもしれない。しかし、齋藤氏が民主主義の問題を単に制度としての民主過程の問題に限定せず、政治文化の問題としても捉えている点に注意すべきである。齋藤氏は「アンダークラス」の問題は、全体の統合が取れた集団の中で「格差」が広がるという問題ではなく、社会に分断線が入り、「社会統合の外部」が生じつつあることを示す問題と捉えて、それを深刻に受け止める。そのため、制度としての民主過程の問題を論ずる場面でも、小選挙区制によって形成される二大政党が関心を持つのはミドル・クラス以上であり、「アンダークラス」の利害が政治過程に代表されない危険があるとして、比例代表制を支持する。他方、井上氏は従来の日本社会における「中間共同体の専制」のほうを問題視しているためだろうか、比例代表制の下では一定の閾値以上の組織力を持つ政治集団がキャスティング・ボートを握り、特殊権益を既得権とする危険性が高いと批判して、政権交代を可能とする小選挙区制を擁護する。

この選挙制度に関わる問題は、第Ⅰ部でも議論されていた。樋口氏は、「行政権までの民主主義」を論ずる前提として、「均衡のとれた二つの政治勢力」が成立しており、そこには政権交代の現実的可能性がある一方、両勢力の間に適度の相違がなければならないと論ずる。これを受けて杉田氏も、小選挙区制の下では多党化は起きにくいが、政治勢力は必ずしも二つになるとは限らず、一つになる可能性があると論ずる。この「対論」が行われたのは、福田康夫・自民党と小沢一郎・民主党の「大連立」騒動の前であったことを思うと、改めて両氏の卓見に感服させられるが、ともあれ井上氏がどちらかといえば、規範レベルの問題として民主過程を論ずるのに対して、樋口氏と杉田氏が、日本の現実の政党状況との関係で民主過程を論じていることに注目しておこう。そして、杉田氏は慎重に留保しつつも、対立軸を明確化することで、政権交代が可能な民主過程を作ることの意義を認めるが、樋口氏は必ずしもそれに賛成しないようである。ともあれ、ここには、第Ⅰ部と第Ⅲ部の四人の論者が繰り広げる「対論」がある。

2 「改憲論議」と「憲法論議」

ところで、本書の三つの「対論」を読んで、「現在の憲法状況において、憲法を／憲法から考える、といっておきながら、九条の問題をクローズ・アップしないのはおかしい」と思った読者がいるかもしれない。他方、「憲法問題というと、九条問題だと考えるのは、頭が固い。この本はなかなか頭が柔らかくて結構だ」と評価する読者もいるだろう。ちなみに、後者に関していえば、第Ⅲ部で井上達夫氏と齋藤純一氏が口をそろえて、「憲法論議において九条に焦点が当たり過ぎたのは問題だ」という趣旨のことを述べている。この点に関して私は、実際には常にきっちりと峻別できるとは限らないが、「改憲論議」と「憲法論議」は一応、分けて議論した方が有意義であると考えている。

戦後日本において、憲法論議が現実の政治問題として語られたのはほとんどの場合、「改憲論議」としてであった。「改憲論議」の場合、現実に存在する改憲派が具体的に提案しようとする改憲構想の是非を議論する形にならざるをえない。そして、日本国憲法九六条は、改憲案の発議権者を衆参両院の三分の二以上の議員としている以上、実際に改憲案を提起できるのは通常、政府与党である。ならば、改憲派の改憲構想との関係で、論点が設定されるのは当然である。もちろん、政府与党が明文改憲に一切関心がない状況で、市民の側から望ましい憲法改正（たとえば、死刑廃止やポジティブ・アクションの明文化）を実現するための憲法運動（改憲運動）が行なわれる可能性も皆無とはいえない。しかし、憲法改正をめぐる現在の政治状況がそのようなものでないことは改めて指摘するまでもあるまい。「プロローグ」の3でも述べたとおり、現代改憲の目的が九条の改廃にあることは明々白々であり、「改憲論議」の焦点が憲法九条になるのもまた、当然といえる。

「プロローグ」にも登場して頂いた中山太郎氏は、かつてこんな議論をしていたこともある。「解釈改憲には限界がある。このまま解釈改憲を重ねてゆけば、問題点が複雑になり、ますます曖昧化し、歯止めもかからなくなってくる。平和の理念を厳守したうえで、現実に即した形で憲法を改正していく――それこそが平和憲法を護る本当の道だと思う[3]」。自分たちで無理な「解釈改憲」をしておきながら、それを続けると「歯止め」がかからなくなるので、憲法九条を改正しようと論ずるのは、他人の土地を勝手に占有しておきながら、このままの状態を続けると「歯止め」がかからなくなるので、土地の名義を変えてくれ、というのと同じである。ヤクザな話ではないか。

中山氏もそうだが、「改憲論議をタブーにせず、自由に議論をするべきだ」という人ほど、実際には国民の間の「自由な議論」を促すことよりも、明文改憲実現のための戦略的なコミュニケーションとして、そのような発言をしている場合が少なくない。もちろん、改憲問題は政治問題なのだから、特定の目的を達成するために、戦略的コミュニケーションを使うのは当然である。しかし、だからこそ、政治問題としての「改憲論議」と、個人・国家・社会のあり方を原理的に考える「憲法論議」とは一応、分けて議論すべき事柄であるように思われる。

たとえば、元駐イタリア大使の英正道氏はある座談会で、「民主主義の国であれば、一つの世代の考えが五〇年も後の世代を拘束するのは可笑しい。むしろ非民主主義的です。私は、今日の日本であたかも護憲が正義であるかのように議論する人は、民主主義の本質を十分に把握していないか、あるいは為にする議論をしているのだと思います」と述べているが[4]、この主張をシリアスに受け止めれば、「二〇年前の世代」でも、「五年前の世代」でも（論理的に考えれば、「一秒前の世代」でも）、過去の決定が現在の人々を拘束しているのはおかしいということになる。ならば、英氏は、そのときそのときの多数決によっては変更できない高次のルール（→憲法）を設定して、通常の政治権力の行動を抑制する「立憲主義」というアイディアそのものを拒否していることになる。でも、本気だろうか。

英氏はたぶん、「民主派とか名乗っている護憲派のほうが、よっぽど非民主的ではないか」と論じれば、「改憲論議」を煽る上で有効だと思っただけなのだろう。しかし、このレベルの戦略的関心で、「立憲主義」というプロジェクトそのものを否定しかねない発言をするのは、いささか軽率とはいえないだろうか。長谷部恭男氏は、「主権者たる日本国民の手に憲法を取り戻すことが必要だ――だから専門の憲法学者は引っ込んでいろ――という鬼神も三舎を避く威勢のよい議論がある一方、制定されてから六〇年もたつし、新世紀にはいった景気づけに憲法を変えたらどうかという、鏡開き気分のおめでたい議論もありますが、もっと真剣に国のあり方を考える議論の中にさえ、憲法というものの危険性に注意が行き届いていないのではないかと心配になるものが少なくありません」と述べているが[5]、英氏の議論などは、「心配になるもの」の典型例といえそうである。

3 「会話」としての憲法論議

本書の「対論者」の一人である井上達夫氏は、「正義」の問題を議論するやり方として、「コミュニケーション」ではなく、「会話」を推奨するが、この区別は示唆的である。[6] 井上氏によれば、「コミュニケーション」は達成されるべき一定の目的を持つので、その効率性も問題となる。しかし、「会話」はそうではない。「会話とは異質な諸個人が異質性を保持しながら結合する基本的な形式」であり、「利害・関心・趣味・愛着・感性・信念・信仰・人生観・世界観等々を共有することなく我々は他者と会話できる」と井上氏は論ずる。なぜか。それは、当事者が「会話の作法」を受け入れているからである。「会話の作法」とは、①会話の相互性の確保と②会話の相手の独立性の容認（尊敬と配慮の原理）である。井上氏によれば、会話が相互性を失うのは、一方が喋り続けて他方に沈黙を強いるか、一方が語る責任を放棄することで、「聞き役」と「話し役」の分業が生ずる場合である。会話の相手の独立性が失われるのは、一方が自分の関心のある話題についてだけ相手の話に耳を傾け、それ以外の話題の場合には、無視したり、話題を強引に変えたり、激しい反論の連発で相手を沈黙させる場合である。

中山氏の「解釈改憲」批判や英氏の「護憲派＝反民主主義」論は、明文改憲の目的や理由を曖昧にしたままで、「改憲論議」を煽ることを目的とした、戦略的コミュニケーションと評価することができるだろう。ともあれ、「改憲論議」の場面で、「九条ばかり議論するのは不健全だ」と論ずる人が、もし改憲実現のための戦略的コミュニケーションとして、そう述べているのであれば、その人の「思惑」を理解できる。私としては、事実に即して、現代改憲の焦点が九条であることを示すまでである。しかし、心情的に九条改憲に反対していながら、「改憲論議」の場面で、「九条ばかり議論するのは不健全だ」と本気で考えている人がいたら、それは単なる感違いだと思う。

他方、「憲法論議」についていうならば、「憲法」について語るべきことが、憲法九条の問題に限られないことはいうまでもない。[7] 憲法九条の問題のほかにも、憲法を／憲法からラディカルに考える論点が多数あることは、本書の「対論」それ自体が明らかにしている。

「プロローグ」の**6**でも述べたとおり、価値観を異にする諸個人がそれにもかかわらず、共通の法的枠組みの下で生きることを選択するとき、私たちは「憲法＝立憲主義」を必要とする。ならば、「異質な諸個人が異質性を保持しながら結合する基本的な形式」としての「会話」は、「憲法」を議論する最適の方法とはいえないだろうか。私が本書の企画を依頼されたとき、ぜひ実現したいと思ったのは、『会話』としての憲法論議」のモデルを提示することであった。もちろん、その成否は読者の判断に委ねるべき事柄である。

井上氏によれば、「コミュニケーション」は目的をもって遂行されるものであり、それには成就がある。他方、「会話」はただ営まれるものであって、その成就はありえない。井上氏の印象的な表現を借りるならば、「会話はただ終わるのみである」[8]。だから、本書の「対論」にも成就はない。本書は、私たちがこれからも続けていくべき、憲法をめぐる「会話」のほんの一部に過ぎないからである。そして、本書がここで「会話」を終えるのも、読者自らが次の「会話」を始めることを、私たちが期待しているからにほかならない。

（1）杉田敦「憲法と政治」『憲法問題』一五号（二〇〇四年）一二～一六頁、『境界線の政治学』（岩波書店、二〇〇五年）一二一～一二三頁。
（2）たとえば、樋口陽一『自由と国家』（岩波新書、一九八九年）。

（3）中山太郎「憲法改正へ国会論争はここまで達した」『現代』二〇〇四年六月号一六八～一六九頁。

（4）英正道・山崎拓・保岡興治「自己の伝統・文化・歴史に立脚した新しい憲法を」『月間自由民主』二〇〇四年五月号三四頁。

（5）長谷部恭男『憲法とは何か』（岩波新書、二〇〇六年）ⅰ頁。

（6）井上達夫『共生の作法』（創文社、一九八六年）第5章。

（7）たとえば、樋口陽一氏は、「日本国憲法の条文としていちばん大切と思うものを一ヵ条だけ引用しなさい、と言われたとしたら、私は躊躇なく一三条、それも書き出しの一文、『すべて国民は個人として尊重される』を挙げます」と述べている。同著『「日本国憲法」まっとうに議論するために』（みすず書房、二〇〇六年）四七頁。ちなみに私の最も好きな条文は、公務員の「憲法尊重擁護義務」を定める一方、国民についてはその義務を免除した九九条である。愛敬浩二『改憲問題』（ちくま新書、二〇〇六年）第9章。

（8）井上・前掲注（6）二五一頁。

あとがき

本書の企画について、法律文化社編集部の小西英央氏から相談されたのは、二〇〇六年の春頃だったのではないかと記憶する。即座に「それは素晴らしい企画ですね」と応じたのは、まさか自分が本書のコーディネーターになるとは考えていなかったからであった。本書をコーディネイトすることの大変さは、この手の仕事の経験に乏しい私にも、容易に想像できた。小西氏の熱心さ（と少々の執拗さ）がなければ、怠惰な私が本書の企画に携わることもなかったのではないかと思う。

案の定、コーディネーターとしての仕事はなかなかに大変であった。対論者の皆さんの著作・論文を読んで対論のテーマを設定し、テーマに即して対論者の皆さんが脱稿した基調論考を踏まえて対論当日の進行表を作り、さらに対論のテープ起し原稿に手を入れて第一稿を作成した。振り返ってみると、自分名義の著作を一冊書くくらいの労力を投下した感じさえする。しかし、この作業は本当に楽しかった。もちろん、それはすべて対論者の皆さんの熱意によるものである。

対論者の皆さんは、それぞれの学問分野を代表する研究者であり、超多忙な日々を送っている方々である。冷静になって考えてみると、よくこれだけの面子を集められたものだと我ながら驚くほどだ。それにもかかわらず（いや、だからこそ）、私は対論者の皆さんに対して、「基調論考を事前に提出した上で対論に臨んで頂きたい」という無理な注文を出した。せっかくの機会を、漫然と「対談」するだけで終わりたくはなかったからである。対論者の皆さんは基調論考の執筆をご快諾下さり、対論当日にはきっちりと準備をしてきて、相手の議論を踏まえつつ、筋道を立てて持論を展開して下さった。本書が「対論」という形式を取りながら、学問的にも高水準のものでありえているとすれば、それはひとえに対論者の皆さんのご尽力によるものである。

第Ⅰ部の対論は二〇〇七年六月一〇日、第Ⅱ部は七月二八日、第Ⅲ部は七月八日に行われたが、いずれも四時間近く対論は続けられた。対論者の皆さんは、私が期待した以上の熱心さで、いや、私が驚くほどの熱意をもって、この企画に参加して下さったと思う。特に印象に残っているのは、第Ⅰ部の対論の冒頭、杉田敦氏が、「私は学部生の頃、先生の講義を受けています。ですから、先生とお呼びしていいですか」と樋口陽一氏に尋ねたところ、樋口氏が「それは困ります。対論である以上、『樋口さん』と呼んで下さい」と応じたことである。対論に臨む樋口氏の真剣さが伝わってきた瞬間だった。

そういうわけで、本書の対論にご参加下さった、樋口陽一、杉田敦、西原博史、北田暁大、井上達夫、齋藤純一の各先生に心から御礼を申し上げたい。対論の場に居合わせることができたのは特権的なことだったと思うし、本当に楽しかった。だからこそ、対論の設営や原稿作成への万端のお世話についてはもちろんであるが、そもそも私のような駆け出しの研究者に本書のコーディネイトをお任せ下さった、法律文化社の秋山泰社長と小西英央氏のご厚情に心より感謝を申し上げたい。

二〇〇八年二月

愛敬浩二

2008年 4 月25日　初版第 1 刷発行

対論　憲法を／憲法から
ラディカルに考える

著　者　樋口陽一《ひぐちよういち》・杉田　敦《すぎたあつし》
西原博史《にしはらひろし》・北田暁大《きただあきひろ》
井上達夫《いのうえたつお》・齋藤純一《さいとうじゅんいち》
愛敬浩二《あいきょうこうじ》

発行者　秋　山　　泰

発行所　株式会社　法律文化社
〒603-8053　京都市北区上賀茂岩ヶ垣内町71
電話 075(791)7131　FAX 075(721)8400
URL : http://www.hou-bun.co.jp/

印刷：共同印刷工業㈱／製本：㈱藤沢製本
装幀　白沢　正
ISBN 978-4-589-03095-5